"做学教一体化"课程改革系列规划教材

汽车自动变速器一体化实训教程

浙江亚龙教育装备研究院组编
主　编　王永生　陈继权
副主编　吕　洋　李　岩
参　编　郭　崇　刘臣富　杜海兴　王新建　卓幼义
　　　　许　亮　蒋宗波　阴伟强　李　宁　谢　仪
主　审　朱　军

机械工业出版社

本书是基于“任务驱动一体化教学”理念及职业教育的培训规律与实践经验，按照任务描述、学习目标、器材准备、学习准备（知识储备）、任务实施（技能训练）、反馈评价（过程考核/结果考核）等教学培训实施环节编写的。全书共分为8个单元任务，内容包括自动变速器认知与功能测试、液力变矩器的检查与清洗、自动变速器的分解及结构认知、自动变速器轮系结构与传动分析、轮系的检测调整与组装、液压控制系统认知与检查、诊断与检测自动变速器电控系统故障、自动变速器综合故障诊断。

本书在功能上集教（引导）、学（思考）、做（操作）、评（考评）于一体，在形式上结合“工作页”与“任务单”的特点，突出教师在“教”中的引导与启发作用以及学生在“学”与“做”中的主体作用，在内容上强调理论与实践的结合，并采用大量的图片及表格等形式，尽可能做到使用上简洁明了和易查易懂。

本书可作为中职、高职院校汽车维修相关专业的教学培训用书。

图书在版编目（CIP）数据

汽车自动变速器一体化实训教程/王永生，陈继权主编；浙江亚龙教育装备研究院组编. —北京：机械工业出版社，2017.8
“做学教一体化”课程改革系列规划教材
ISBN 978-7-111-57104-9

Ⅰ.①汽… Ⅱ.①王… ②陈… ③浙… Ⅲ.①汽车-自动变速装置-高等职业教育-教材 Ⅳ.①U463.212

中国版本图书馆CIP数据核字（2017）第139217号

机械工业出版社（北京市百万庄大街22号 邮政编码100037）
策划编辑：曹新宇 责任编辑：曹新宇 张丹丹
责任校对：潘 蕊 封面设计：陈 沛
责任印制：李 飞
北京新华印刷有限公司印刷
2017年8月第1版第1次印刷
184mm×260mm · 11.25印张 · 264千字
0001—2900册
标准书号：ISBN 978-7-111-57104-9
定价：45.00元

凡购本书，如有缺页、倒页、脱页，由本社发行部调换

电话服务	网络服务
服务咨询热线：010-88379833	机 工 官 网：www.cmpbook.com
读者购书热线：010-88379649	机 工 官 博：weibo.com/cmp1952
	教育服务网：www.cmpedu.com
封面无防伪标均为盗版	金 书 网：www.golden-book.com

序
Order

“中国制造2025”宣告中国制造业的转型升级已经处在进行时状态。这触动着各行各业的神经，也触动着职业教育的神经。

实现制造强国的战略目标，提高人才培养的质量，提升职业教育服务新产业、新业态、新商业模式、新生产生活方式的能力，是职业教育的职责，也是职业教育存在的价值。

在全球范围内，制造强国的实现路径和支撑条件各不相同，但卓越、严谨、执着的工作作风，精益求精、务实创新、踏实专注的工作态度，尊重契约精神、严守职业底线、严格执行工艺标准的工匠精神却是共同追求。尽管传统的小作坊已被现代化的工业生产所取代，但沉淀下来的工匠精神和文化传统依旧贯穿于现代生产制造中，并从个体化的“工匠”行为演变为群体性的制造文化，成为推动现代制造业发展的灵魂。

中国由制造大国向制造强国迈进，由传统制造向智能制造转型，将产生哪些新的职业岗位，传统的职业岗位将发生什么变化，这些职业岗位的工作任务有哪些，完成这些工作任务需要哪些知识，需要掌握哪些操作技能……职业学校在思考、探索，教育装备企业也在思考、探索。

浙江亚龙教育装备股份有限公司与职业学校教师合作编写的教材，是现阶段思考与探索的结果，其特色如下：

一、教学内容与新职业岗位或职业岗位新的工作内容对接

中国制造2025有多个重点领域和突破方向，教材选取了汽车工业、数控装备、互联网+、机器人等方向，分析这些新技术、新知识带来的新设备、新工艺和新方法。

新设备的安装与调试、使用与维护，新工艺和新方法的应用，是行业、企业在转型和技术改造升级中的主要问题，企业急需掌握智能装备安装调试和使用维护，懂得应用新工艺和新方法的高技能人才。

汽车工业、数控装备、互联网+、机器人安装与调试的工作内容，这些设备带来的新工艺与新方法的应用，是教材的主要教学内容。

二、理实一体的职业教育理念

不同的职业岗位，工作的内容不同，但包括资讯、决策、计划、实施、检查、评价等在内的工作过程却是相同的。

教材按照工作任务的描述、相关知识的介绍、完成工作任务的引导、各工艺过程的检查内容与技术规范和标准等进行编撰，为学生完成工作任务的决策、计划、实施、检查和评价并在其过程中学习专业知识与技能提供了足够的信息；把学习过程与工作过程、学习计划与工作计划结合起来，实现教学过程与生产过程的对接，有利于解决怎样做、怎样学、怎样教的问题。

三、将培养工匠精神贯穿在教学过程中

严谨执着、精益求精、踏实专注、尊重契约、严守职业底线、严格执行工艺标准的工匠精神，不是一朝一夕能够养成的，而是在长期的工作和学习中，通过不断的反省、改进、提升形成的。教学过程，就是要改学生的“习惯是标准”为“标准是习惯”。

在完成教材设计的工作任务中，强调职业素养、强调操作的规范、强调技术标准，并按这些规范和标准评价学生完成的工作任务。

60 分可以及格，90 分可以优秀，但没有达到 100% 的要求，你就很难成为“工匠”。

四、遵循规律，循序渐进

知识的认知与掌握，有自身的规律；职业能力的形成与调整，也有其自身的规律。但由简单到复杂、由单一向综合的循序渐进的原则，却是共同的规律。教材按循序渐进的原则呈现教学内容、规划教学进程，符合职业学校学生认知和技能学习的规律。

教材是校企合作的产物，是亚龙与职业院校教师在制造大国向制造强国迈进，传统制造向智能制造转型过程中对职业教育思考与探索的结晶。它需要人们的呵护、关爱、支持和帮助，才有生命力。

浙江亚龙教育装备研究院
浙江亚龙教育装备股份有限公司
陈继权
浙江温州

前 言
Preface

自2005年起，全国众多职业院校对汽修专业实施课程改革，但受职业资格和技能训练平台技术限制的影响，许多地区、院校设置专业面临教课难、操作难、实训难的局面，在教学过程中未能将汽修技术的教学与实践结合起来。

因此，浙江亚龙教育装备研究院在课程改革的基础上，聘请温州市教育局职教处领导、职业教育研究所研究员、全国知名专家、学校专业骨干教师、企业工程师等人员组织成立的课程开发与实施团队，进一步将汽修技术与相关专业课程改革向纵深发展推进，以浙江亚龙教育装备有限公司自主研发的汽修类实训教学装备作为平台组织编写了这套“做学教一体化”课程改革系列规划教材。

本套教材根据做学教一体化整体解决方案，将产品与教材结合，促进教师和学生技能水平的提高，具体有以下特点：

1. 坚持理实一体化人才培养模式，坚持做学教一体化人才培养整体解决方案思路，模拟企业生产环境，渗透企业文化，重点强调学生职业习惯、职业素养的养成，力求模拟企业的生产实际环境，紧紧围绕企业生产流程，点点滴滴感知岗位的职业性和技术性，达到工厂作业与学校学习有机结合，实现企业作业教学化、学习内容项目化。如通过阅读汽车发动机设备图样及配套技术文件，让学生学习必备的知识和技术要求，而实施任务的内容即为企业作业指导书。学生依据各环节的作业指导书，便能轻松完成各流程的施工任务，并在项目作业中进一步学习。同时，通过更多的操作小任务将知识点、技能点融入其中，将学习内容鲜活化、使学习目标得以渗透，让学生始终在做中学、学中做，既达到学做合一、理实一体的理念融合，又符合企业的生产步骤和作业习惯，便于学生职业能力的养成。

2. 遵循学生的学习认知规律，打破传统的学科课程体系，采取项目化的形式对汽车实训设备组装与调试的知识和技能进行重新建构。书中将岗位工作任务、专项能力所含的专业知识和专项技能全部嵌入其中，体现以学生为主体、能力本位和工学结合的理念。

3. 坚持“够用、实用、会用”的原则，吸收了新产品、新知识、新工艺与新技能，重点培养学生的技术应用能力，帮助学生学会方法，养成习惯，更好地满足企业岗位的需要。中等职业学校的培养目标为一线技术技能型人才，绝大部分学生将来的主要岗位为操作型岗位，所以应学会用阅读技术文件的手法识读设备随机资料，要求会识读、能看懂，看懂了便能做。本书每个任务的各环节施工步骤清晰、任务明确，让学生在完成任务的同时学会装调汽修设备的方法，掌握施工准备、设备安装、监测检查、设备调试、现场清理及设备验收等作业流程。

4. 将企业的实际工作过程、职业实践的真实场景引入到教学内容中，紧紧围绕以工作场所为中心来开展教学活动，每个任务可独立施工，也可小组合作完成。任务施工的各环节操作任务明确，均有对应的作业指导，便于开展小组合作教学的独立探究教学，培养学生与人沟通、与人协作的职业素养。

5. 将操作内容、操作方法、操作步骤、学习知识、注意事项设计成施工记录表单，将各个任务的知识点与小任务渗透其中，让操作具体化，有章可循，步骤清晰，方法明了，从而提高可操作性。

本书是系列教材之一，内容包括自动变速器认知与功能测试、液力变矩器的检查与清洗、自动变速器的分解及结构认知、自动变速器轮系结构与传动分析、轮系的检测调整与组装、液压控制系统认知与检查、诊断与检测自动变速器电控系统故障、自动变速器综合故障诊断，共 8 个单元任务。

本书由天津职业技术师范大学王永生、浙江亚龙教育装备研究院陈继权担任主编，吕洋、李岩担任副主编，参加编写的还有郭崇、刘臣富、杜海兴、王新建、卓幼义、许亮、蒋宗波、阴伟强、李宁、谢仪，全书由朱军主审。

限于编者的经历和水平，书中难免存在一些疏漏之处，恳请广大读者批评指正。

编　者

目 录

Contents

单元任务8　自动变速器综合故障诊断

参考文献

汽车自动变速器一体化实训教程							
学习任务	自动变速器认知与功能测试				建议学时	4	
班级		学号		姓名		日期	____年____月____日

单元任务1　自动变速器认知与功能测试

任务描述	本任务要求学员在熟悉自动变速器的组成、结构及功用的基础上，能够在实车或实训台架上正确识别自动变速器及其系统零部件的位置，并能（在自动变速器实训台架上）正确地操作自动变速器。
学习目标	1. 了解自动变速器的种类及其特点。 2. 熟悉自动变速器的组成及其功用。 3. 熟悉自动变速器总成、系统部件在车上的位置。 4. 熟悉自动变速器档位及其功用。 5. 熟悉自动变速器使用的注意事项及其操作方法。
器材准备	仪器/设备 自动变速器总成（或剖解教具）、自动变速器实车、亚龙 YL-602D 型手自一体自动变速器实训台

1.1　学习准备

1.1.1　自动变速器的种类认知

（1）液力自动变速器（AT）

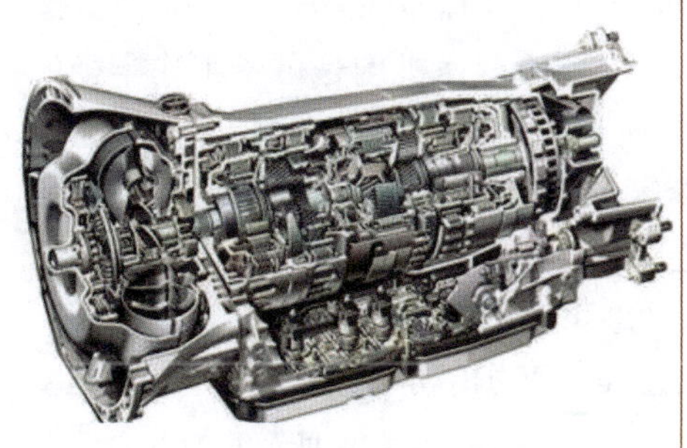

液力自动变速器（AT）

液力自动变速器（Automatic Transmission，AT）的基本形式是由液力变矩器与行星轮变速器（普通齿轮式只有少数厂家采用）组成，它由电子及液压控制系统操控行星轮元件的状态来实现自动换档及变速的目的。

比较而言，液力自动变速器经过半个多世纪的发展与改进，其技术相对成熟与完善，并兼具液力与机械传动的特点，对外部负载具有良好的自动调节和适应性，在目前的车辆自动传动系统中占有绝对的主导地位。而传动效率和燃油经济性相对较低的问题，也为液力自动变速器今后进一步的改进与完善提供了发展空间。

1

汽车自动变速器一体化实训教程						
学习任务	自动变速器认知与功能测试				建议学时	4
班级		学号		姓名		日期 ____年____月____日

(2) 电控机械式自动变速器(AMT)

电控机械式自动变速器(AMT)

电控机械式自动变速器(Automated Mechanical Transmission, AMT)保留了传统固定轴式手动齿轮变速器和离合器,在此基础上加装一套由电子控制的液压操作系统,以达到自动操作离合器和切换档位的目的。

AMT 具有传动效率高和制造成本低等优点,但与 AT 相比,AMT 存在换档动力中断(非动力换档)等影响驾驶舒适性的问题,目前国内主要在一些低档车上装配。

(3) 双离合器自动变速器(DSG/DCT)

双离合器自动变速器(DSG/DCT)

双离合器自动变速器(Direct Shift Gearbox, DSG)或(Dual Clutch Transmission, DCT)可以说是 AMT 的改进型自动变速器。它由两组离合器取代了手动变速器的离合器,并且由电子及液压系统同时操控两组离合器及与其各自相连并交替工作的齿轮组,以实现无动力中断(动力换档)的自动换档及变速的目的。

DCT 融合了 AT 和 AMT 的优点,出众的加速性能及燃油经济性无疑使它成为最具发展前景的新一代自动变速器。其目前的主要问题是制造加工精度及成本较高,只有在中高档汽车上逐渐使用。

(4) 机械式无级变速器(CVT)

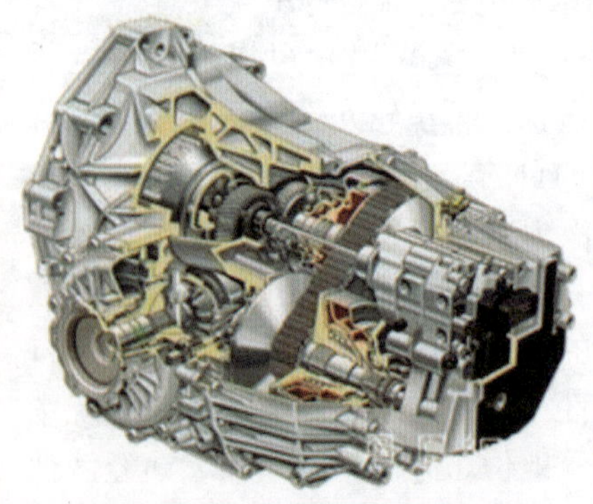

机械式无级变速器(CVT)

机械式无级变速器(Continuous Variable Transmission, CVT)的核心变速机构是可变工作半径的主从动轮及金属传动带(金属传动带式)。工作时,电子及液压系统通过控制主从动轮的可动盘的轴向位移以连续调节它与 V 形金属传动带啮合的工作半径,从而实现无级变速的目的。

CVT 传动比连续、动力传动平稳,并能够更好地使发动机在其经济转速区内运作,从而大大地改善了燃油经济性。但与齿轮传动相比,其传动效率并不高,所能传递的转矩有限。目前缺少解决耐久性问题的相应措施也成为消费者购买的顾虑之一。

<table>
<tr><td rowspan="3"></td><td colspan="7">汽车自动变速器一体化实训教程</td></tr>
<tr><td>学习任务</td><td colspan="3">自动变速器认知与功能测试</td><td>建议学时</td><td colspan="2">4</td></tr>
<tr><td>班级</td><td></td><td>学号</td><td></td><td>姓名</td><td></td><td>日期 ____年____月____日</td></tr>
</table>

本文的学习任务主要针对液力自动变速器和双离合器自动变速器。

1.1.2　自动变速器的基本组成

在图中空白框内填写自动变速器总成组成系统的名称。

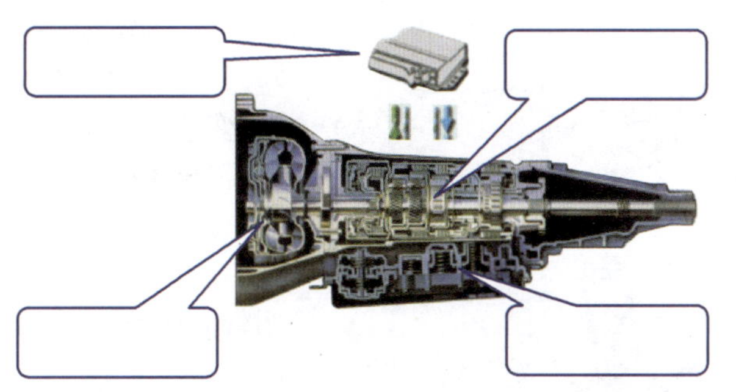

自动变速器的厂牌型号很多，外部形状和内部结构也有所不同，但它们基本上都是由液力变矩器、行星轮系（极少数采用定轴轮系）、液压控制系统及电子控制系统等组成的。

1.1.3　自动变速器系统部件识别

在图中空白圆圈内填写给定的自动变速器部件名称编号。

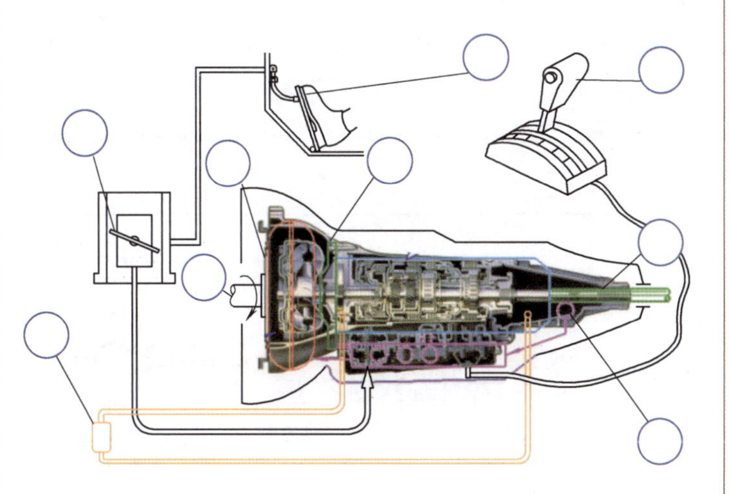

1—曲轴
2—驱动盘
3—液压泵
4—输出轴
5—调速阀/车速传感器
6—冷却系统
7—加速踏板
8—变速杆
9—节气门/节气门传感器

	汽车自动变速器一体化实训教程						
学习任务	自动变速器认知与功能测试					建议学时	4
班级		学号		姓名		日期	____年____月____日

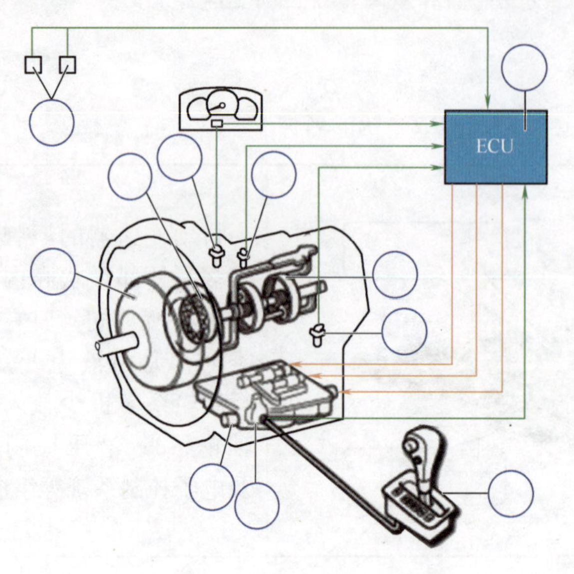

1—电控单元
2—传感器
3—车速传感器
4—输出轴传感器
5—输入轴传感器
6—变速杆
7—行星轮变速系统
8—液压控制系统
9—液力变矩器
10—电磁阀
11—液压泵

1.1.4 自动变速器布置形式识别

自动变速器在车上的布置基本上有两种形式，一种应用于前置发动机前轮驱动型（Front—Engine，Front—wheel—Drive，FF）车辆上，其中变速器中包含了一个内置的主传动装置（差速器），称作自动变速驱动桥。另一种应用于传统的前置发动机后轮驱动型（Front—Engine，Rear—Drive，FR）车辆上，称作自动变速器。两种变速器在没有特别说明的情况下一般统称为自动变速器。

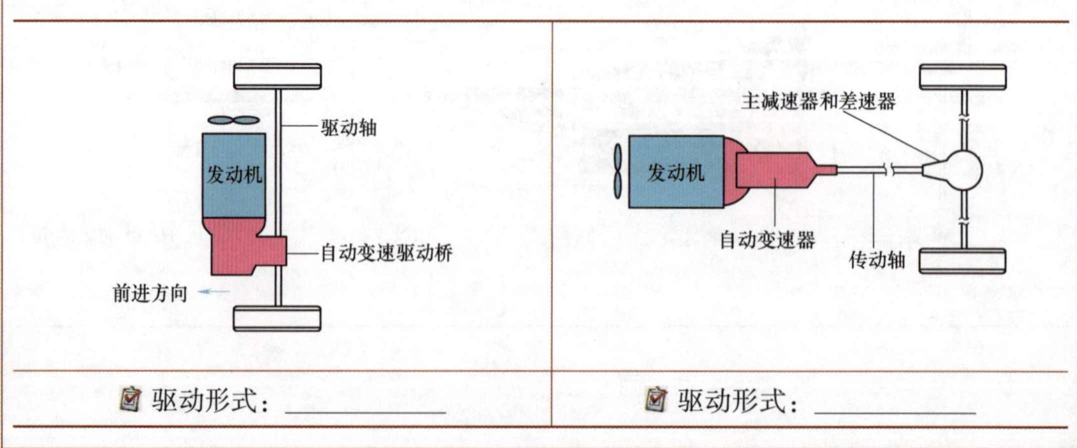

驱动形式：____________	驱动形式：____________

汽车自动变速器一体化实训教程							
学习任务	自动变速器认知与功能测试				建议学时	4	
班级		学号		姓名		日期	____年____月____日

前置发动机前轮驱动型（FF）车辆又分为两种形式：变速器纵置驱动和变速器横置驱动。

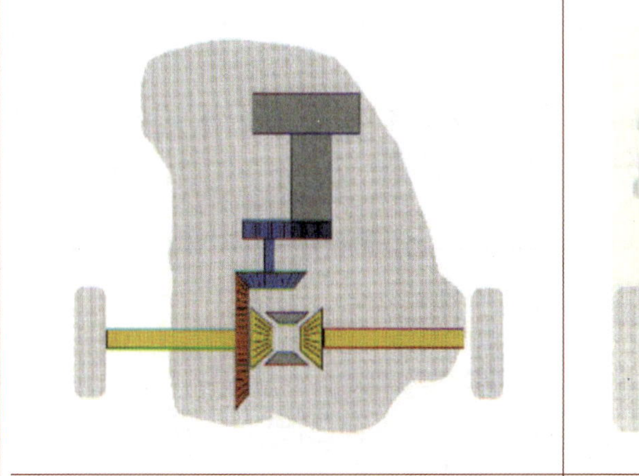

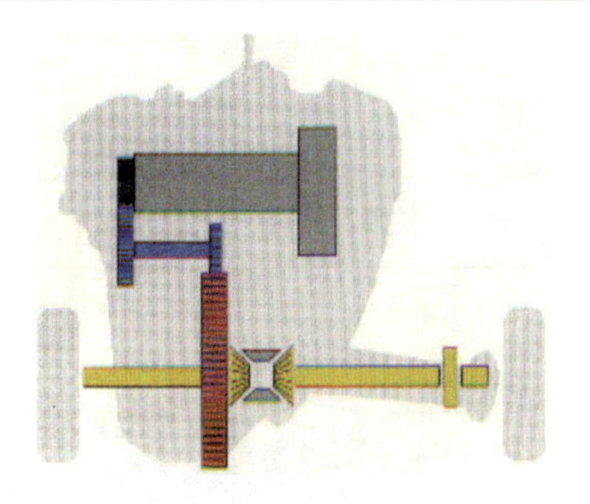

 变速器________________驱动	变速器________________驱动

1.1.5　自动变速器的特点

与传统手动变速器相比，自动变速器有如下特点：

（1）优点

1）取消了离合器踏板，无须频繁踩放离合器踏板和操作变速杆进行换档，使驾驶人操作简单省力，可提高行车安全性并使汽车的加速性能更好。

2）采用液力传递动力，汽车起步加速更加平稳，并能使汽车的稳定车速降得更低，避免因外界负荷突增而造成过载和发动机熄火的现象，提高了汽车的通过性。

3）能吸收和衰减换档过程中的振动和冲击，提高了乘坐舒适性并有利于延长发动机和传动系统相关零件的使用寿命。

4）在一定范围内实现无级变速，能自动适应车速和行车阻力的变化，提高了汽车的动力性和平均车速。

5）自动换档属于动力换档，发动机工况相对比较稳定，并可使汽车经常处于最佳档位行驶，这样提高了汽车的燃油经济性并减少了排放污染。

（2）缺点

1）结构复杂，零件密集度和精密度高，成本高，维护保养不易，且相应维修技术要求较高。

2）在低速和路况复杂的情况下，传动效率低，油耗大。

1

<table>
<tr><td rowspan="3"></td><td colspan="8">汽车自动变速器一体化实训教程</td></tr>
<tr><td>学习任务</td><td colspan="4">自动变速器认知与功能测试</td><td>建议学时</td><td colspan="2">4</td></tr>
<tr><td>班级</td><td></td><td>学号</td><td></td><td>姓名</td><td></td><td>日期</td><td>____年____月____日</td></tr>
</table>

1.2　任务实施

1.2.1　识别自动变速器型号

不同厂家的自动变速器型号不尽相同，大众汽车奥迪系列（VAG）变速驱动桥的型号被铸造在左侧输出轴法兰上方的变速驱动桥壳体上。变速驱动桥代码和生产日期位于变速驱动桥壳体的顶部前端。

<table>
<tr><td></td><td>变速器型号：AG4
A：Auto 自动
G：Gearbox 变速器
4：4 速（前进档）
AG4 变速器分类
01M：用于纵置发动机，如 SKODA、JETTA 等
01N：用于横置发动机，如 PASSAT 等</td></tr>
<tr><td> 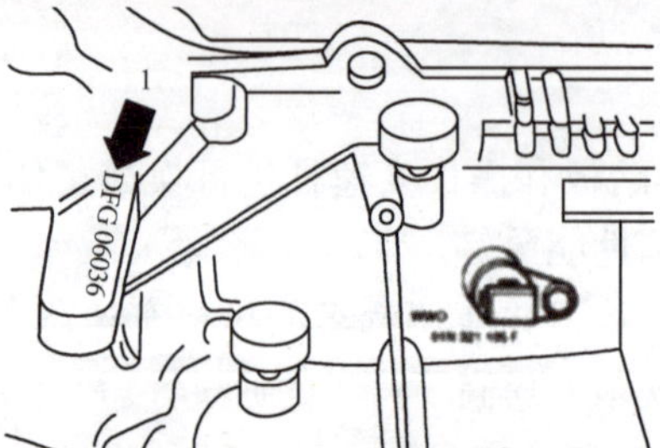</td><td>箭头 1 位置：识别代号和制造日期示例：
<table><tr><td>DFG</td><td>06</td><td>03</td><td>6</td></tr><tr><td>识别代号</td><td>日</td><td>月</td><td>制造年(1999)</td></tr></table></td></tr>
<tr><td></td><td>箭头 2 位置：变速器型号（自动变速器 01N）</td></tr>
</table>

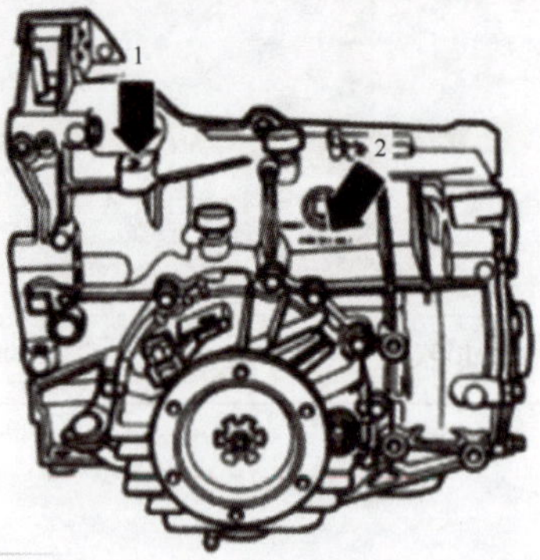

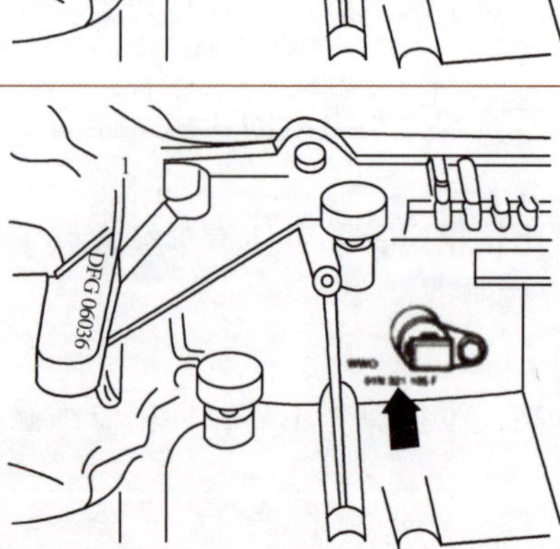

汽车自动变速器一体化实训教程							
学习任务	自动变速器认知与功能测试				建议学时	4	
班级		学号		姓名		日期	____年____月____日

1.2.2 识别自动变速器系统部件

识别自动变速器（大众01N）系统元件及其位置，并在下图填写给定的各零件名称编号。

1—变速器转速传感器	2—车速传感器	3—里程表驱动传感器	4—通气管盖
5—散热器管接头	6—主油压测试孔	7—手动阀操作杆	8—变速杆锁止电磁阀
9—变速杆	10—变速器代号和制造日期标识		

1.2.3 自动变速器档位识别及功能测试

（1）识别档位及功用

档位	英文含义	中文含义	功用
P	Park	驻车档	在停放车辆时使用。 P位只能在汽车停稳以后才能挂入，否则就容易损坏驻车锁止机构。 为避免驾驶人在汽车未停稳时误推入P位，在P位连动杆上设有位置锁止机构，因此需要将变速杆上的锁止按钮按下才能推入P位。

	汽车自动变速器一体化实训教程						
	学习任务	自动变速器认知与功能测试				建议学时	4
	班级		学号		姓名		日期 ____年____月____日

（续）

档位	英文含义	中文含义	功用
R	Reverse	倒档	在倒车时使用。 R 位也只能在汽车停稳后才能挂入，否则就容易损坏变速器。为避免驾驶人在汽车未停稳时误推入 R 位，在 R 位也设有位置锁止机构，因此需要将变速杆上的锁止按钮按下才能推入 R 位。
N	Neutral	空档	在短暂停车时使用。 N 位和 P 位（空档起动开关）也用来控制发动机的起动系统电路，使发动机只能在 N 位或 P 位无负荷起动。
D	Drive	自动前进档	在起步时和一般行驶时使用。 当变速杆置于 D 位时，自动变速器能根据车速、节气门开度等因素的变化，按照前进档的个数和设定的换档规律，自动实现升档或降档。
3	Third	前进低档 3 档（闭锁 3 档）	用于交通繁忙时及限制档位时使用。 当变速杆置于该位时，自动变速器只能在 1 ~ 3 档间自动换档，不能升入 4 档，避免 3 档和 4 档间的频繁跳档情况。
2	Second	前进低档 2（S）档（闭锁 2 档）	用于湿滑路面起步及限制档位时使用。 当变速杆置于 2 位时，变速器在前进档 1、2 档之间自动变换（有些车型被锁定在 2 档）。 2 位与 D 位的区别是：2 位下获得的发动机各档转速较高，可以有较大的动力性，适用于在长坡路和较差路面上行驶。此外，它还可以使自动变速器逆向传递动力，实现发动机制动。
L	Low	前进低档 1（L）档（或闭锁 1 档）	用于在陡坡和较差路面上行驶并能实现发动机制动。 当变速杆置于 L 位时，变速器被锁定在 1 档，不能升档。同样在该位置时，发动机转速较高，可获得较大的动力性。

（2）自动变速器功能测试

此项目建议在自动变速器实训台架上完成。

操作流程	备注
1）准备工作。 ① 熟悉及确认实训台运行操控系统及控制开关。 ② 确认实训台驱动电动机及控制面板电源及插接件。 ③ 接通实训台控制电源开关。 ④ 点火开关置于 ON 位（不起动实训台驱动电动机），熟悉及测试变速杆在各个档位的切换操作。	

	汽车自动变速器一体化实训教程						
	学习任务	自动变速器认知与功能测试			建议学时	4	
	班级		学号		姓名		日期 ____年____月____日

（续）

操作流程	备注
2）起动实训台。 ① 确认实训台操作环境安全。 ② 确认变速杆置于P位或N位。 ③ 起动点火开关（start）并调整确认驱动电动机（发动机）于稳定（怠速）状况。 ④ 实训台在怠速下运转预热10min以上。	
3）换档过程测试。 ① 确认实训台操作环境安全。 ② 根据档位功能及操作说明，分别测试自动变速器在各个动力传动档位（及模式）下的升降档情况。 注意：在切换到R位及P位时，确认输出轴处于停转状态。	
4）停机。 ① 确认驱动电动机（发动机）处于低速（怠速）或停转状态。 ② 确认输出轴处于停转状态（可使用制动系统）。 ③ 切换变速杆于P位。 ④ 关闭点火开关。	
5）整理工作。 ① 关闭实训台电源及开关。 ② 确认电源接线归位。 ③ 清理实训台及环境。	

1.3　扩展学习　自动变速器档位的种类与使用

变速杆用来选择自动变速器的档位并通过档位开关电控单元为仪表提供信息。

（1）传统自动变速器变速杆及档位

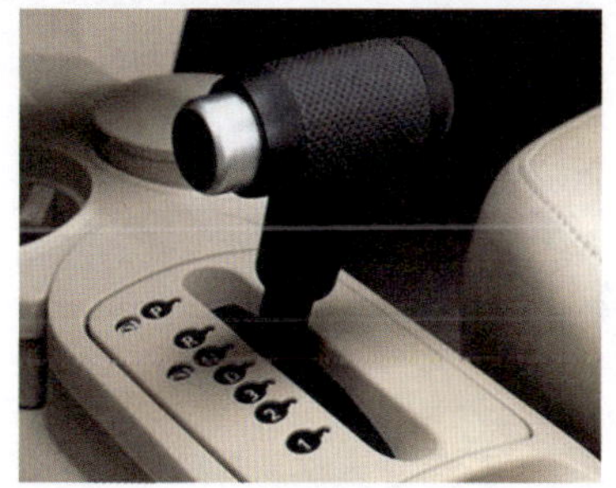

直列式

锯齿式

1

汽车自动变速器一体化实训教程						
学习任务	自动变速器认知与功能测试			建议学时	4	
班级		学号		姓名		日期 ____年____月____日

(2) 手自一体自动变速器换档模式

手自一体变速器除了P、R、N、D自动档车必有的档位外，其他档位由手动模式M（Manual）或运动模式S（Sport）替代。

手动模式下自动变速器的升降档的控制由不同的方式实现。

	1）变速杆控制。 当变速杆挂入M位或S位并朝"+"或"-"短促推动，在匹配的转速和车速范围内，控制单元会通过加减档传感器和手动模式传感器激活程序来实现模拟手动升档和降档的操作，同时仪表会显示当前的手动档位信息。
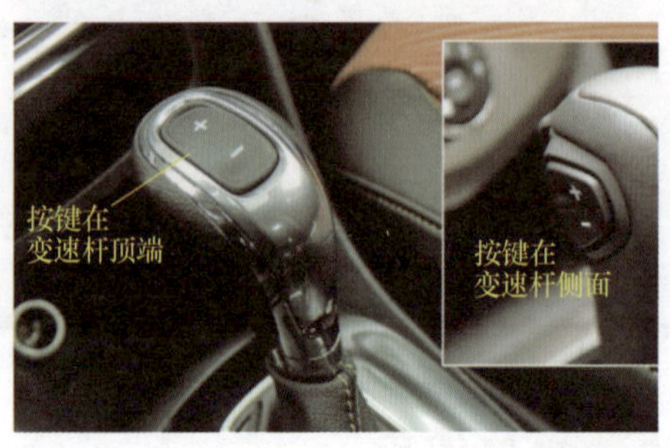	2）按键控制。 手动模式的升降档除了由变速杆操作外，可以由变速杆上的"换档按键"来实现。
	3）换档拨片控制。 也可以由转向盘上设置的"换档按键"或"换档拨片"来实现。

汽车自动变速器一体化实训教程							
学习任务	自动变速器认知与功能测试				建议学时	4	
班级		学号		姓名		日期	____年____月____日

（3）电子式变速杆

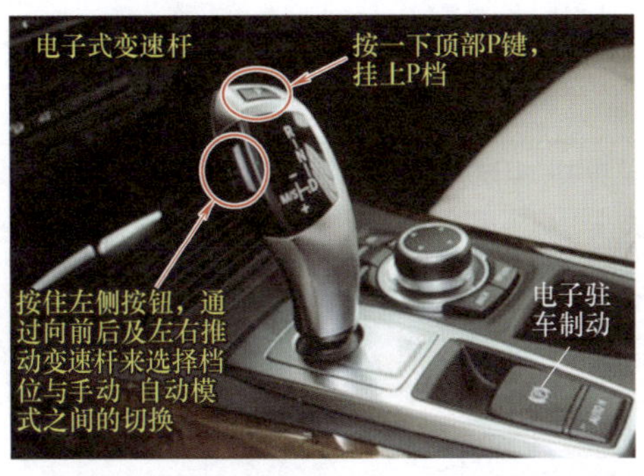

1）电子式变速杆。

电子式变速杆取消了传统机械式的选档模式，全部采用电子信号及选档电动机进行代替，它的优势在于驾驶人的换档错误操作会由 ECU 判断出是否会对变速器造成损伤，从而更好地保护变速器和纠正驾驶人的不良换档习惯。电子式变速杆大多被用于比较高档、豪华的品牌车型上。

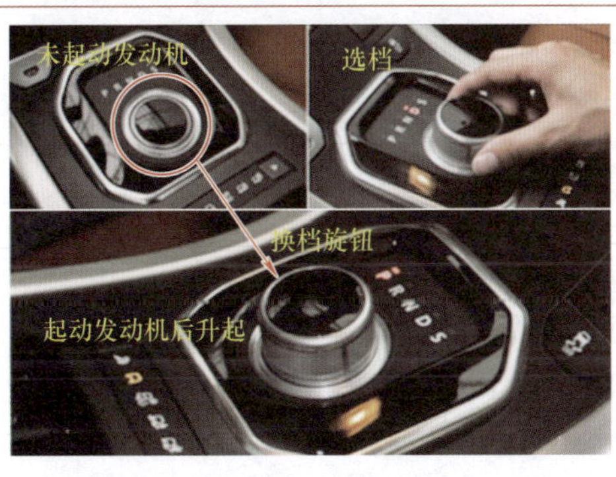

2）电子换档旋钮。

旋钮式变速杆准确地讲，也算是电子式变速杆，只不过表现出来的形式有所不同。和电子式变速杆一样，在断电或者电路故障时，会锁死在当前档位，无法对档位进行释放。从可靠性上讲，远远不如机械式的换档机构。

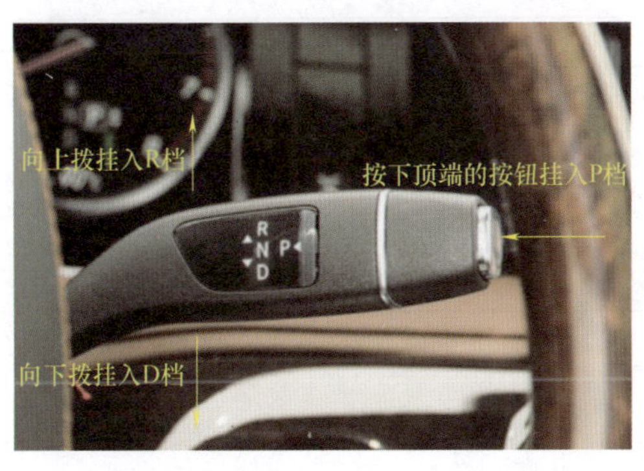

3）怀档式变速杆。

怀档的位置在转向盘的右侧，其优点是节省出中控台的空间，缺点是操作起来不太顺手，容易挂错档。

汽车自动变速器一体化实训教程							
学习任务	自动变速器认知与功能测试				建议学时	4	
班级		学号		姓名		日期	____年____月____日

1.4 反馈评价

1.4.1 任务考核

提示：本任务要求学员在熟悉自动变速器的组成、结构及功用的基础上，能够在实车或实训台架上准确地识别自动变速器及其系统零部件的位置，并能在自动变速器实训台架上应用正确的程序及流程操作自动变速器及测试其升降档功能。

考核内容		考核评分			
项目	内容	配分	A1 *1	A2 *1	批注
工作准备（10%）	能够正确理解工作任务的内容、范围及工作指令	2			
	使用个人防护用品且衣着适当	2			
	准备工作场地及器材	2			
	确认实训台架电源及插接件正常	2			
	确认实训台操作环境安全，能够识别及排除工作场所的安全隐患	2			
实施程序（80%）	识别自动变速器型号及基本信息	5			
	识别自动变速器系统部件及其位置	10			
	能够正确描述自动变速器系统及部件的功用	10			
	应用正确程序起动实训台并调节到稳定（怠速）运转	10			
	能正确测试D位升降档情况	10			
	能正确测试闭锁档（3/2/1）的换档及升降档情况	10			
	能正确测试R位的工作情况	5			
	应用正确程序完成停车及实训台断电操作	10			
	安全无事故并在规定时间内完成任务 *2	10			
完工清理（10%）	收集和储存可以再利用的原材料	2			
	遵循维护工作程序清洁垃圾，清洁和整理工作区域	2			
	对工具、设备及车辆进行清洁	3			
	按照工作程序，填写完成作业单	3			
考核成绩		考评员签字：__________ 日　　期：　　年　　月　　日			

考评者注：▶ *1-A1和A2分别为尝试1和尝试2。在规定的考核时间内，学员允许有2次完成项目任务的机会；尝试2的评分可计入总成绩。

▶ *2-如果完成任务中出现安全事故，整个任务考核将以不合格计。

▶ 任务考核为百分制，60分以下为不合格。

上表可用于学生对本任务实施情况的自我测试或团队测评，也可作为过程考核及技能鉴定考核表使用。

亚龙 YALONG	汽车自动变速器一体化实训教程						
	学习任务	自动变速器认知与功能测试			建议学时	4	
	班级		学号		姓名		日期 ____年____月____日

1.4.2　任务总结

根据任务实施及考评情况，对个人的工作进行自我评价，并提出改进意见。

____

____

____

____

____

____

____

1.4.3　教师评价

评价内容		评价成绩	备注
工作准备	任务领会、资讯查询、器材准备	□A □B □C □D □E	
知识储备	系统认知、原理分析、技术参数	□A □B □C □D □E	
计划决策	任务分析、任务流程、实施方案	□A □B □C □D □E	
任务实施	专业能力、沟通能力、实施结果	□A □B □C □D □E	
职业道德	纪律素养、安全卫生、器材维护	□A □B □C □D □E	
其他评价：			
教师签字：____________		日期：____年____月____日	

注：1. 在选项“□”里打“√”。

2. A：90~100，B：80~89，C：70~79，D：60~69，E：不合格。

亚龙 YALONG	汽车自动变速器一体化实训教程						
	学习任务	液力变矩器的检查与清洗			建议学时	8	
	班级		学号		姓名		日期 ____年____月____日

2

单元任务2　液力变矩器的检查与清洗

任务描述	本任务要求学员在熟悉液力变矩器的组成、结构及工作原理的基础上，能够对液力变矩器进行基本的故障诊断，并能使用合适的工量具和应用正确的程序完成对液力变矩器的清洗和检查等任务。		
学习目标	1. 熟悉液力变矩器的组成、结构及工作原理。 2. 熟悉液力变矩器常见的故障及原因，检查工艺。 3. 掌握液力变矩器的清洗、检查方法及专用工具的使用。		
器材准备	仪器/设备 亚龙 YL-606C 型汽车自动变速器拆装翻转架	工具/量具 液力变矩器检修专用工具	材料 自动变速器油（ATF）、尼龙布等

2.1　学习准备

2.1.1　液力变矩器认知

（1）液力变矩器的组成与结构

液力变矩器是以油液为工作介质，依靠油液动能的变化来传递动力的，是液力传动装置的一种。

闭锁式液力变矩器的组成与结构

亚龙 YALONG	汽车自动变速器一体化实训教程						
	学习任务	液力变矩器的检查与清洗			建议学时	8	
	班级		学号		姓名		日期 ____年____月____日

（2）各元件功用

元件示意图	元件名称及功能
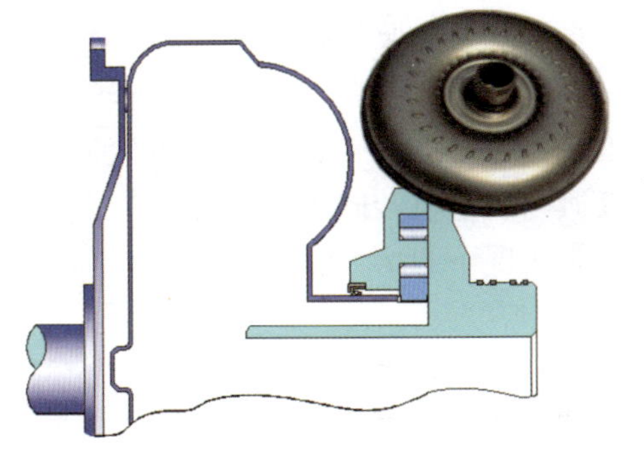 变矩器壳	变矩器壳通过驱动盘安装在发动机曲轴上，变矩器其他元件安装在其内，和变速器组装后形成密封腔，在其内腔中充满自动变速器油（ATF）。 变矩器壳前端的驱动毂用来驱动液压泵。
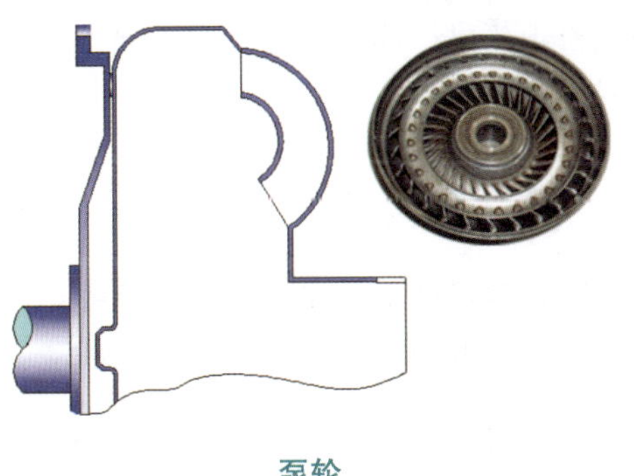 泵轮	泵轮与壳体焊接在一起，其内有径向安装的弯曲叶片并随发动机曲轴的转动而转动。泵轮用于驱动变矩器油液，把发动机的机械能转化为液力能，是液力变矩器的主动部分。
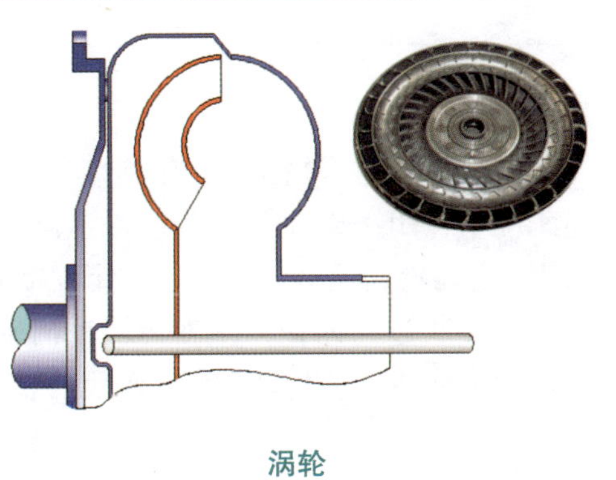 涡轮	涡轮与泵轮相对安装并和输出轴（变速器输入轴）连接在一起，其叶片与泵轮叶片弯曲方向相反。涡轮用来接受从泵轮来的冲击液流，并把其液力能转化为驱动输出轴旋转的机械能，是液力变矩器的从动部分。

亚龙 YALONG	汽车自动变速器一体化实训教程						
	学习任务	液力变矩器的检查与清洗			建议学时	8	
	班级		学号		姓名		日期 ____年____月____日

元件示意图	元件名称及功能
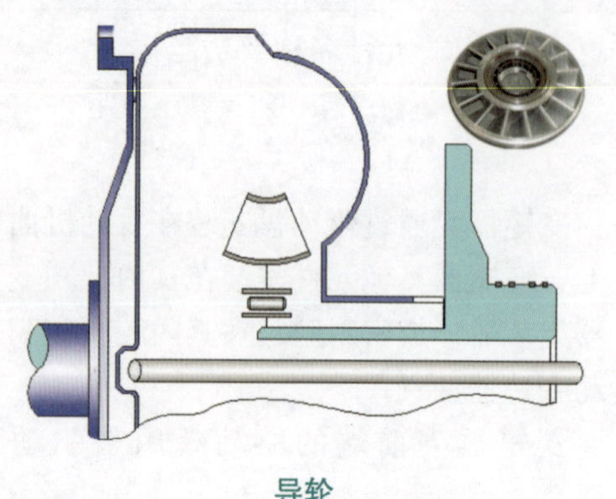 导轮	导轮安装在泵轮与涡轮之间，并通过单向离合器固定在导轮套管上。导轮用来改变从涡轮来并冲击泵轮叶片的液流方向，使其与发动机转向相同，从而使变矩器在一定工况下起增大输出转矩的作用。

单向离合器（One-way Clutch）

单向离合器安装在导轮与导轮固定套管之间，在汽车低速时保持导轮固定不动，使液力变矩器起变矩作用；而在汽车高速时，使导轮自由旋转，防止液压力阻碍涡轮旋转。

元件示意图	元件名称及功能
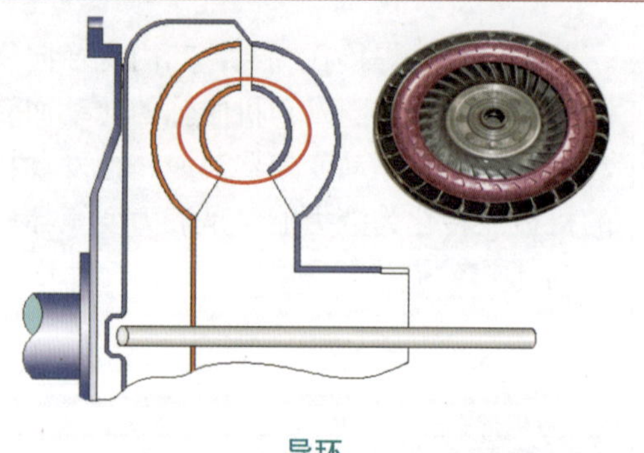 导环	泵轮和涡轮上的导环使液流槽流化，减少液流在变矩器中心的湍流，降低液力变矩器传动损失。
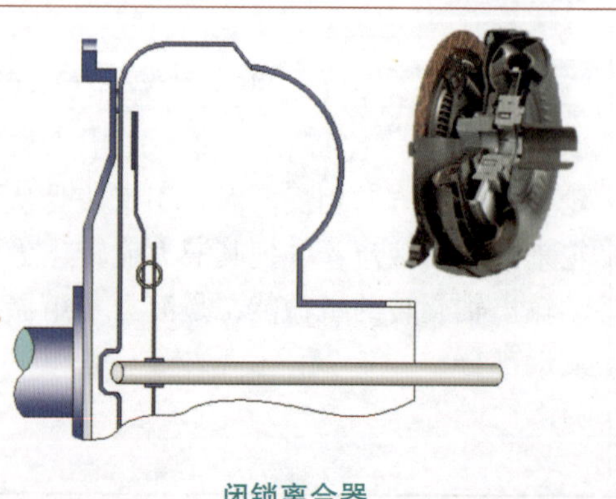 闭锁离合器	闭锁离合器与涡轮及输出轴连接。在一定工况下，闭锁离合器与变矩器壳体结合（即锁止涡轮和泵轮于一体），使发动机动力直接通过壳体输入至变矩器输出轴，提高液力变矩器的传动效率和车辆的燃油经济性。

亚龙 YALONG	汽车自动变速器一体化实训教程						
	学习任务	液力变矩器的检查与清洗				建议学时	8
	班级		学号		姓名		日期 ____年____月____日

2.1.2 液力变矩器的工作原理

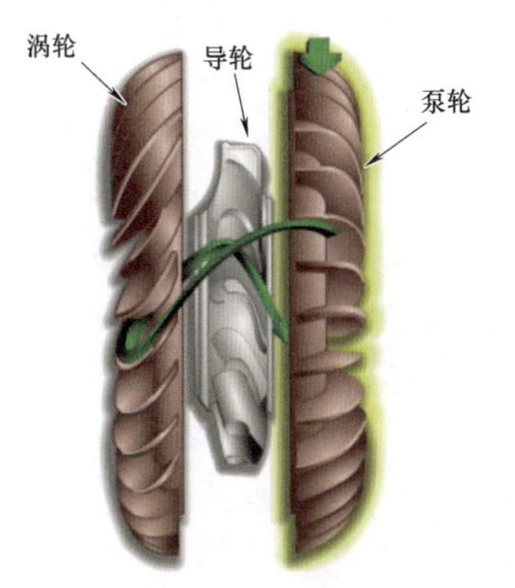

当发动机工作时，带动泵轮旋转，油液获得动能，在离心力的作用下，高速的油液从泵轮叶片中冲出，射向涡轮的叶片迫使涡轮旋转，液流从涡轮叶片下部流出，动能减少，流出的油液经导轮改变方向后，重新进入泵轮再次获得动能，油液通过不断循环流动，就可完成由主动件到从动件的能量传递，使从动件获得转矩和转速。

由泵轮到涡轮再到导轮，然后回到泵轮的液流称为涡流。泵轮和涡轮存在一定的转速差是产生涡流的必要条件，也是液力变矩器传递动力的必要条件。

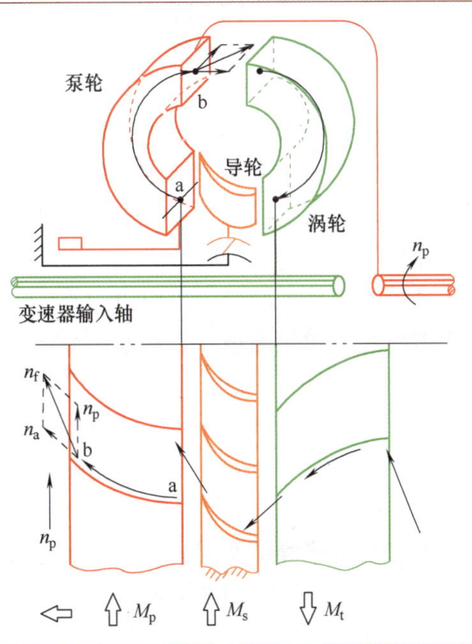

为了便于理解，截取变矩器一液流单元展开图来说明液力变矩器在各工况下的工作过程(设发动机的转速和负荷不变，即变矩器泵轮的转速 n_p 及转矩 M_p 为常数)。

设泵轮、涡轮和导轮对液流的反作用力矩分别为 M_p、M_t 和 M_s，方向如左图中箭头所示。忽略摩擦损失，根据液流受力平衡条件，三者在数值上应满足关系式 $M_t = M_p + M_s$。

根据作用力与反作用力定律可知，涡轮转矩等于泵轮转矩与导轮转矩之和，显然这一转矩要大于泵轮输入转矩，即液力变矩器起了增大转矩的作用。

液力变矩器输出转矩增大的部分即为固定不动的导轮对循环流动的液压油的作用力矩，其数值不但取决于由涡轮冲向导轮的液流速度，也取决于液流方向与导轮叶片之间的夹角。当液流速度不变时，叶片与液流的夹角越大，反作用力矩也越大，液力变矩器的增扭作用也就越大。一般液力变矩器的最大输出转矩可达输入转矩的2.6倍左右。

亚龙 YALONG	汽车自动变速器一体化实训教程						
	学习任务	液力变矩器的检查与清洗				建议学时	8
	班级		学号	姓名		日期	____年____月____日

2

（1）起步工况

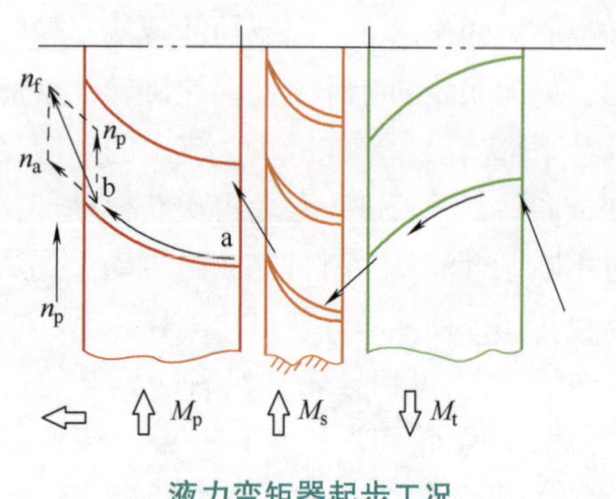

液力变矩器起步工况

液流在泵轮叶片的驱动下，一方面随泵轮转动（环流，如左图 n_p），同时在离心力的作用下，从变矩器中心沿泵轮叶片和壳体向外流动（涡流，如左图 n_a），其合成液流（n_f）以一定的速度冲向涡轮叶片，对涡轮产生冲击转矩（M_t），该转矩即为液力变矩器的输出转矩。

此时涡轮静止不动，冲向涡轮的液流沿叶片流向涡轮下缘，并冲击导轮叶片，对导轮也产生一个冲击力矩（M_s），并沿固定不动的导轮叶片流回泵轮。

（2）加速工况

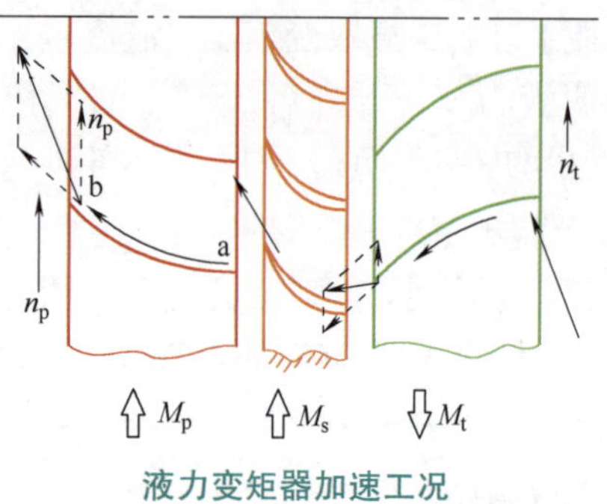

液力变矩器加速工况

当涡轮得到足够大的冲击力矩后，汽车开始起步，与驱动轮相连接的涡轮也开始转动。随着涡轮转速的增加，从涡轮冲向导轮叶片的液流与导轮叶片之间的夹角变小，导轮上所受到的冲击力矩也减小，液力变矩器的增扭作用也随之减小。

（3）偶合工况

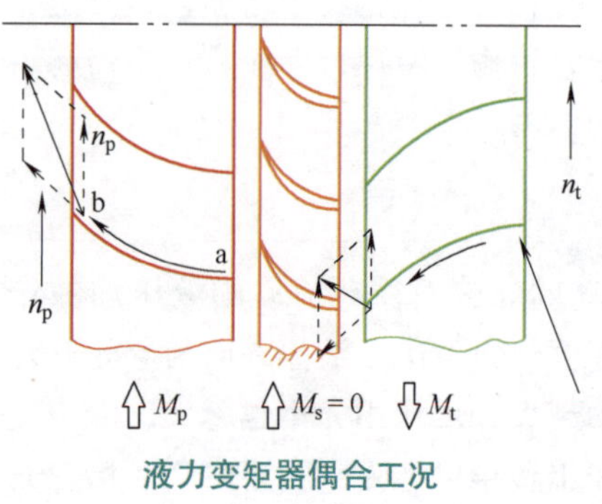

液力变矩器偶合工况

当涡轮转速随着车速的提高而增大到某一数值时，冲向导轮的液流的方向与导轮叶片之间的夹角减小为0，这时导轮将不受液压油的冲击作用（$M_s=0$），液力变矩器失去增扭作用，其输出转矩等于输入转矩，这种工况称为变矩器的偶合工况。

汽车自动变速器一体化实训教程							
学习任务	液力变矩器的检查与清洗				建议学时	8	
班级		学号		姓名		日期	____年____月____日

(4) 巡航工况

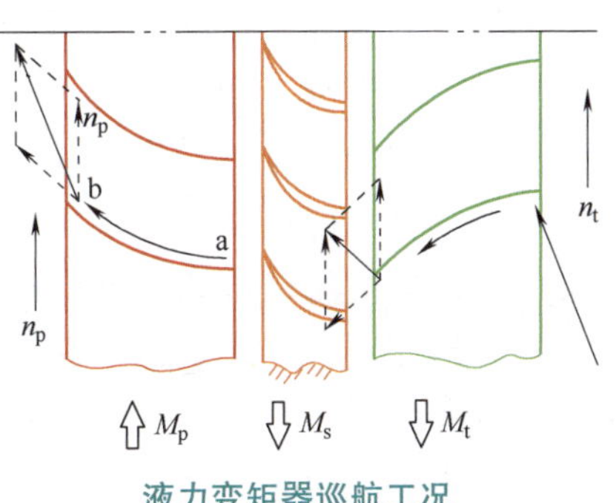

液力变矩器巡航工况

若涡轮转速进一步增大，冲向导轮的液流方向继续向前斜，进而冲击导轮叶片的背面，这时导轮对液流的反作用转矩 M_s 的方向与泵轮对液压油转矩 M_p 的方向相反，故此涡轮上的输出转矩为二者之差，即 $M_t = M_p - M_s$，液力变矩器的输出转矩反而比输入转矩小，其传动效率也随之减小。

安装在导轮与导轮固定套筒之间的单向离合器允许导轮沿涡轮转动方向自由转动，由于自由转动的导轮对液流没有反作用力矩，液流只受到泵轮和涡轮的反作用力矩的作用，因此这时该变矩器不能起增扭作用，其工作特性和液力偶合器相同。这时涡轮转速较高，该变矩器也处于高效率的工作范围。

2.1.3　闭锁离合器控制原理

(1) 锁止离合器的解锁控制

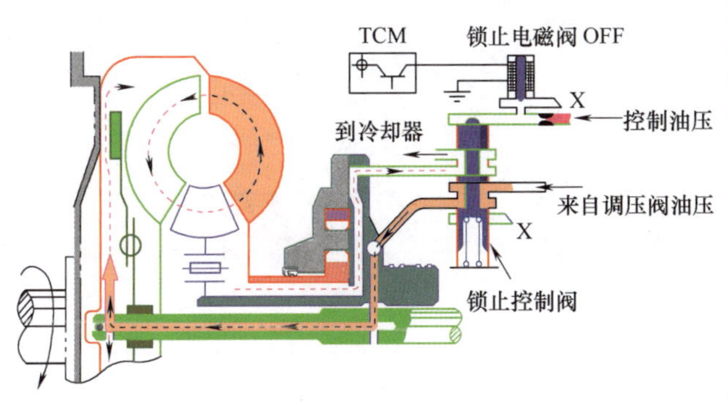

当车速较低时，锁止电磁阀断电泄油，锁止控制阀处于上位，来自调压阀的液压油通过输出轴中心油道进入锁止离合器压盘左腔（解锁腔），压盘右腔经节流通向冷却器，锁止离合器处于分离状态，这时输入变矩器的动力完全通过液压油传至涡轮。

亚龙 YALONG	汽车自动变速器一体化实训教程					
	学习任务	液力变矩器的检查与清洗			建议学时	8
	班级		学号	姓名	日期	____年____月____日

2

（2）锁止离合器的闭锁控制

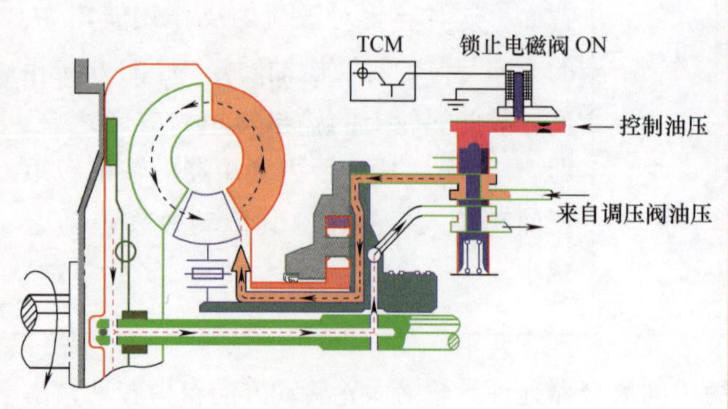

当汽车在良好的道路上高速行驶，且车速、节气门开度、变速器液压油温度等均符合一定要求时，ECU即操纵锁止电磁阀通电（ON）关闭泄油口，推动锁止控制阀于下位，让液压油从锁止压盘右腔进入，左腔经锁止控制阀泄油，从而使压盘在前后两面压力差的作用下压紧在主动盘（变矩器壳体）上，如左图所示，这时输入变矩器的动力通过锁止离合器的机械连接，由压盘直接传至涡轮输出，传动效率为100%。

当锁止离合器锁止时，不仅可以提高传动效率和车辆的燃油经济性，而且可以减少变矩器中产生的热量，降低对散热系统的要求。

☑ 根据液力变矩器的工作原理与功用，分析闭锁离合器需要分离的工况（液力传动）并在下表中补充说明分离的主要作用及原因。

闭锁离合器需要分离的工况	闭锁离合器需要分离的主要作用及原因（因素）	备　注
1. 起步及加速	泵轮、涡轮转速差过大 增加发动机输出转矩	
2. 自动变速器油温或发动机冷却液温度未达到正常温度	加快冷却液温、油温达到正常工作温度	
3. 改变传动比（换档）		
4. 发动机低速运转		
5. 车辆制动		

汽车自动变速器一体化实训教程							
学习任务	液力变矩器的检查与清洗				建议学时	8	
班级		学号		姓名		日期	____年____月____日

2

2.2 任务实施

2.2.1 清洗液力变矩器

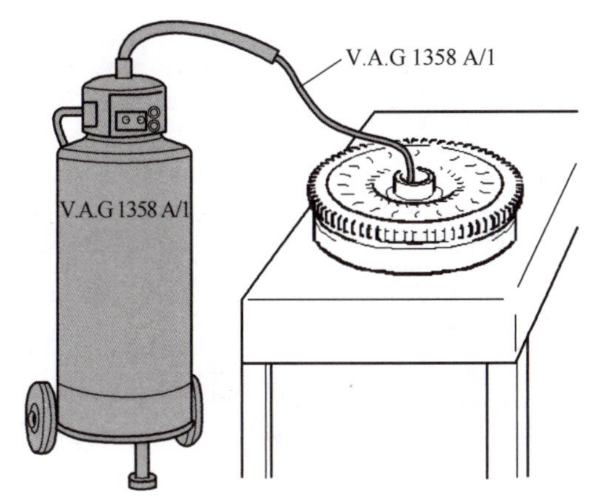

1）倒出液力变矩器中残余的液压油。

2）向液力变矩器内加入2L干净的液压油，摇动液力变矩器，以清洗其内部，然后将液压油倒出。

3）再次向液力变矩器内加入2L干净的液压油，清洗后倒出（油液过脏情况）。

注意：可借助于专用工具将油抽出换掉。

2.2.2 检测液力变矩器

（1）液力变矩器的外观检查

检查液力变矩器外部有无损坏和裂纹、轴套外径有无磨损、驱动液压泵的轴套缺口有无损伤，如有异常，应更换液力变矩器。

（2）检测单向离合器

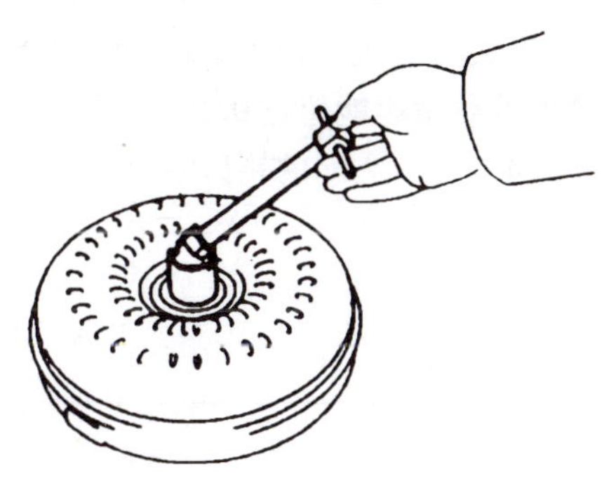

1）装上维修专用工具，转动专用工具驱动杆并将其胀紧在单向离合器的内圈上。

汽车自动变速器一体化实训教程						
学习任务	液力变矩器的检查与清洗				建议学时	8
班级		学号		姓名		日期 ____年____月____日

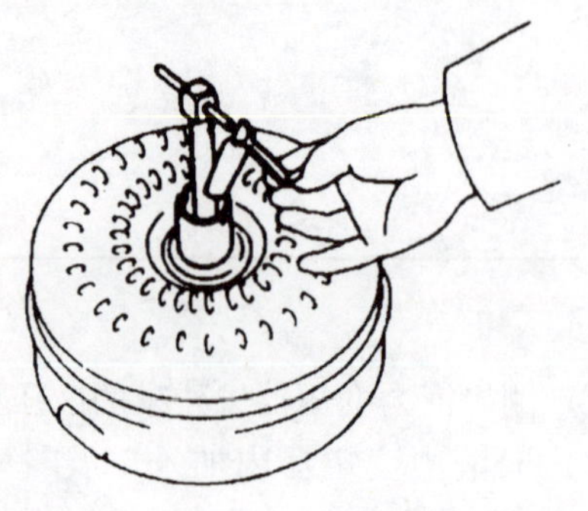	2）专用工具将单向离合器的外座圈卡在液力变矩器毂缺口中。
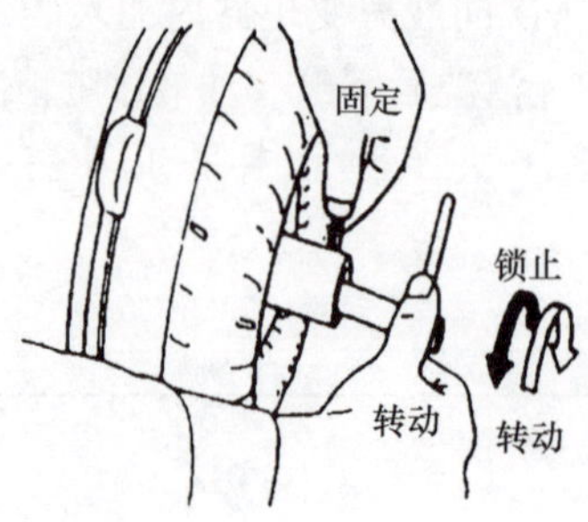	3）转动驱动杆。 4）检查单向离合器工作是否正常，在逆时针方向转动时应锁住，而在顺时针方向应能自由转动。 注意：如有异常，说明单向离合器损坏，应更换液力变矩器。

（3）测量驱动盘偏摆并检测齿圈

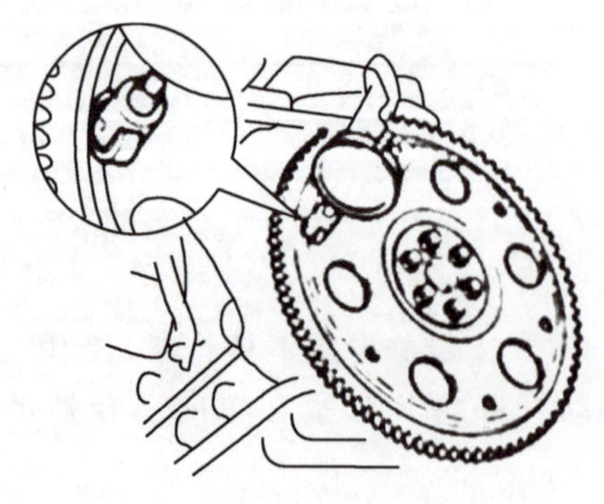	1）安装百分表，检查驱动盘的偏摆。最大偏摆量不能超过0.20mm。 2）检查起动齿圈的轮齿完整。

汽车自动变速器一体化实训教程							
学习任务	液力变矩器的检查与清洗					建议学时	8
班级		学号		姓名		日期	____年____月____日

（4）测量液力变矩器轴套偏摆

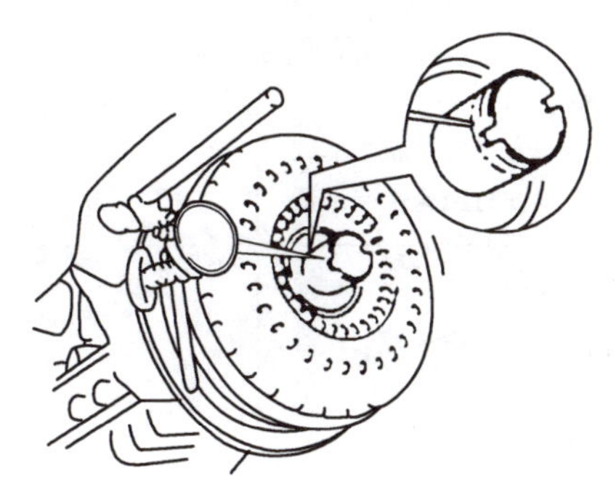

1）将液力变矩器安装在驱动盘上。

2）安装百分表测量液力变矩器轴套（液压泵驱动毂）的偏摆。最大偏摆量不超过0.30mm。

注意：如偏摆超过0.30mm，可通过重新调整液力变矩器的安装方位进行校正，并在校正后的位置上做一记号，以保证安装正确，若无法校正，应更换液力变矩器。

（5）检查液力变矩器的安装情况

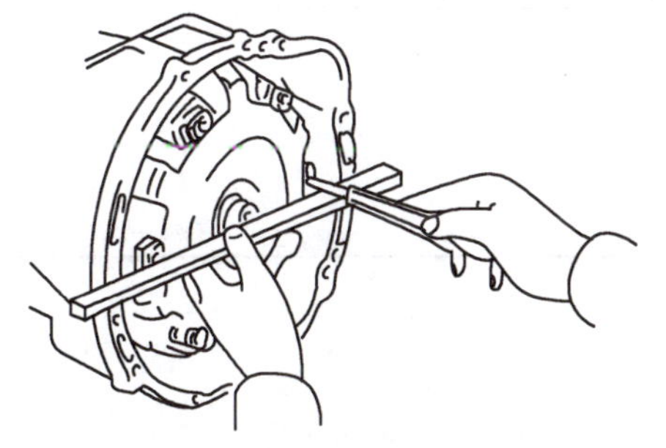

用卡尺和钢直尺测量液力变矩器安装面至自动变速器壳体正面的距离。

若距离小于标准值（17.1mm）则应检查是否由于安装不当所致。

2.2.3　液力变矩器故障诊断

根据下表液力变矩器的故障，判断可能的故障现象并分析原因。

故　　障	可能的故障现象	故障分析
变矩器单向离合器打滑	□ A 车辆无法行驶 □ B 车辆无法自动换档 □ C 汽车高速行驶时，动力不足，加速不良 □ D 汽车在起步或低速行驶时加速性能不良	

<table>
<tr><td rowspan="2"></td><td colspan="7">汽车自动变速器一体化实训教程</td></tr>
<tr><td>学习任务</td><td colspan="3">液力变矩器的检查与清洗</td><td>建议学时</td><td colspan="2">8</td></tr>
<tr><td></td><td>班级</td><td></td><td>学号</td><td></td><td>姓名</td><td>日期</td><td>____年____月____日</td></tr>
</table>

（续）

故　　障	可能的故障现象	故 障 分 析
变矩器单向离合器卡死	□ A 车辆无法行驶 □ B 车辆无法自动换档 □ C 汽车高速行驶时，动力不足，加速不良 □ D 汽车在起步或低速行驶时加速性能不良	
锁止离合器摩擦片严重磨损打滑	□ A 变矩器有异响和攒动感 □ B 汽车加速动力不足 □ C 车辆紧急制动熄火 □ D 车辆高速动力不足	
车辆紧急制动时发动机熄火	□ A 单向离合器打滑 □ B 单向离合器卡死 □ C 锁止离合器无锁止 □ D 锁止离合器无法分离	
车辆油耗增加 车辆在正常温度及高档位行驶时，踩下加速踏板，发动机瞬间转速变化大	□ A 单向离合器打滑 □ B 单向离合器卡死 □ C 锁止离合器无锁止 □ D 锁止离合器无法分离	

汽车自动变速器一体化实训教程						
学习任务	液力变矩器的检查与清洗			建议学时	8	
班级		学号		姓名		日期 ____年____月____日

2.3 反馈评价

2.3.1 任务考核

提示：本任务要求学员在熟悉液力变矩器的组成、结构及工作原理的基础上，能够对液力变矩器进行基本的故障诊断，并能使用合适的工量具和应用正确的程序完成对液力变矩器的清洗和检查等任务。

考核内容		考核评分			
项 目	内 容	配分	A1 *1	A2 *1	批注
工作准备（10%）	能够正确理解工作任务的内容、范围及工作指令	2			
	能够查阅和理解维修手册，确认技术标准及要求	2			
	使用个人防护用品或衣着要适当，能正确使用车辆检修防护用品	2			
	准备工作场地及器材，能够识别工作场所的安全隐患	2			
	确认设备及工量具，检查其是否安全及正常工作	2			
实施程序（80%）	能够正确描述液力变矩器的组成及功用	5			
	能够分析液力变矩器基本的故障及原因	10			
	应用相关维修资讯，能够确认技术标准及检修流程	5			
	能够对液力变矩器外观的完好性进行检查	5			
	应用正确流程对液力变矩器进行清洗	5			
	应用正确流程及工量具对单项离合器进行检查	10			
	应用正确流程及工量具对驱动盘及齿圈进行检查	10			
	应用正确流程及工量具对液压泵驱动毂进行检查	10			
	应用正确流程及工量具对变矩器安装情况进行检查	10			
	安全无事故并在规定时间内完成任务 *2	10			
完工清理（10%）	收集和储存可以再利用的原材料	2			
	遵循维护工作程序清洁垃圾，清洁和整理工作区域	2			
	对工具、设备及车辆进行清洁	3			
	按照工作程序，填写完成作业单	3			
考核成绩		考评员签字：__________ 日 期： 年 月 日			

考评者注：▶ *1-A1 和 A2 分别为尝试1 和尝试2。在规定的考核时间内，学员允许有2次完成项目任务的机会；尝试2的评分可计入总成绩。

▶ *2-如果完成任务中出现安全事故，整个任务考核将以不合格计。

▶ 任务考核为百分制，60分以下为不合格。

上表可用于学生对本任务实施情况的自我测试或团队测评，也可作为过程考核及技能鉴定考核表使用。

汽车自动变速器一体化实训教程							
学习任务	液力变矩器的检查与清洗				建议学时	8	
班级		学号		姓名		日期	____年____月____日

2.3.2 任务总结

根据任务实施及考评情况，对个人的工作进行自我评价，并提出改进意见。

____

____

____

____

____

____

____

2.3.3 教师评价

评价内容		评价成绩	备注
工作准备	任务领会、资讯查询、器材准备	□A □B □C □D □E	
知识储备	系统认知、原理分析、技术参数	□A □B □C □D □E	
计划决策	任务分析、任务流程、实施方案	□A □B □C □D □E	
任务实施	专业能力、沟通能力、实施结果	□A □B □C □D □E	
职业道德	纪律素养、安全卫生、器材维护	□A □B □C □D □E	

其他评价：

____

教师签字：____________________　　　　日期：____年____月____日

注：1. 在选项“□”里打“√”。

2. A：90～100，B：80～89，C：70～79，D：60～69，E：不合格。

汽车自动变速器一体化实训教程							
学习任务	自动变速器的分解及结构认知				建议学时	12	
班级		学号		姓名		日期	____年____月____日

单元任务 3　自动变速器的分解及结构认知

任务描述	本任务要求学员在熟悉自动变速器的组成、结构及功用的基础上，能够应用正确的程序及工具分解自动变速器，并根据结构图及分解图识别轮系的结构和零部件名称。	
学习目标	1. 掌握自动变速器的分解工艺及程序。 2. 掌握自动变速器分解工具的选择及使用。 3. 熟悉轮系的结构及零部件名称。	
器材准备	**仪器/设备** 亚龙 YL-602D 型手自一体自动变速器实训台	**工具/量具** 拆装工具

3

3.1　学习准备

3.1.1　自动变速器轮系认知

自动变速器的行星轮系通常由两排或两排以上的行星轮机构（行星排）及一些操控元件（如制动器、离合器和单项离合器等）组合而成。

在图中空白圆圈内填写给定单排轮系各部件的名称编号。

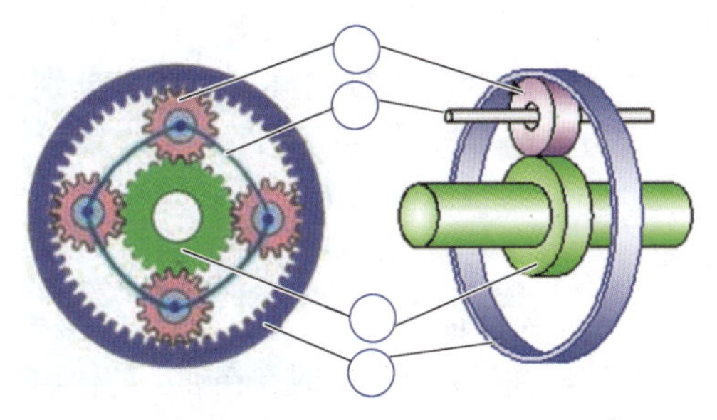

行星排的组成与结构简图

自动变速器的行星轮系以行星排为基本单元，其形式多样，应用较多的行星排如左图所示，其具有①齿圈（z_r）、②太阳轮（z_s）和③行星架（z_c）三个元件。装在行星架上的④行星轮（z_p）不受外部直接操控，起到内部联系的惰轮作用，对传动比没有影响。

3.1.2　换档执行机构

行星轮变速器的换档执行机构主要由离合器、制动器和单向离合器等组成。离合器和制动器是以液压方式控制行星轮机构的旋转，而单向离合器是以机械的方式对行星轮机构的元件进行锁定。

汽车自动变速器一体化实训教程					
学习任务	自动变速器的分解及结构认知			建议学时	12
班级		学号	姓名	日期	____年____月____日

3

(1) 离合器

离合器在液力自动变速器中的作用是：将行星轮机构中某一元件与主动部分相连，使该元件成为动力输入元件。

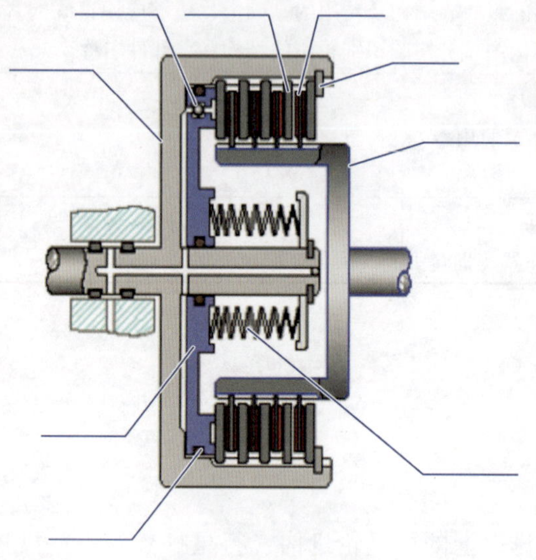

离合器的组成与结构

自动变速器中所用的离合器为湿式多片式离合器。它通常由离合器壳、离合器盘（钢片）、离合器鼓、离合器片（摩擦片）、活塞（内置单向阀）及回位弹簧等组成，如左图所示。

离合器壳内装有环形活塞，活塞内外圆上有密封圈，与离合器壳一起形成一个密封的环状液压缸，并通过离合器壳圆轴颈上的油孔与变速器壳体（或液压泵）上的控制油路相通。

☑ 根据描述在图中相应的箭头横线上填写离合器组件的名称。

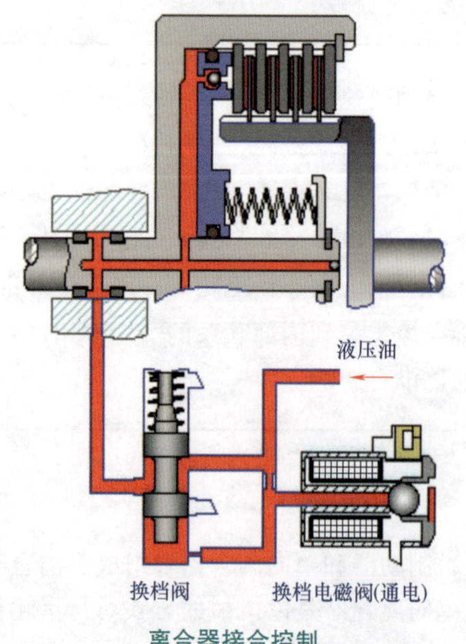

离合器接合控制

离合器壳（液压缸）和离合器鼓分别以一定方式与变速器主动元件（输入轴）和从动元件（输出轴）相连，依靠钢片和摩擦片组成的摩擦副来传递扭矩。

1）离合器接合。

当液压油进入液压缸时，在油压的作用下使设置在离合器活塞上的单向阀保持关闭，并推动活塞克服回位弹簧的作用力向外移动，把与离合器壳体相连接的离合器盘和与离合器鼓相连接的摩擦片压紧在一起，从而实现离合器主动件与从动件的接合。

汽车自动变速器一体化实训教程							
学习任务	自动变速器的分解及结构认知				建议学时	12	
班级		学号		姓名		日期	____年____月____日

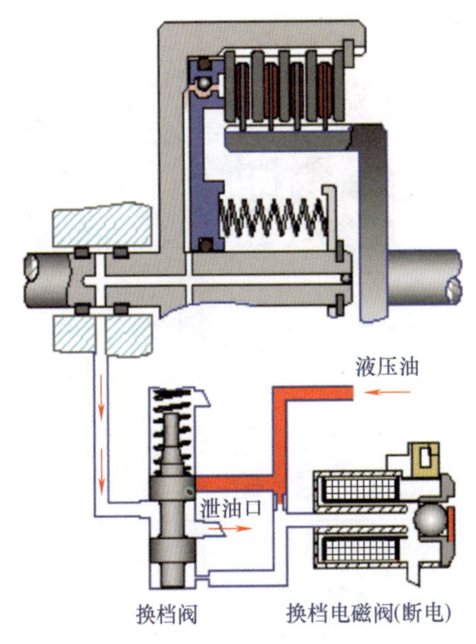

离合器分离控制

2）离合器分离。

当液压缸内的油压被解除后，其液压缸内的一部分油液在离心力的作用下试图滞留在液压缸的外缘，并引起离合器分离不良或迟滞。此时，单向阀的钢球在离心力的作用下离开阀座，缸内油液在离心力作用下经阀孔排出，保证离合器分离彻底。

（2）制动器

制动器的作用是将行星轮机构的基本元件与变速器壳体相连，使其不能旋转。

在自动变速器中常用的制动器有湿式多片式制动器和带式制动器两种。

湿式多片式制动器与湿式多片离合器结构类似，其区别在于制动器的壳体和油缸是固定不动的。这就使制动器的结构比较简单，工作可靠，特别是没有离心油压的影响和向旋转件供油的复杂结构。

片式制动器的工作平顺性优于带式制动器，它和离合器一样，可以通过增减摩擦片的片数来满足不同排量发动机的要求。因此，近年来在轿车自动变速器中使用得越来越多。

一些老款车型上装备有带式制动器，与片式制动器相比，具有结构简单、便于安装和轴向尺寸小等优点，但存在使变速器壳体上产生局部高应力区、制动带磨损后需要调整间隙及安装径向尺寸大等缺点，目前很少应用。

汽车自动变速器一体化实训教程							
学习任务	自动变速器的分解及结构认知				建议学时	12	
班级		学号		姓名		日期	____年____月____日

根据下图所示，试叙述制动器的结构组成及工作原理。

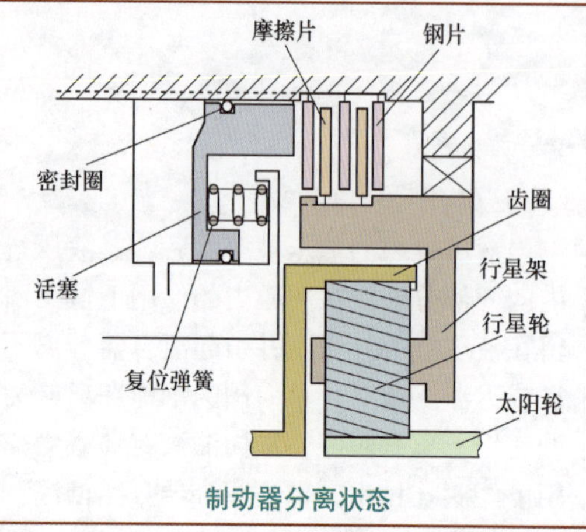

制动器分离状态

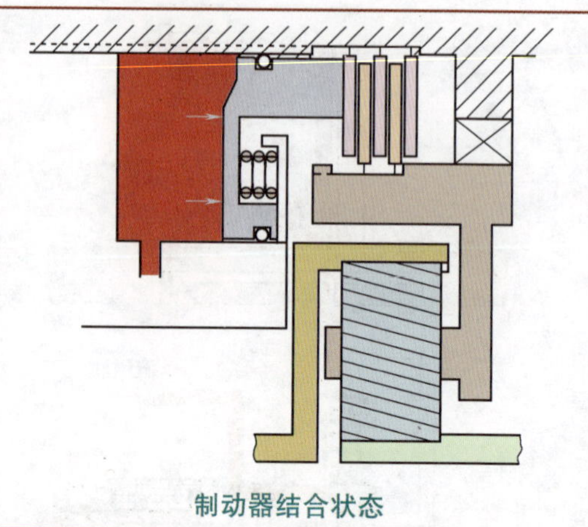

制动器结合状态

湿式多片式制动器的结构与工作原理：

（3）单向离合器

单向离合器又称为超越离合器或自由轮，它广泛应用在液力变矩器及行星轮变速器中，单向离合器在行星轮变速器中的作用与离合器及制动器相同，也是用于连接或固定行星机构中的某些基本元件，不同之处在于只是单方向起固定或连接作用。其结合与脱离完全由与之相连接的元件的相对运动情况而自动实现，无须另外的控制机构，可大大简化液压操纵系统，并可保证换档平顺无冲击的进行。

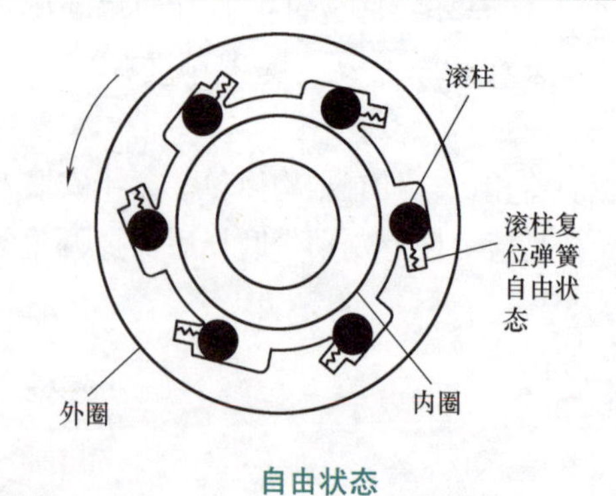

自由状态

1）滚柱斜槽式单向离合器。

滚柱斜槽式单向离合器由外圈、内圈和滚柱等组成，如左图所示。在外圈的内表面制有与滚柱相同的楔形槽，槽内装有滚柱和弹簧，弹簧将滚柱推向内外圈之间楔形槽较窄的一端。

当外圈相对于内圈朝逆时针方向转动时，滚柱在摩擦力的作用下，克服弹簧弹力，滚向楔形槽较宽的一端，外圈相对于内圈可做自由滑转。

汽车自动变速器一体化实训教程							
学习任务	自动变速器的分解及结构认知				建议学时	12	
班级		学号		姓名		日期	____年____月____日

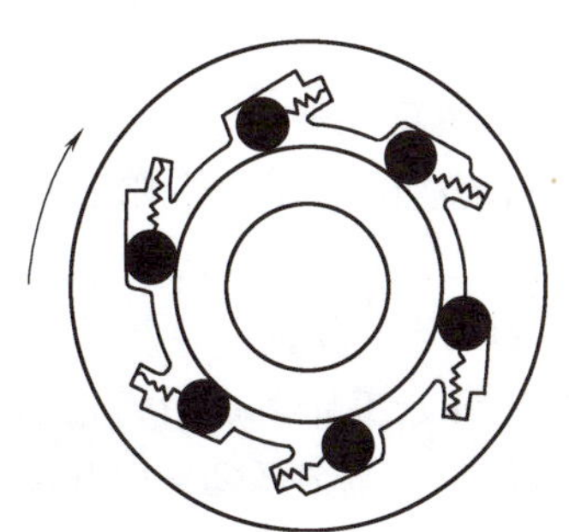 锁止状态	当外圈相对于内圈朝顺时针方向转动时，滚柱在摩擦力和弹簧力的作用下被卡死在楔形槽较窄的一端，此时，与内外圈相连接的元件被锁为一体。
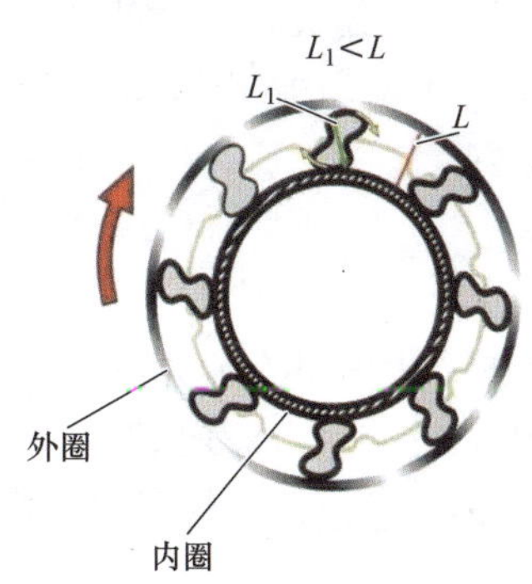 自由状态	2）楔块式单向离合器。 楔块式单向离合器的外圈和内圈上没有楔形槽，内装的楔块具有特殊的形状。楔块在两个方向的尺寸不等，$L_2>L>L_1$，L为内外圈方向的距离。 当外圈相对于内圈做顺时针方向旋转时，楔块在摩擦力的作用下倾斜，外圈可以相对内圈自由转动。
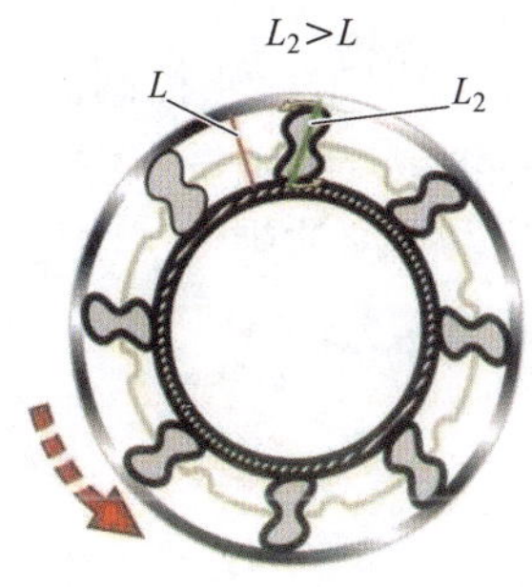 锁止状态	当外圈相对于内圈做逆时针方向旋转时，楔块在摩擦力的作用下以轴L_2尺寸楔于内外圈之间，将内外圈锁为一体。 在安装可独立拆卸的单向离合器时，注意其方向不能装反，否则，会改变其锁止方向，使行星轮变速器不能正常工作。

3.1.3 拆解自动变速器注意事项

1）自动变速器发生故障主要与发动机、电控系统和液压系统有关，因此应根据现象及必要的实验来检修。只有确认故障在自动变速器内部后方可对其进行拆卸检修，同时做好防护措施，防止划伤车身表面的涂层。

2）拆检电气设备前将点火开关拧至“OFF”或“LOCK”位置，并从蓄电池上拆下负极电缆90s以上。之所以在拆下负极电缆90s之后方可开始工作，是因为相当数量的现代轿车安全气囊系统中装有备用电源，如果在拆下蓄电池负极电缆后90s内开展工作，则有可能使安全气囊炸出，这是很危险的。

3）为防止蓄电池接线柱损坏，拆下电缆时应扭松蓄电池端子的螺母再将电缆垂直提起，不要硬撬或硬扭。如需清洁蓄电池接线柱应先拆下蓄电池负极接线。拆下蓄电池负极接线后可能导致音响系统和防盗系统等锁止，并可引起某些系统设定参数的消失。因而在断电前必须做好有关记录。另外，安装蓄电池电缆时不要用锤子将电缆端子砸到接线柱上。拧紧螺母后务必将蓄电池正、负极接线柱的盖板盖好。

4）拆卸自动变速器时所有零件应按顺序放好以利装复，特别是分解阀体总成时，其组阀应与弹簧放在一起，必要时做标记及记录。

5）当需拆下整个变速器时，必须使用专用升降设备，禁止用人工方法，以保证人员安全。安装时同样须使用专用升降设备将变速器举升到合适位置，将变速器紧靠发动机没有间隙后再紧固螺栓，避免因位置有误差而紧固螺栓时损坏变速器壳体及液压泵等相关组件。所有拆装过程应尽量使用专用工具。

6）分解自动变速器前应对其外部进行彻底清洗以防赃物污染内部零件。自动变速器内部的液压控制系统对非常细小的磨料颗粒与污物都是非常敏感的，它们都有可能造成精密配合副的卡滞而引发故障。

7）彻底清洗分解后的自动变速器各个油道、油孔，特别是液压控制阀体上的油道等，用压缩空气吹通，确保不被堵塞。建议用自动变速器油或煤油清洗零件。清洗后摆放干净位置而不能用棉纱等擦干，因棉纱等所脱落下的纤维甚至所沾染的污物均可能影响变速器今后的工作，一定用风干的方式使其干燥。

3.2 任务实施

3.2.1 分解自动变速器

自动变速器型号：大众01N。

<table>
<tr><td rowspan="3"></td><td colspan="8">汽车自动变速器一体化实训教程</td></tr>
<tr><td>学习任务</td><td colspan="5">自动变速器的分解及结构认知</td><td>建议学时</td><td>12</td></tr>
<tr><td>班级</td><td></td><td>学号</td><td></td><td>姓名</td><td></td><td>日期</td><td>____年____月____日</td></tr>
</table>

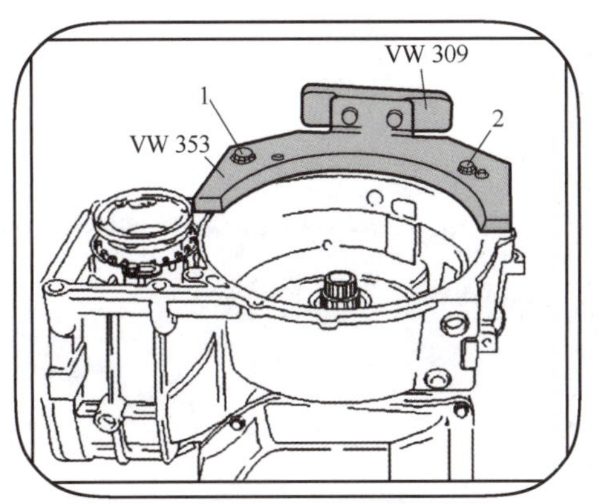 	1）固定变速器到翻转架上。将放油后的变速器固定到翻转架上。
	2）拆卸后密封盖板。
	3）拆卸油底壳。 ① 把油底壳向上翻转至水平位置。 ② 对角拆卸油底壳固定螺栓。 ③ 取下油底壳。

3

	汽车自动变速器一体化实训教程							
	学习任务	自动变速器的分解及结构认知				建议学时	12	
	班级		学号		姓名		日期	___年___月___日

3

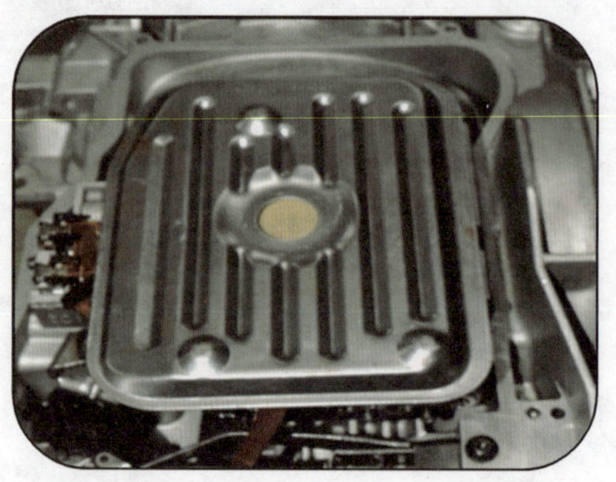	4）拆卸滤清器。新款变速器没有螺栓可用手平稳取下。
 	5）拆卸阀板总成。 ① 拆下阀体电磁阀线束插头固定螺栓。 ② 向里拔出电磁阀线束插头 ③ 拨动手动换档阀，使其与手动阀操纵杆脱钩。 ④ 保留手动换档阀在阀体中并固定，避免其脱落。

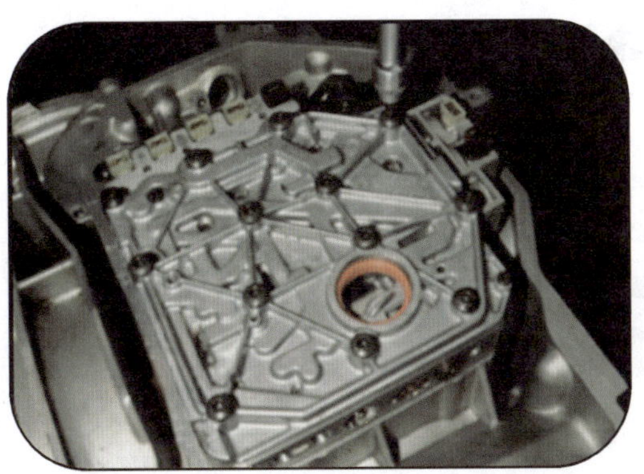

⑤ 从外到内对角松开阀体固定螺栓。

⑥ 拆下阀板总成。

注意：不要拆下固定阀板盖和隔板上的小螺钉，以免内部球阀及弹簧等小零件掉出。

6）从壳体中拔出 B1 的密封塞。

7）拆卸液压泵。

① 拆下自动变速器液压泵螺栓。

② 把液压泵从壳体中拔出。把 M8 螺栓拧入自动变速器液压泵专用拆卸螺栓孔中，用手将螺栓振动并转动液压泵，松动后将液压泵从壳体中提出。

8）取出输入轴及离合器和制动器组件。将所有的离合器连同支承管、B2 制动摩擦片组、弹簧和弹簧头座一起取出。

9）拆卸轮系驱动毂及传动轴组件。

① 将手动阀操作杆置于 P 位（锁止输出轴及齿圈）。

② 将螺钉旋具穿越大太阳轮驱动毂的孔并插入壳体槽（锁止整个轮系）。

<table>
<tr><td colspan="2" rowspan="3"></td><td colspan="6">汽车自动变速器一体化实训教程</td></tr>
<tr><td>学习任务</td><td colspan="3">自动变速器的分解及结构认知</td><td>建议学时</td><td>12</td></tr>
<tr><td>班级</td><td></td><td>学号</td><td></td><td>姓名</td><td></td><td>日期</td><td>____年____月____日</td></tr>
</table>

	③ 松开小传动轴螺栓。 ④ 拆下小传动轴螺栓、垫圈及间隙调整垫片。
	⑤ 拔出小驱动轴。
	⑥ 拔出小太阳轮传动轴。

	汽车自动变速器一体化实训教程						
	学习任务	自动变速器的分解及结构认知			建议学时	12	
	班级		学号		姓名		日期 ____年____月____日

3

⑦ 拔出大太阳轮及驱动毂。

10）拆卸单向离合器及轮系。

① 拆下变速器转速传感器 G38。

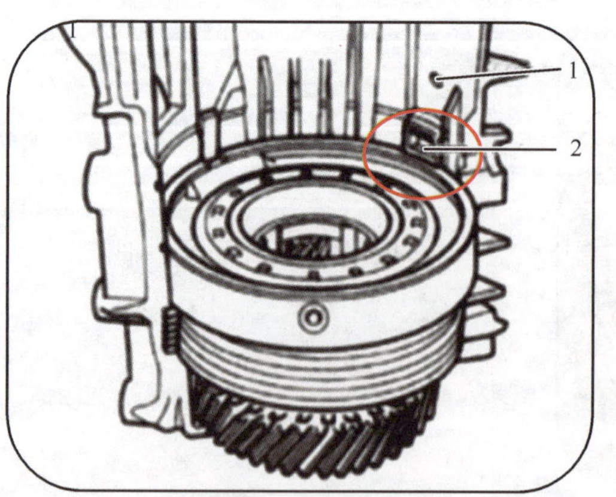

② 拔出倒流块 2。1 为通气孔。

汽车自动变速器一体化实训教程							
学习任务	自动变速器的分解及结构认知			建议学时	12		
班级		学号		姓名		日期	____年____月____日

	③ 拆卸弹性卡簧1。
	④ 拆卸弹性卡簧2。
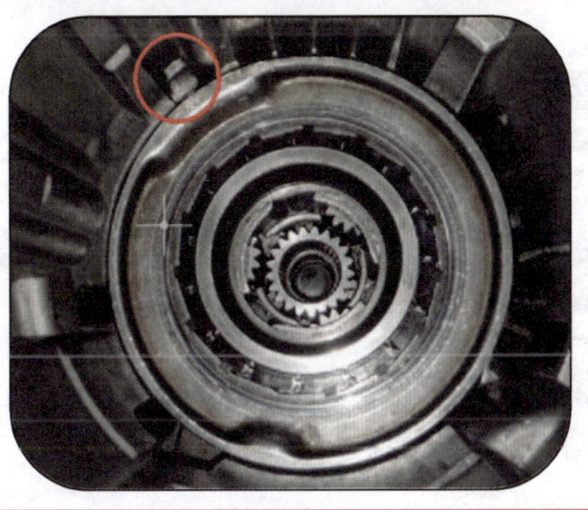	⑤ 用钳子夹住单向离合器外壳上的定位键，把单项离合器及B1制动活塞组件从壳体中抽出。

汽车自动变速器一体化实训教程							
学习任务	自动变速器的分解及结构认知				建议学时	12	
班级		学号		姓名		日期	____年____月____日

	⑥ 取下碟形弹簧片。
	⑦ 将行星架连同小太阳轮从壳体中取出。 注意：只有代号为“DFG”的变速器，才能够从行星架中取出小太阳轮。
	⑧ 依次取出倒档制动器 B1 的钢片及摩擦片。

汽车自动变速器一体化实训教程					
学习任务	自动变速器的分解及结构认知			建议学时	12
班级		学号	姓名	日期	____年____月____日

⑨ 取出推力轴承及垫片。

注意：齿圈不需要拆卸；取出的轮系按顺序在工作台上组装好，以避免轴承及垫圈等小零件混淆及丢失，并便于轮系部件的识别。

3.2.2　自动变速器结构与零部件识别

(1) 结构识别

对照轮系结构简图，分析自动变速器轮系元件的相互连接关系，并在轮系实物图中的圆圈中填写对应于结构简图的标识。

01N 轮系实物图（填写标识）	01N 轮系结构简图

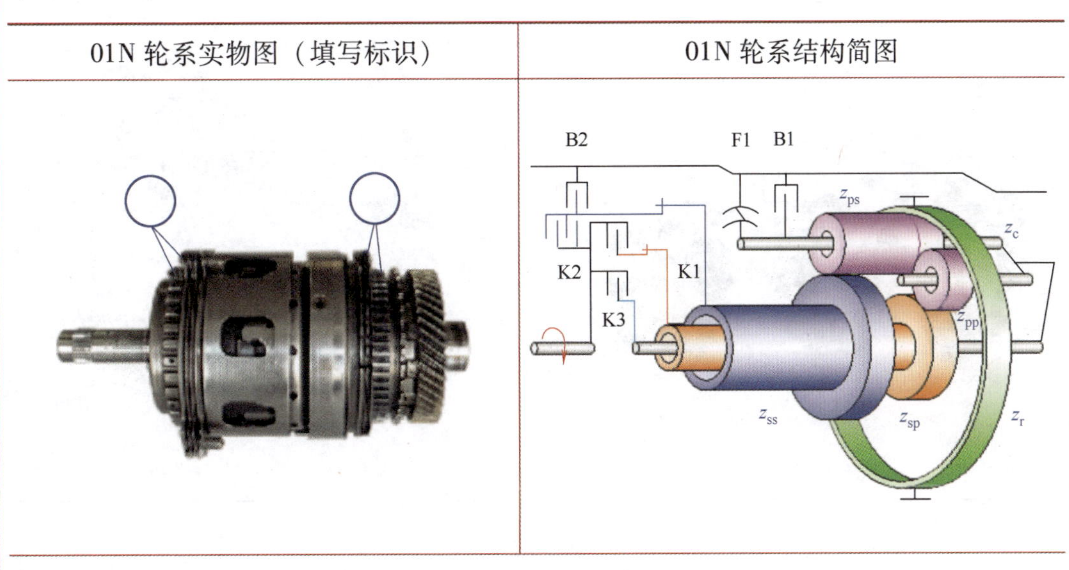

3

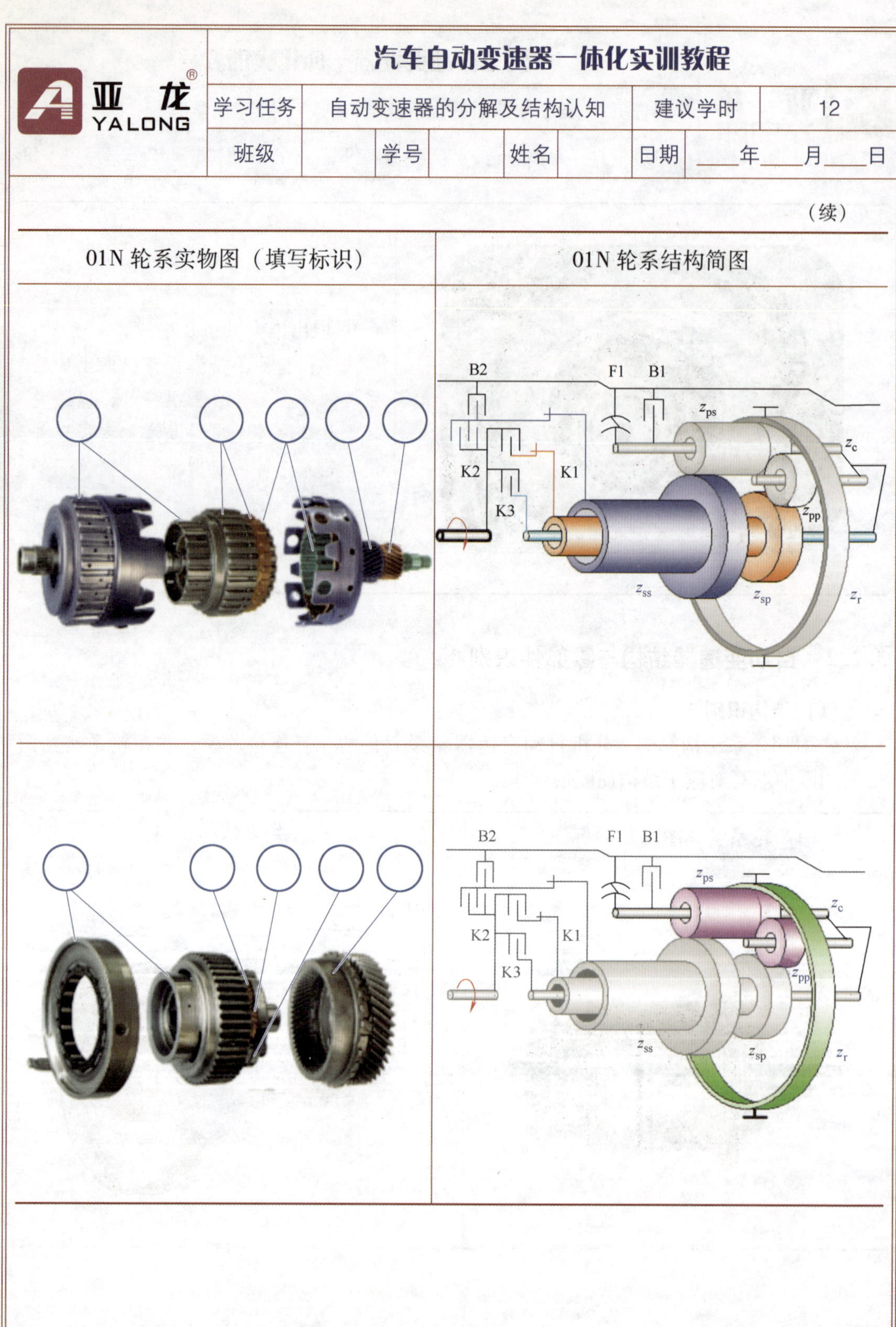

汽车自动变速器一体化实训教程

亚龙 YALONG	学习任务	自动变速器的分解及结构认知				建议学时	12
	班级		学号		姓名	日期	____年____月____日

（续）

01N 轮系实物图（填写标识）	01N 轮系结构简图

	汽车自动变速器一体化实训教程						
	学习任务	自动变速器的分解及结构认知			建议学时	12	
	班级		学号		姓名		日期 ____年____月____日

（2）零部件及名称识别

1）变速器分解图认知。

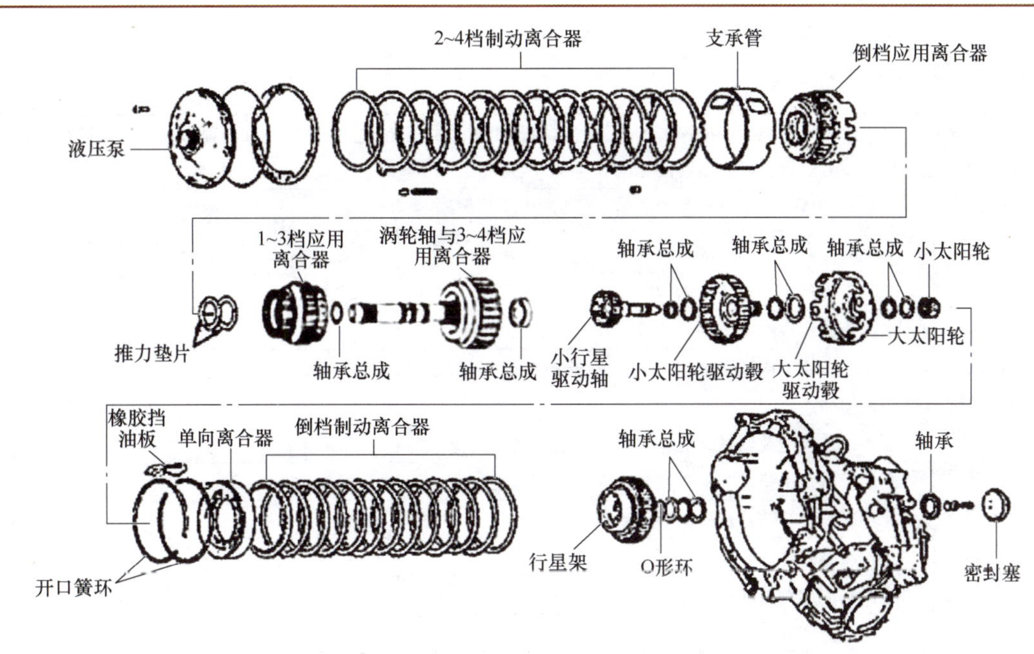

大众 01N 自动变速器行星轮变速器的分解图

2）变速器零部件名称识别。

对照轮系结构简图及变速器分解图，识别自动变速器轮系元件，并在轮系实物图中的横线上填写轮系元件的名称。

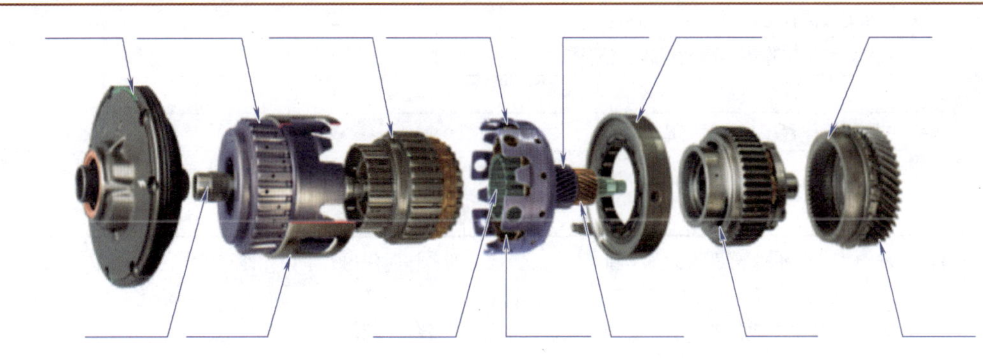

变速器零部件识别

	汽车自动变速器一体化实训教程							
	学习任务	自动变速器的分解及结构认知				建议学时	12	
	班级		学号		姓名		日期	___年___月___日

3.3 反馈评价

3.3.1 任务考核

提示：本任务要求学员在熟悉自动变速器的组成、结构及功用的基础上，能够应用正确的程序及工具分解自动变速器，并根据结构图及分解图能识别轮系的结构和零部件名称。

考核内容		考核评分			
项目	内容	配分	A1 *1	A2 *1	批注
工作准备（10%）	能够正确理解工作任务的内容、范围及工作指令	2			
	能够查阅和理解维修手册，确认技术标准及要求	2			
	使用个人防护用品或衣着适当，能够正确使用车辆检修防护用品	2			
	准备工作场地及器材，能够识别工作场所的安全隐患	2			
	确认设备及工量具，检查其是否安全及正常工作	2			
实施程序（80%）	能正确固定变速器及拆卸后密封盖板	5			
	能正确拆卸油底壳及滤清器	5			
	能正确拆卸阀板总成	10			
	能正确拆卸液压泵	5			
	能正确拆卸输入轴、离合器及制动器组件	10			
	能正确拆卸轮系驱动毂及传动轴组件	5			
	能正确拆卸单向离合器、轮系及制动器组件	10			
	能正确识别轮系的结构关系	10			
	能正确识别轮系零部件的名称	10			
	安全无事故并在规定时间内完成任务 *2	10			
完工清理（10%）	收集和储存可以再利用的原材料	2			
	遵循维护工作程序清洁垃圾，清洁和整理工作区域	2			
	对工具、设备及车辆进行清洁	3			
	按照工作程序，填写完成作业单	3			
考核成绩		考评员签字： 日　期：　　年　月　日			

考评者注：▶ ＊1-A1 和 A2 分别为尝试 1 和尝试 2。在规定的考核时间内，学员允许有 2 次完成项目任务的机会；尝试 2 的评分可计入总成绩。

▶ ＊2-如果完成任务中出现安全事故，整个任务考核将以不合格计。

▶ 任务考核为百分制，60 分以下为不合格。

<table>
<tr><td rowspan="3"></td><td colspan="8">汽车自动变速器一体化实训教程</td></tr>
<tr><td>学习任务</td><td colspan="4">自动变速器的分解及结构认知</td><td>建议学时</td><td colspan="2">12</td></tr>
<tr><td>班级</td><td></td><td>学号</td><td></td><td>姓名</td><td></td><td>日期</td><td>____年____月____日</td></tr>
</table>

上表可用于学生对本任务实施情况的自我测试或团队测评，也可作为过程考核及技能鉴定考核表使用。

3.3.2　任务总结

根据任务实施及考评情况，对个人的工作进行自我评价，并提出改进意见。

____

____

____

____

____

____

____

3.3.3　教师评价

评价内容		评价成绩	备　注
工作准备	任务领会、资讯查询、器材准备	□A□B □C □D □E	
知识储备	系统认知、原理分析、技术参数	□A□B □C □D □E	
计划决策	任务分析、任务流程、实施方案	□A□B □C □D □E	
任务实施	专业能力、沟通能力、实施结果	□A□B □C □D □E	
职业道德	纪律素养、安全卫生、器材维护	□A□B □C □D □E	
其他评价：			
教师签字：____________		日期：____年____月____日	

注：1. 在选项“□”里打“√”。

2. A：90～100，B：80～89，C：70～79，D：60～69，E：不合格。

	汽车自动变速器一体化实训教程					
学习任务	自动变速器轮系结构与传动分析				建议学时	12
班级		学号		姓名	日期	____年____月____日

单元任务4　自动变速器轮系结构与传动分析

任务描述	本任务要求学员在熟悉自动变速器的组成、结构及功用的基础上，能够分析轮系在各档位下的工作状况，并能够对轮系进行基本的故障诊断。	
学习目标	1. 熟悉拉维娜轮系的组成及特点。 2. 掌握典型拉维娜轮系各档位动力传递路线及分析方法。 3. 掌握轮系故障的分析方法。	
器材准备	仪器/设备 亚龙 YL-602D 型手自一体自动变速器实训台	工具/量具 拆装工具

4

4.1　学习准备

4.1.1　行星轮机构实现动力传递的条件判别

（1）行星轮机构运作分析

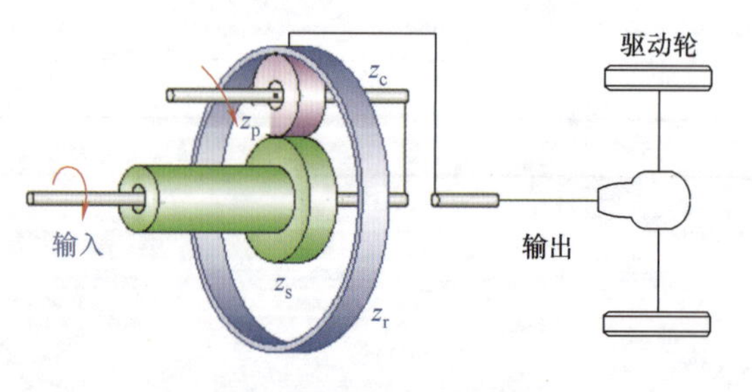

行星排传动结构与条件

左图所示行星轮机构中：

动力输入元件——行星架 z_c（发动机传来的动力经输入轴驱动行星架 z_c 顺时针方向转动）。

动力输出元件——齿圈 z_r（与输出轴及驱动轮连接）。

太阳轮 z_s——未受其他元件操控。

☑ 试判断行星轮机构的运作情况。

齿圈 z_r 是否能够运转？	□是	□否
车辆是否能够行驶？	□是	□否

亚龙 YALONG	汽车自动变速器一体化实训教程						
	学习任务	自动变速器轮系结构与传动分析			建议学时	12	
	班级		学号		姓名		日期 ____年____月____日

行星轮机构是否能够实现动力传递?		□是	□否
行星轮 z_p 如何自转?	□顺时针	□逆时针	□无自转
太阳轮 z_s 如何运转?	□顺时针	□逆时针	□固定不动

(2) 行星轮机构动力传递分析

行星排动力传递分析

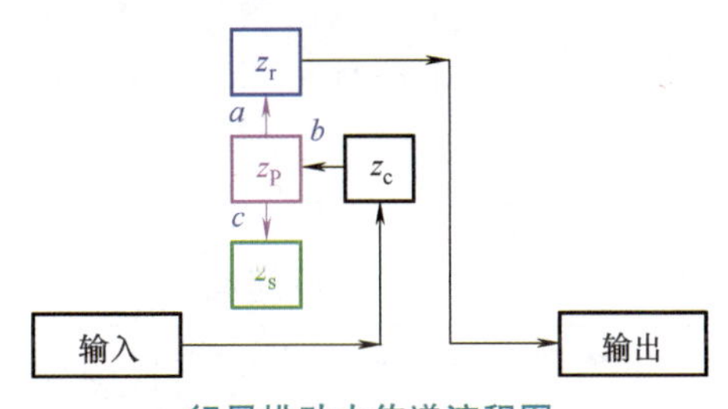

行星排动力传递流程图

在上述轮系传动条件下，齿圈 z_r 受驱动轮与路面之间静止摩擦力的约束保持固定不动，行星轮 z_p 此时在行星架的驱动下以 a 点为瞬心逆时针方向自转并沿齿圈 z_r 顺时针方向公转，从而驱动太阳轮 z_s 顺时针方向自由转动。由于太阳轮不受执行元件的操控而无法产生约束反力，从而该机构无法克服汽车静止惯性而驱动汽车起步，即无法实现动力传递。

(3) 行星轮机构实现动力传递的方法分析

在上述行星轮机构（两自由度）中，可增加如离合器、制动器或单向离合器等执行元件来约束自由转动的太阳轮，用以实现机构的动力传递，其方案如下表所示。

实现动力传递的方案及动力传递流程图	说　明
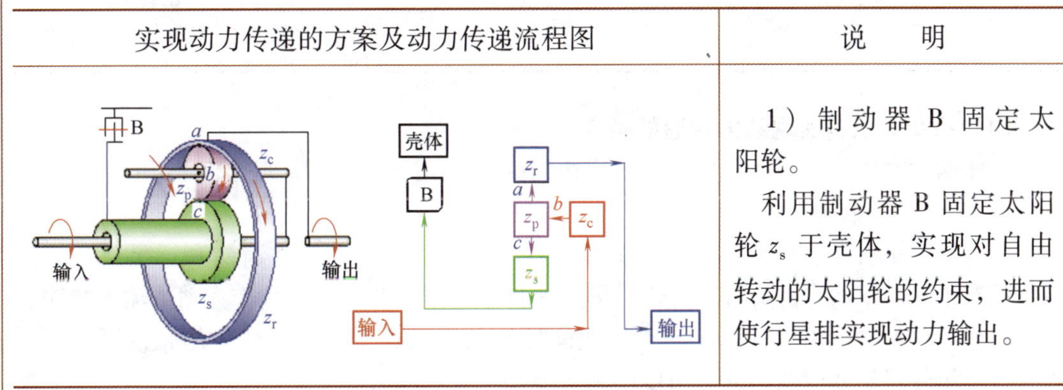	1）制动器 B 固定太阳轮。 利用制动器 B 固定太阳轮 z_s 于壳体，实现对自由转动的太阳轮的约束，进而使行星排实现动力输出。

	汽车自动变速器一体化实训教程						
	学习任务	自动变速器轮系结构与传动分析			建议学时	12	
	班级		学号		姓名		日期____年____月____日

（续）

实现动力传递的方案及动力传递流程图	说　明
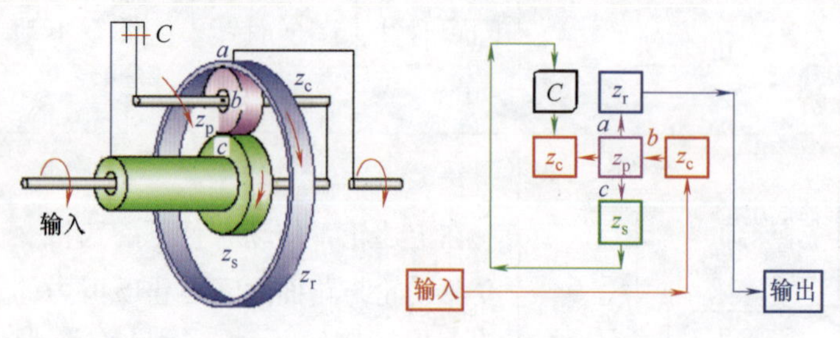	2）离合器C固结太阳轮与行星架于一体。 输入行星架 z_c 通过离合器C与太阳轮 z_s 直接连接，使行星轮 z_p 失去自转和差速作用，行星轮机构实现直接档传递动力。
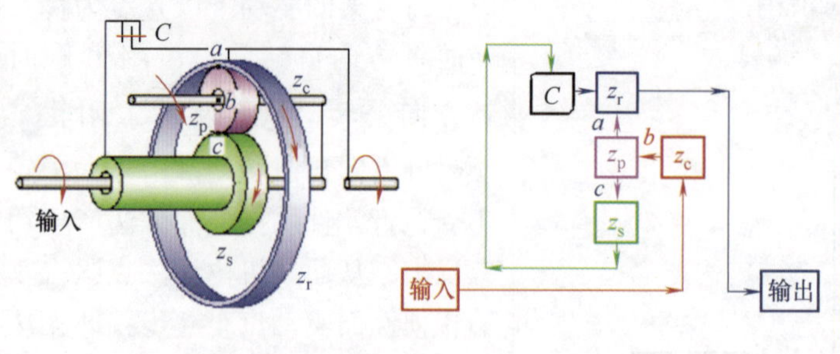	3）离合器C固结太阳轮与齿圈于一体。 由输出齿圈 z_r 通过离合器C与太阳轮 z_s 直接连接，使行星轮 z_p 失去自转和差速作用，行星轮机构实现直接档传递动力。
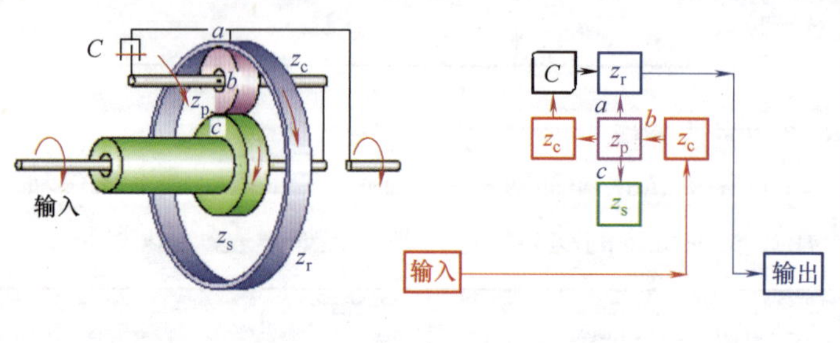	4）离合器C固结齿圈与行星架于一体（间接约束太阳轮）。 由离合器连接行星架 z_c 与齿圈 z_r 于一体，使行星轮 z_p 失去自转和差速作用，行星轮机构实现直接档传递动力。

（4）行星轮机构实现动力传递的条件

上述四种方案都是用执行元件削减机构的一个自由度，使行星排实现确定的运动并传递动力。

由以上分析可知，行星排实现动力传递的条件是：在太阳轮、齿圈和行星架三元件中，没有不受约束而自由旋转的元件。即三元件中，其中两元件分别作为动力输入与输出元件，另外一件必须由执行元件（直接或间接）约束其运动，或使任何两元件固结为一体时，行星轮机构才能获得一自由度的确定运动并传递动力。

汽车自动变速器一体化实训教程							
学习任务	自动变速器轮系结构与传动分析				建议学时	12	
班级		学号		姓名		日期	___年___月___日

4.1.2　行星轮机构实现速比变化的方案分析

（1）行星轮机构的定轴轮系转化

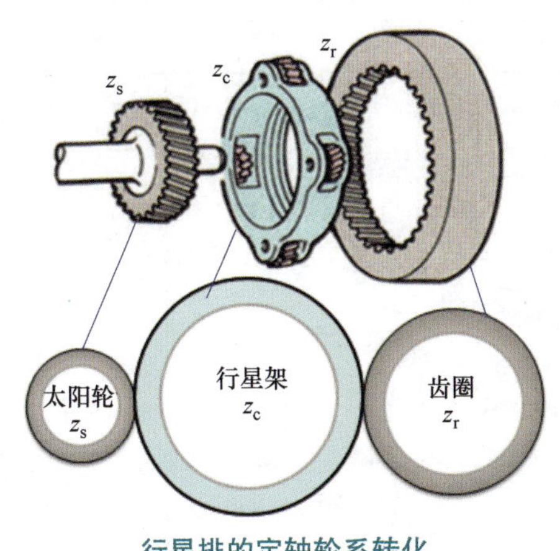

行星排的定轴轮系转化

行星轮机构属于旋转轴系，为便于快捷地掌握其传动规律，可将其转化为定轴轮系进行档位变化和速比的分析。

由于行星架上行星轮的特殊性（既与齿圈内啮合，又与太阳轮外啮合），行星架在转化中被量化为一个最大轮，如左图所示。

行星架的抽象齿数 z_c 为太阳轮 z_s 与齿圈齿数 z_r 之和（$z_c = z_s + z_r$）。

传动比计算：输出齿轮齿数/输入齿轮齿数。

（2）行星轮机构的运动组合及档位分析

对于两个自由度的行星排，若用制动器分别制动（约束）行星排的三元件之一，而其他两个元件交替作为动力输入与输出元件，理论上可实现六（2×3=6）个不同传动比的档位。再加上把任意两个元件连接为一体的直接档传动（三种）及不受约束的空档（一个），可以获得五种不同的运动和相应的十种不同的运动组合。

试根据下图给定条件及连接要求完成行星排的运动组合及运作分析。

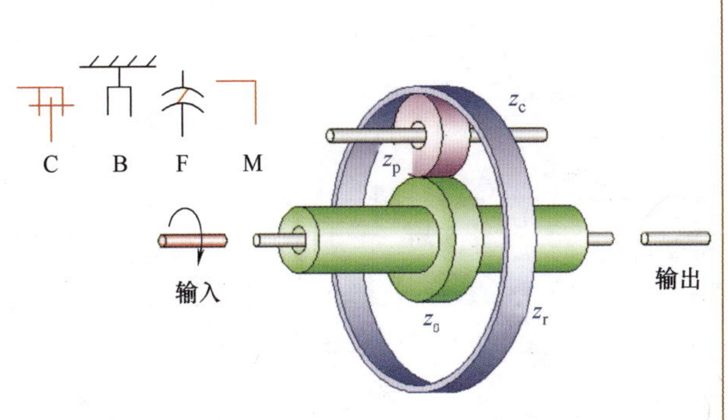

给定条件：

轮系：单排轮系

传动轴：输入轴/输出轴/中间辅助轴

执行（约束）元件：

离合器：C

制动器：B

单向离合器：F

连接元件：M

汽车自动变速器一体化实训教程							
学习任务	自动变速器轮系结构与传动分析				建议学时	12	
班级		学号		姓名		日期	____年____月____日

连接要求：

每种组合方案中，输出轴与轮系三元件（z_s、z_c 和 z_r）间不进行动力切换，即输出轴与某一轮系元件直接连接。

每种组合方案中（特别是太阳轮需要约束固定时），不得有运动干涉现象。

档位性质	动力传递规律	动力传递条件	传动结构：试利用约束与连接元件完成相应的传动结构图	传动比	学习备注
空档N	无动力输入或三元件中至少有一个元件没有被约束（如右图所示齿圈）		C B z_c z_p 输入 输出 z_s z_r	—	示例1
低速档	行星架 z_c 输出	低速D1 输入：太阳轮 固定：齿圈	C B z_c z_p 输入 输出 z_s z_r	$z_c/z_s>1$	示例2
		低速D2 输入：齿圈 固定：太阳轮	C B z_c 运动干涉 z_p 输入 输出 z_s z_r B 运动干涉	—	示例3-1 运动干涉方案不成立

亚龙 YALONG	汽车自动变速器一体化实训教程						
	学习任务	自动变速器轮系结构与传动分析				建议学时	12
	班级		学号		姓名	日期	____年____月____日

（续）

档位性质	动力传递规律	动力传递条件	传动结构：试利用约束与连接元件完成相应的传动结构图	传动比	学习备注
低速档	行星架 z_c 输出	低速 D2 输入：齿圈 固定：太阳轮	C　B　z_c　z_p　输入　输出　z_s　z_r	$z_c/z_r>1$	示例 3-2 利用中间辅助轴解决运动干涉
直接档	有动力输入且任意两个或两个以上元件连接为一体	D3-1 太阳轮 z_s 与齿圈 z_r 连接	C1　C2　z_c　z_p　输入　输出　z_s　z_r	1	示例 4
		D3-2 太阳轮 z_s 与行星架 z_c 连接	z_c　z_p　输入　输出　z_s　z_r	1	练习 1
		D3-3 行星架 z_c 与齿圈 z_r 连接	z_c　z_p　输入　输出　z_s　z_r	1	练习 2

亚龙 YALONG	汽车自动变速器一体化实训教程							
	学习任务	自动变速器轮系结构与传动分析				建议学时	12	
	班级		学号		姓名		日期	____年____月____日

（续）

档位性质	动力传递规律	动力传递条件	传动结构：试利用约束与连接元件完成相应的传动结构图	传动比	学习备注
超速档	行星架 z_c 输入	O/D-1 输出：齿圈 固定：太阳轮	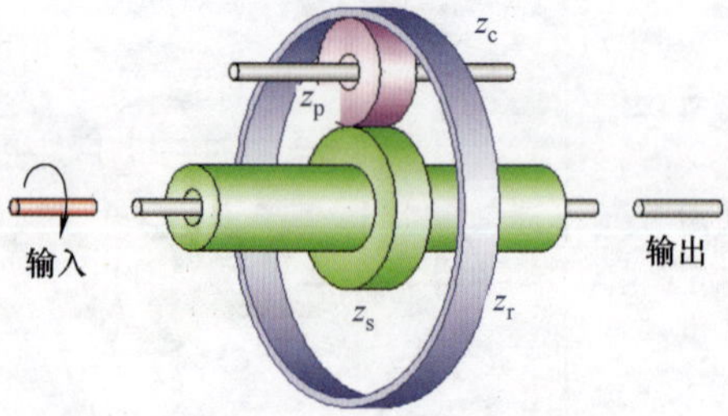 z_c z_p 输入 输出 z_s z_r	$z_r/z_c<1$	练习 3
		O/D-2 输出：太阳轮 约束：齿圈	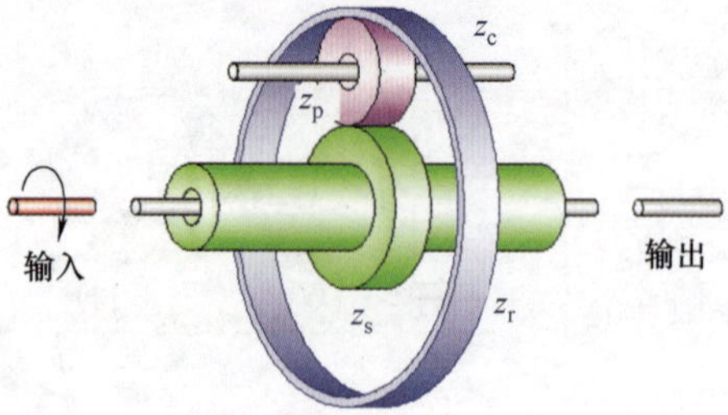 z_c z_p 输入 输出 z_s z_r	$z_s/z_c<1$	练习 4
倒档	行星架 z_c 固定	R-1 输入：太阳轮 输出：齿圈	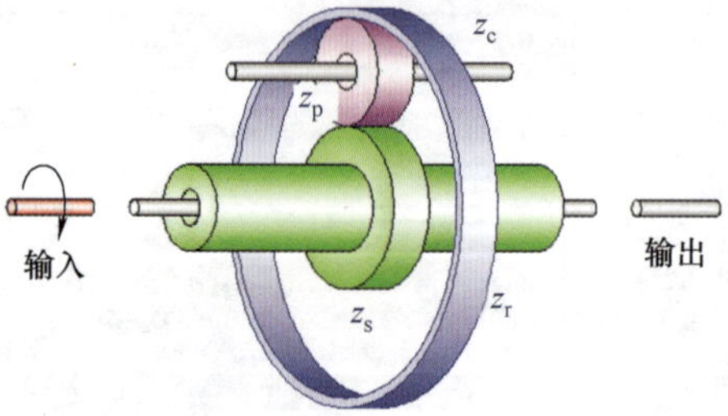 z_c z_p 输入 输出 z_s z_r	$z_r/z_s>1$	练习 5
		R-2 输入：齿圈 输出：太阳轮	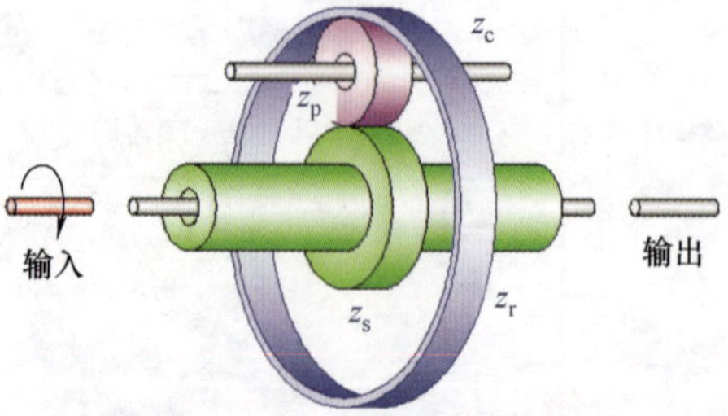 z_c z_p 输入 输出 z_s z_r	$z_s/z_r<1$	练习 6

4

亚龙 YALONG	汽车自动变速器一体化实训教程						
	学习任务	自动变速器轮系结构与传动分析			建议学时	12	
	班级		学号		姓名		日期 ____年____月____日

(3) 行星轮机构档位及速比变化规律分析

试根据单排轮系运动分析结果，在下表中总结单排轮系的运动规律。

元　件	约束形式			可实现的档位及性质判别				备　注
	输　入	输　出	固　定	减速档	直接档	超速档	倒　档	
行星架 z_c	○				√	√		
		○						
			○					
太阳轮 z_s	○							
		○						
			○					
齿圈 z_r	○							
		○						
			○					

对于单排轮系的传动规律，可以简单地归结如下：

1）当行星架作为动力输出元件时，可以实现低速前进档或直接档。

2）当行星架作为动力输入元件时，可以实现超速前进档或直接档。

3）当行星架固定时，可以实现低速倒档或超速倒档（一般不使用）。

4）当行星排中有两个同转速的输入元件或任意两个或两个以上元件连接为一体时，可以获得直接档传动。

上述单级行星排的传动规律，对于快捷分析多排轮系的档位性质及获得特定档位的约束方案会有很大帮助，对于它无法完成的诸如轮系中多排共同承担动力传递、档位性质比较及排序等较为复杂的问题，可以使用速度矢量分析法完成。

(4) 行星轮机构档位性质速度矢量分析

行星轮机构及轮系的档位性质，可由单排轮系传动规律或传动比公式确定，对于一些复杂的传动问题，也可由轮系传动的矢量图确定其传动性质。

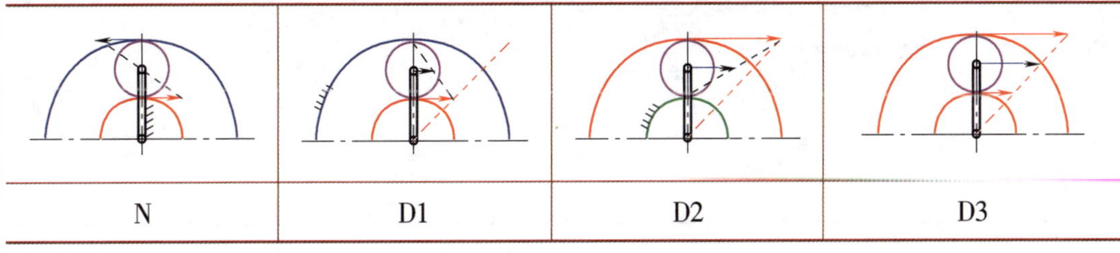

N	D1	D2	D3

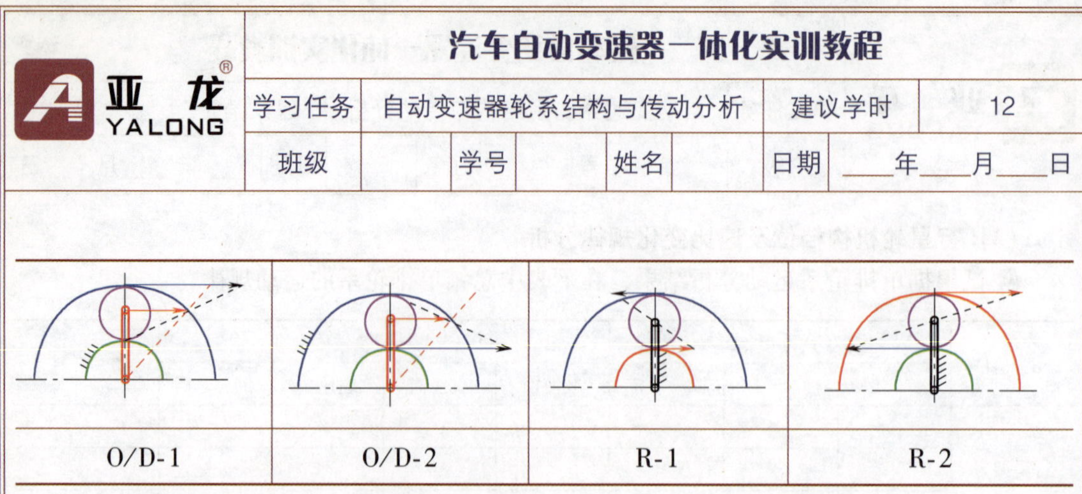

4.1.3 典型行星轮系的结构与特点认知

虽然单级行星轮系通过对行星排三元件的不同约束，可得到八种不同的运动组合和相应的五种不同性质的档位传动，但如果把它作为一个多档自动变速器使用，必然会出现轮系约束元件的运动干涉及换档执行元件（如离合器及制动器）过于复杂和难于安置的问题。所以现代自动变速器中使用多排而不是单排轮系，并通常把一个输出元件永久地与输出轴连接而不予切换。

自动变速器常见的轮系如下表所示。

典型轮系	传动简图	结构简图	特点
辛普森轮系			2 排 2 自由度，可实现前进3速。
拉维娜轮系			2 排 2 自由度，可实现前进4速。

（续）

典型轮系	传动简图	结构简图	特点
辛普森Ⅱ轮系	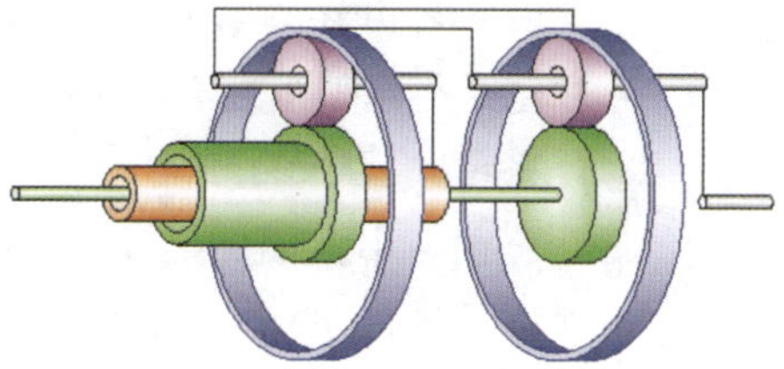	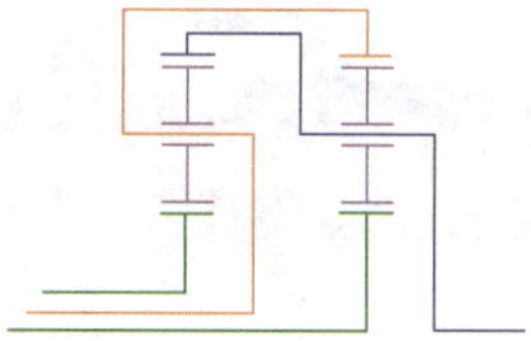	2 排 2 自由度，可实现前进 4 速。
阿里逊轮系	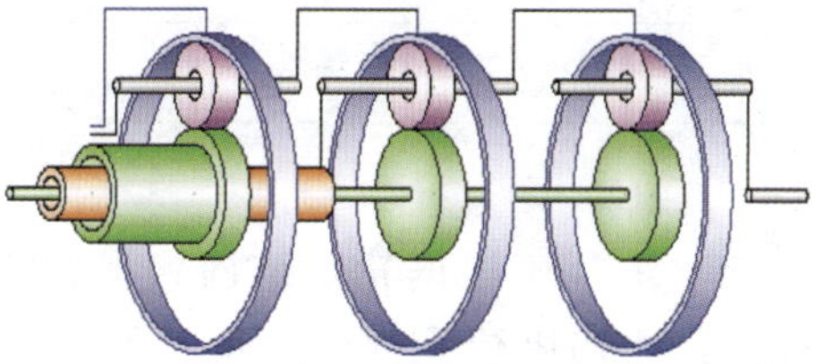	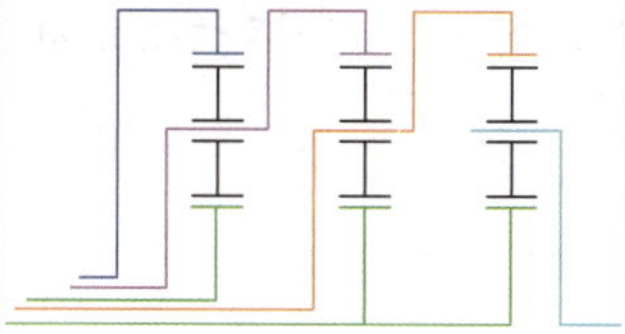	3 排 3 自由度，可实现前进 6 速。
复合轮系	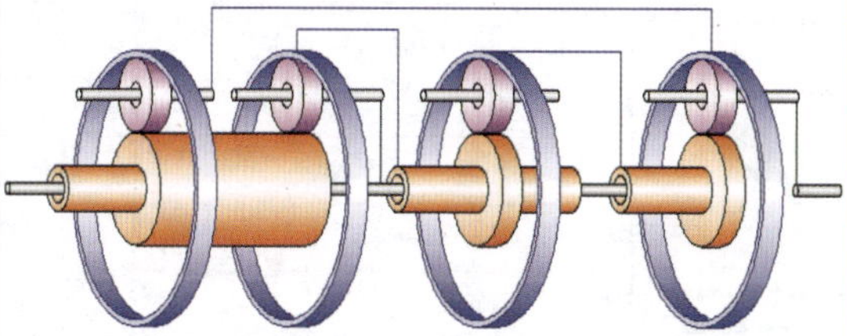	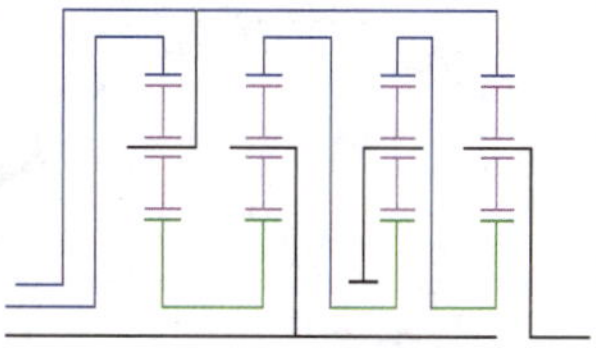	4 排 4 自由度，可实现前进 8 速。

4.2　任务实施

4.2.1　拉维娜式行星轮系结构认知

（1）拉维娜式行星轮系结构特征

拉维娜（Ravigneax）式行星轮系是一种广泛应用于各种车系的复合式行星轮传动机构，它依然采用两个单排行星轮系作为基本构架，经过元件之间的巧妙组合，组成一种性能优越的行星轮传动机构。

汽车自动变速器一体化实训教程						
学习任务	自动变速器轮系结构与传动分析			建议学时	12	
班级		学号		姓名		日期 ____年____月____日

☑ 填写拉维娜轮系各元件的名称。

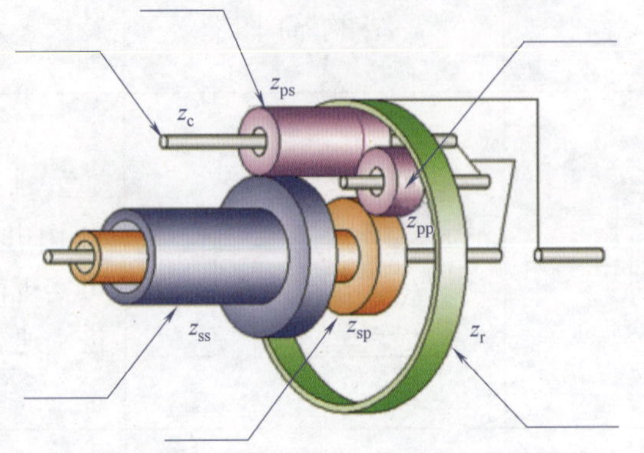

拉维娜轮系套装有三根输入轴，分别与行星架 z_c、小太阳轮 z_{sp} 和大太阳轮 z_{ss} 相连。前后两行星排共用一个齿圈 z_r 并作为动力输出元件。

轮系行星架上装有两个行星轮：短行星轮 z_{pp} 与长行星轮 z_{ps}，短行星轮 z_{pp} 分别与小太阳轮 z_{sp} 和长行星轮 z_{ps} 啮合，长行星轮 z_{ps} 分别与小行星轮 z_{pp}、齿圈 z_r 及大太阳轮 z_{ss} 相啮合。

（2）大众 01N/01M 轮系结构特征

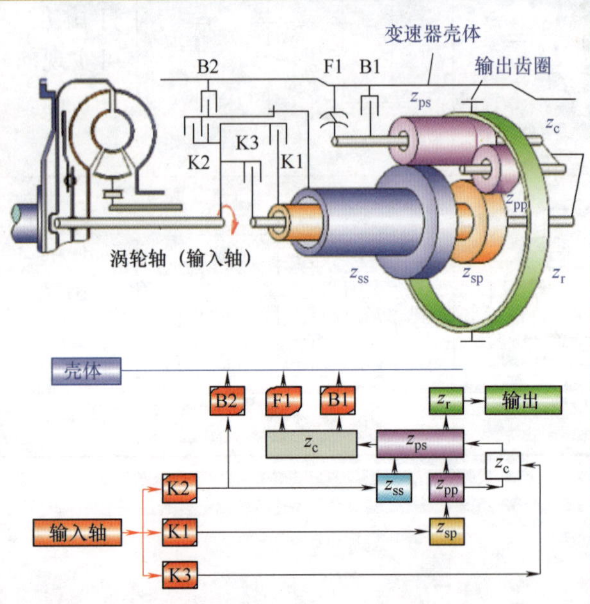

☑ 根据轮系结构和示例，判别换档执行元件与轮系各元件（变速器壳体）间的连接关系。

执行元件 / 连接件	K1	K2	K3	B1	B2	F1
输入轴	√					
小太阳轮 z_{sp}	√					
大太阳轮 z_{ss}						
行星架 z_c						
齿圈 z_r						
变速器壳体						

4.2.2 拉维娜式行星轮系传动分析

（1）各档位运作分析

☑ 按照 D 位 1 档（D1）分析示例，补充完成其余各档位轮系运作分析表。

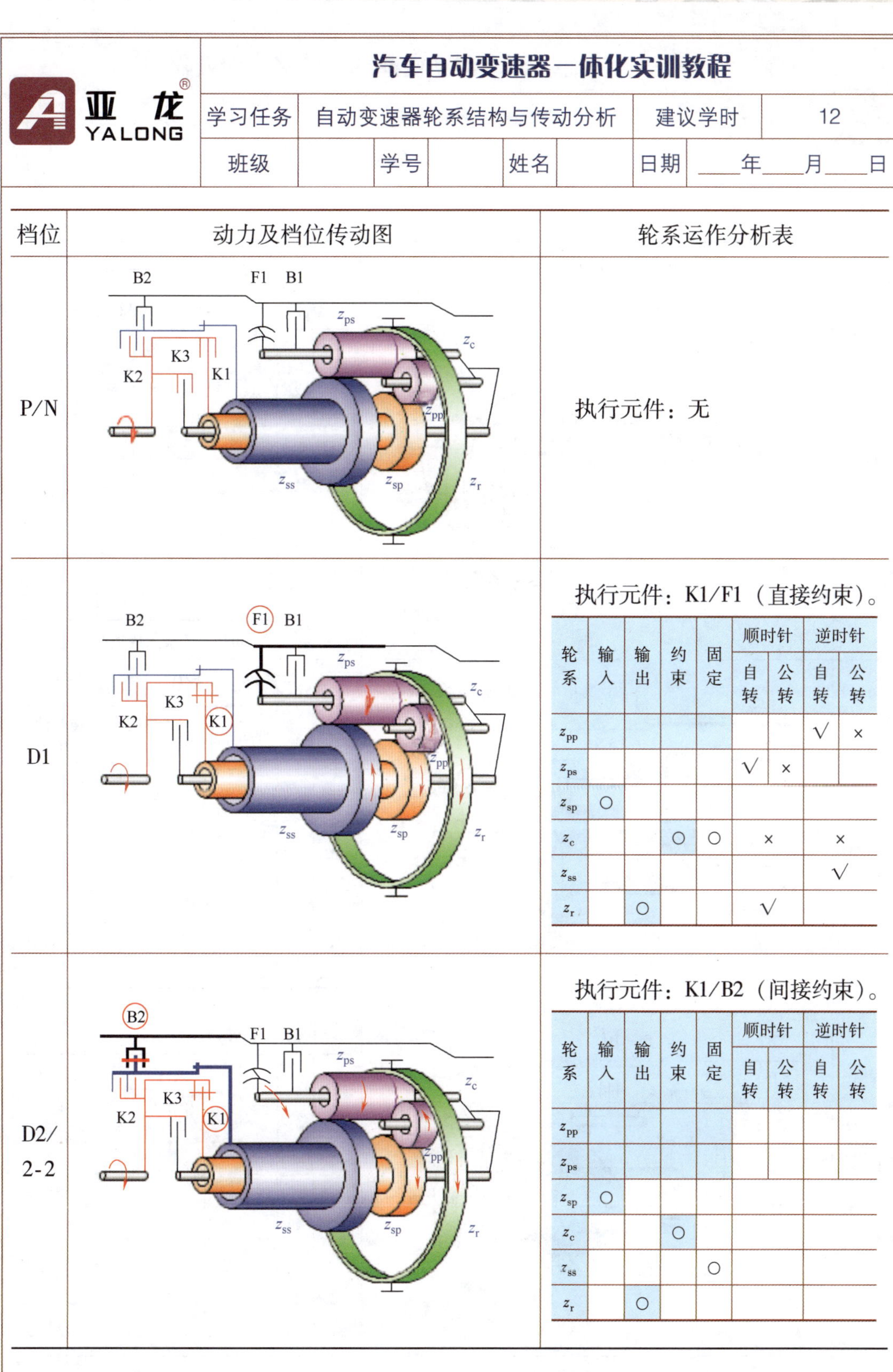

亚龙 YALONG

汽车自动变速器一体化实训教程

学习任务	自动变速器轮系结构与传动分析	建议学时	12
班级	学号	姓名	日期 ____年____月____日

档位	动力及档位传动图	轮系运作分析表
P/N		执行元件：无
D1		执行元件：K1/F1（直接约束）。
D2/2-2		执行元件：K1/B2（间接约束）。

D1：执行元件：K1/F1（直接约束）。

轮系	输入	输出	约束	固定	顺时针		逆时针	
					自转	公转	自转	公转
z_{pp}							√	×
z_{ps}					√	×		
z_{sp}	○							
z_c			○	○	×		×	
z_{ss}							√	
z_r		○			√			

D2/2-2：执行元件：K1/B2（间接约束）。

轮系	输入	输出	约束	固定	顺时针		逆时针	
					自转	公转	自转	公转
z_{pp}								
z_{ps}								
z_{sp}	○							
z_c			○					
z_{ss}				○				
z_r		○						

汽车自动变速器一体化实训教程							
学习任务	自动变速器轮系结构与传动分析				建议学时	12	
班级		学号		姓名		日期	____年____月____日

（续）

档位	动力及档位传动图	轮系运作分析表
D3/3-3	(见下图)	执行元件：K1/K3（直接约束）。
D4/O/D	(见下图)	执行元件：K3/B2（直接约束）。
D位电控失效模式	(见下图)	执行元件：K1/K2。

D3/3-3

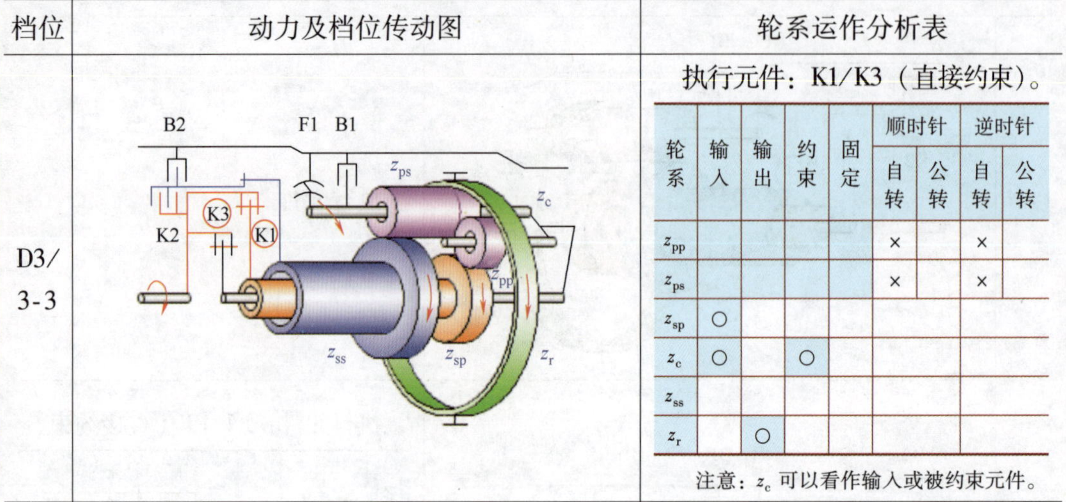

执行元件：K1/K3（直接约束）。

轮系	输入	输出	约束	固定	顺时针 自转	顺时针 公转	逆时针 自转	逆时针 公转
z_{pp}					×		×	
z_{ps}					×		×	
z_{sp}	○							
z_c	○		○					
z_{ss}								
z_r		○						

注意：z_c 可以看作输入或被约束元件。

D4/O/D

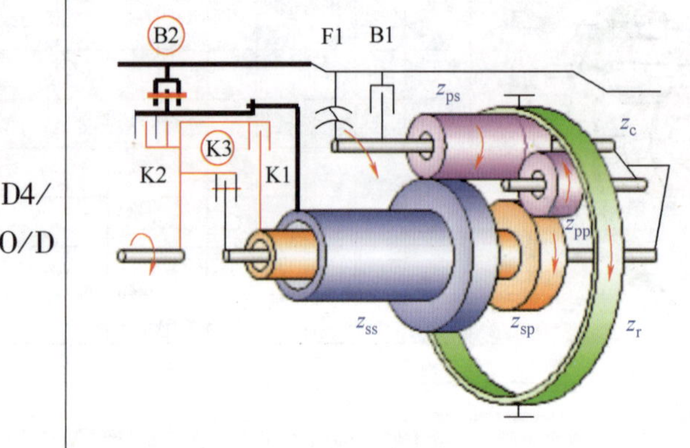

执行元件：K3/B2（直接约束）。

轮系	输入	输出	约束	固定	顺时针 自转	顺时针 公转	逆时针 自转	逆时针 公转
z_{pp}								
z_{ps}								
z_{sp}								
z_c	○							
z_{ss}			○	○				
z_r		○						

D位电控失效模式

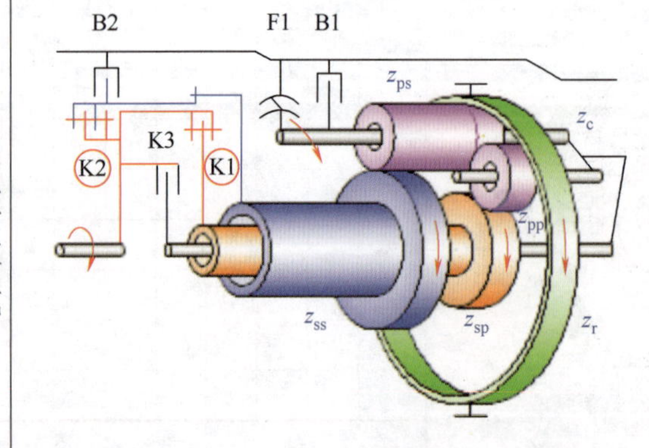

执行元件：K1/K2。

轮系	输入	输出	约束	固定	顺时针 自转	顺时针 公转	逆时针 自转	逆时针 公转
z_{pp}								
z_{ps}								
z_{sp}	○							
z_c								
z_{ss}	○		○					
z_r		○						

汽车自动变速器一体化实训教程							
学习任务	自动变速器轮系结构与传动分析			建议学时	12		
班级		学号		姓名		日期	____年____月____日

（续）

档位	动力及档位传动图	轮系运作分析表
1-1		执行元件：K1/F1/B1。

轮系	输入	输出	约束	固定	顺时针		逆时针	
					自转	公转	自转	公转
z_{pp}								
z_{ps}								
z_{sp}	○							
z_c			○	○				
z_{ss}								
z_r		○						

档位	动力及档位传动图	轮系运作分析表
R	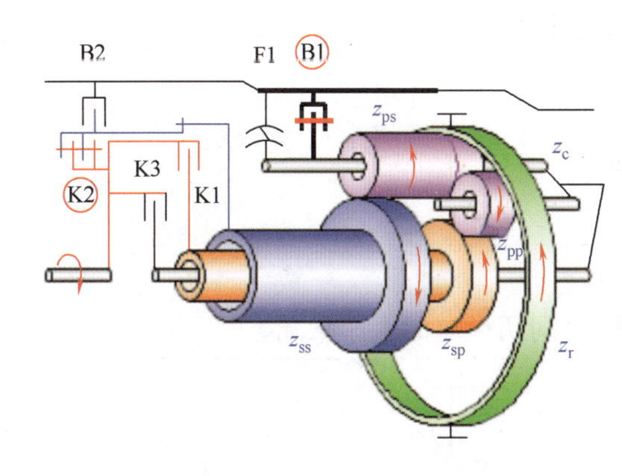	执行元件：K2/B1

轮系	输入	输出	约束	固定	顺时针		逆时针	
					自转	公转	自转	公转
z_{pp}								
z_{ps}								
z_{sp}								
z_c			○	○				
z_{ss}	○							
z_r		○						

（2）单向离合器的功用分析

若行星架上取消单项离合器 F1 而由制动器 B1 代替工作，变速器由 D 位 1 档（D1）升入 D 位 2 档（D2）时，试分析下列两种情况下汽车产生的故障现象及原因。

汽车自动变速器一体化实训教程						
学习任务	自动变速器轮系结构与传动分析				建议学时	12
班级		学号		姓名		日期 ____年____月____日

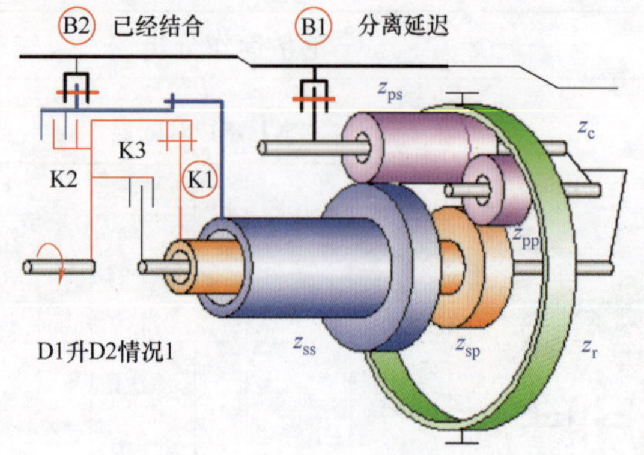

D1升D2情况1

1）B2 已经结合，B1 分离延迟（选出两个错误答案）。

□A 从某种意义上讲，变速器挂上了直接档（锁止为一体），并由变速器壳体实施制动

□B 同时挂上两个档 D1 和 D2，变速器产生如手动变速器的乱档现象

□C 汽车制动停驶

□D 发动机熄火

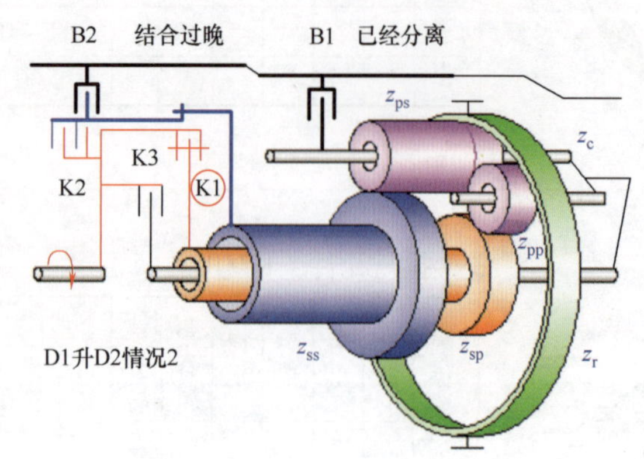

D1升D2情况2

2）B1 已经分离，B2 结合过晚（选出一个错误答案）。

□A 产生空档现象

□B 行驶中的汽车失去动力而瞬间停驶

□C 发动机失去载荷且转速瞬间升高

□D 当 B2 结合时汽车产生冲击现象

试分析单向离合器 F1 在 D1 及 D2 之间切换时的工作状况。

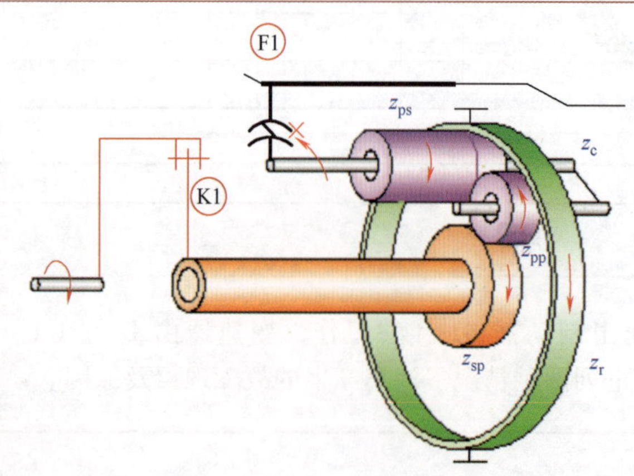

F1 在 D 位 1 档（或从 D2 切换到 D1）的工作状况

汽车自动变速器一体化实训教程							
学习任务	自动变速器轮系结构与传动分析			建议学时	12		
班级		学号		姓名		日期	____年____月____日

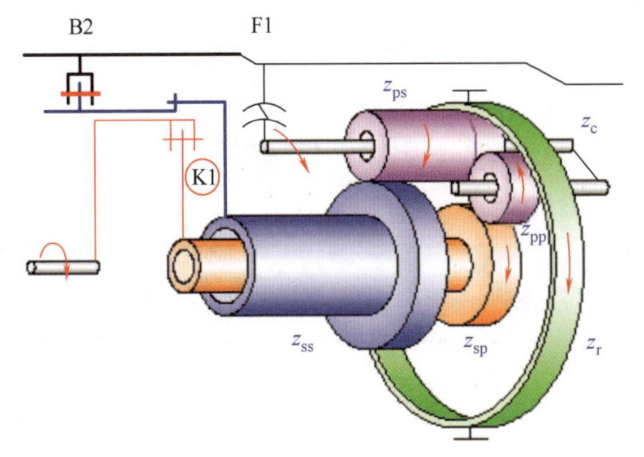

F1 在 D 位 2 档的工作状况

单向离合器在轮系中的作用：

轮系中设置单向离合器的目的是避免或减少换档时液压操控执行元件的切换，以便改善变速器的换档品质并简化液压控制系统。

注意：随着电子液压控制技术的发展，现代汽车自动变速器又趋向于取消轮系中的单项离合器。

（3）发动机制动分析

用轮系中的单向离合器取代离合器或制动器实现对轮系元件的约束，虽然能够改善自动变速器的换档品质，但它不能够给车辆提供发动机制动的功能，即单项离合器的安装方向通常只能由发动机驱动车轮，而不能由车轮反向驱动发动机。

试分析变速器 D 位各档的发动机制动情况。

档位		K1	K2	K3	B2	B1	F1	E. B.
R			○			○		Y
D	1	○					●	
	2	○			○			
	3	○		○				
	O/D			○	○			

注：○：离合器或制动器结合；●：单向离合器锁止（发动机制动时解锁）；E. B：发动机制动，Y：能实现发动机制动，N：无发动机制动。

在轮系的动力传动过程中，只要动力传递通过了单向离合器（串联），该档位就不能提供发动机制动，但必定有取代其作用的离合器或制动器等重复约束的并联路径存在，以在手动档（闭锁档）或特定工况下实现发动机的制动功能。

4

汽车自动变速器一体化实训教程							
学习任务	自动变速器轮系结构与传动分析				建议学时	12	
班级		学号		姓名		日期	____年____月____日

（4）手动档与自动档执行元件作用关系分析

自动档中某档位由于动力传递通过了单向离合器而不能提供发动机制动，则在手动档的相应档位中附加使用重复约束元件组，以实现该档位下的发动机制动功能。

手动档中的最高档位一般都需要有发动机制动功能，其余档位换档品质控制优先，其执行元件组等同于自动档下相应档位的执行元件组。

手动档		自动档（D）		执行元件组的关系与比较
		档位	发动机制动	
L 或 1		D1	有	L-1 = D1
			无	L-1 = D1 + C/B（能取代单向离合器的并联执行元件）
2	1	D1	有或无	2-1 = D1
	2	D2	有	2-2 = D2
			无	2-2 = D2 + C/B（能取代单向离合器的并联执行元件）
3	1	D1	有或无	3-1 = D1
	2	D2	有或无	3-2 = D2
	3	D3	有	3-3 = D3
			无	3-3 = D3 + C/B（能取代单向离合器的并联执行元件）

根据上述分析，对照完成手动档的执行元件作用表。

档位		K1	K2	K3	B2	B1	F1	E. B.
D	1	○					●	
	2	○			○			
	3	○		○				
	O/D			○	○			
3	3							
	2							
	1							
2	2							
	1							
L								

注：○：离合器或制动器结合；●：单向离合器锁止（发动机制动时解锁）；E. B：发动机制动，Y：能实现发动机制动，N：无发动机制动。

亚龙 YALONG	汽车自动变速器一体化实训教程						
	学习任务	自动变速器轮系结构与传动分析			建议学时	12	
	班级		学号		姓名		日期 ____年____月____日

(5) P/N 位执行元件作用分析

换档品质的控制包括动力传递档位（如自动档和手动档）升降档时的品质控制，也包括非动力传递档位（如 P 位和 N 位）切换到动力档位时（如 P 位到 R 位及 N 位到 D 位的切换）的换档品质控制，其改善换档品质的控制原则是：在简化液压控制系统的原则下，尽可能减少轮系中参与换档的执行元件数目与切换动作。

如下表所示，K2 或 B1 在 P 位结合，可以减少轮系从 P 位切换到 R 位时的执行元件数目，换档时间也只需要控制其中一个执行元件的结合速度，并有利于换档品质的控制。

档　位	K1	K2	K3	B2	B1	F1	E. B.
P		⊙			⊙		
R		○			○		
N							
D1	○					●	

注：○：离合器或制动器结合；●：单向离合器锁止（发动机制动时解锁）；⊙：空结合（结合但不传递动力）；E. B：发动机制动，Y：能实现发动机制动，N：无发动机制动。

试分析，变速器在 N 位时，是否可以通过提前结合一些执行元件来改善 N-D 位及 N-R 位的换档品质？

(6) 执行元件的功能分析

根据轮系运作分析结果及执行元件作用表，描述执行元件的功能性名称（不包括 P/N 非动力传递档位）。

执行元件	功能性名称	备　注
K1	1-3 档离合器	参考
K2		
K3		
B1		
B2		
F1		

亚龙® YALONG	汽车自动变速器一体化实训教程							
	学习任务	自动变速器轮系结构与传动分析					建议学时	12
	班级		学号		姓名		日期	年 月 日

档位		K1	K2	K3	B2	B1	F1	E. B.
P			⊙					/
R			○			○		Y
N								/
D	1	○					●	N
	2	○			○			Y
	3	○		○				Y
	O/D			○	○			Y
3	1	○					●	N
	2	○			○			Y
	3	○		○				Y
2	1	○					●	N
	2	○			○			Y
L		○				○	●	Y

注：○：离合器或制动器结合；●：单向离合器锁止（发动机制动时解锁）；⊙：空结合（结合但不传递动力）；E. B：发动机制动，Y：能实现发动机制动，N：无发动机制动。

4.2.3 行星轮系变速器故障诊断

根据自动变速器轮系的工作原理、执行元件作用表及故障现象，试分析轮系可能的执行元件故障及原因。

故障现象	可能的故障执行元件					
	K1	K2	K3	B2	B1	F1
1）车辆在D位时无法行驶，而挂入1（L）档能够行驶。						√
2）车辆无法升入2、4档（或升入2、4档时换档点高并产生换档冲击）。						
3）车辆无法升入3、4档（或升入3档时换档点高并产生换档冲击）。						
4）车辆只能在R位行驶。						
5）车辆无法在R位行驶。						

（续）

故障现象	可能的故障执行元件					
	K1	K2	K3	B2	B1	F1
6）车辆无法在 R 位行驶，在 1 档时能提供发动机制动。						
7）车辆无法在 R 位行驶，在 1 档时不能提供发动机制动。						

4.3　扩展学习 1—行星轮系的档位推导

4.3.1　行星轮系档位推导与分析

根据单排轮系传递动力的条件及传动规律，可以推导出任一轮系可获得的档位。即轮系传递动力的三个元件（太阳轮、行星架和齿圈），其中两元件分别作为动力输入与输出元件，另外一件必须由执行元件（直接或间接）约束其运动（或使任何两元件固结为一体时），轮系才能获得一自由度的确定运动并实现档位变化。

（1）减速及直接档的获得

1）小太阳轮 z_{sp} 输入（K1 结合）。

◇ 无约束状态分析

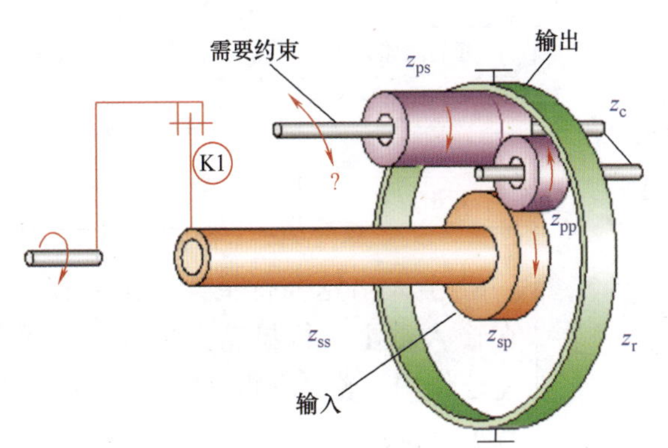

小太阳轮输入时（K1 结合）轮系的运动状态

当变速杆由 P 位或 N 位切换到 D 位时，K1 结合，使动力由输入轴输入后排小太阳轮 z_{sp}，其中：

输入元件：小太阳轮（z_{sp}）——顺转。

输出元件：齿圈（z_r）——瞬时不动。

约束元件：行星架（z_c）。

☑ 判断行星架的运动：

□顺转□逆转□不转

亚龙 YALONG	汽车自动变速器一体化实训教程						
	学习任务	自动变速器轮系结构与传动分析			建议学时	12	
	班级		学号		姓名		日期____年____月____日

◇ 约束方案分析：对行星架的不同约束（操控）方法可以得到不同的档位传动。

约束方案示意图 | 轮系运作分析

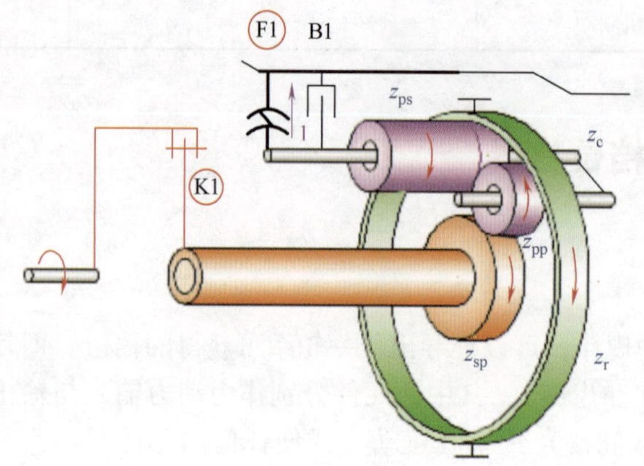

（K1）F1 作用

	顺转	逆转	不转
小太阳轮 z_{sp}	√		
短行星轮 z_{pp}		√	
长行星轮 z_{ps}	√		
行星架 z_c			√
输出齿圈 z_r			

☑ 档位性质：小太阳轮驱动齿圈，轮系获得减速（ ）档。

A. 前进　　B. 倒档

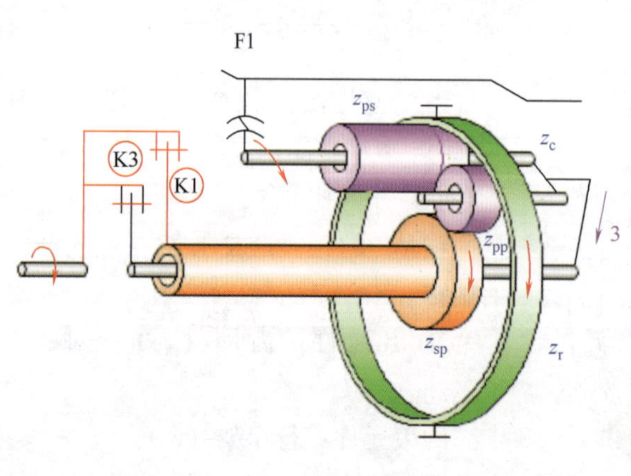

（K1）K3 作用

	顺转	逆转	不转
小太阳轮 z_{sp}	√		
短行星轮 z_{pp}			√
长行星轮 z_{ps}			
行星架 z_c			
输出齿圈 z_r			

☑ 小太阳轮和行星架连接并锁定在输入轴上，行星轮失去（ ）及差速作用，轮系获得（ ）档。

A. 自转　　B. 公转

C. 减速　　D. 直接

汽车自动变速器一体化实训教程						
学习任务	自动变速器轮系结构与传动分析			建议学时	12	
班级		学号		姓名		日期 ____年____月____日

（续）

约束方案示意图	轮系运作分析
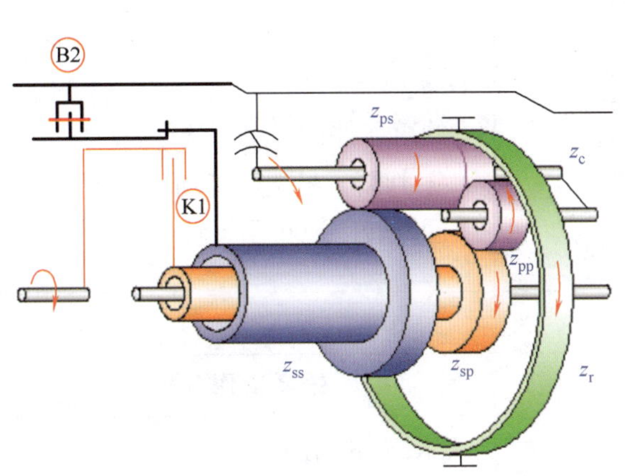	（K1）B2 作用（间接约束）
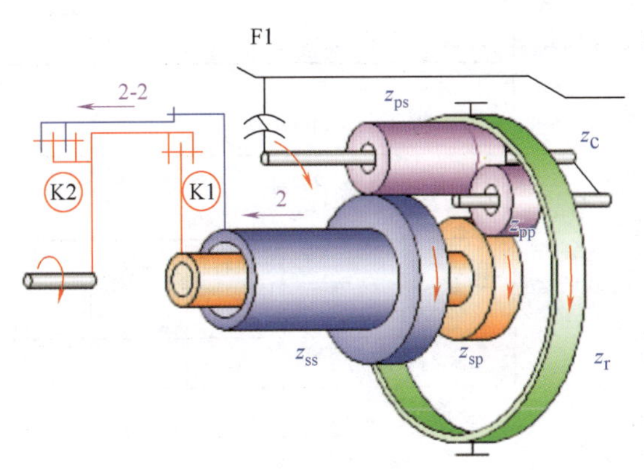	（K1）K2 作用（间接约束）

（K1）B2 作用（间接约束）

	顺转	逆转	不转
小太阳轮 z_{sp}	√		
短行星轮 z_{pp}		√	
长行星轮 z_{ps}	√		
大太阳轮 z_{ss}			√
行星架 z_c			
输出齿圈 z_r			

☑ 长行星轮获得（　）方向的公转，相比 K1 和 F1 的作用，转速（　）。

A. 顺时针　　B. 逆时针

C. 增加　　D. 减小

（K1）K2 作用（间接约束）

	顺转	逆转	不转
小太阳轮 z_{sp}	√		
大太阳轮 z_{ss}	√		
短行星轮 z_{pp}			
长行星轮 z_{ps}			
行星架 z_c			

☑ 档位性质：轮系获得（　）。

A. 减速　　B. 超速档

C. 直接档　　D. 倒档

注：顺转、逆转及不转为行星轮的自转方向。

汽车自动变速器一体化实训教程					
学习任务	自动变速器轮系结构与传动分析			建议学时	12
班级		学号	姓名	日期	____年____月____日

2）大太阳轮 z_{ss} 输入（K2 结合）。

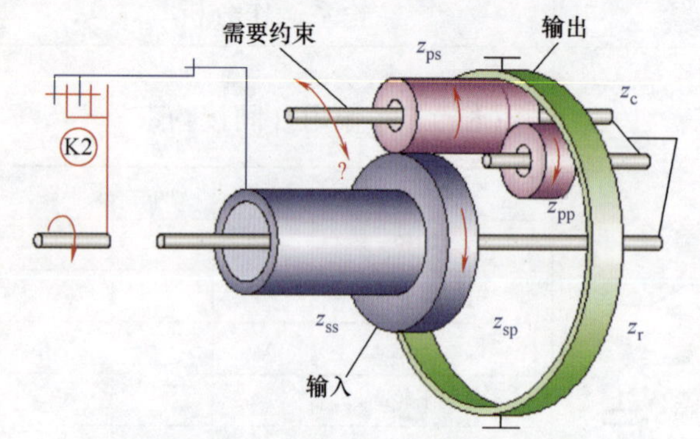

大太阳轮输入时（K2 结合）轮系的运动状态

当 K2 结合时：

输入元件：大太阳轮（z_{ss}）——顺转。

输出元件：齿圈（z_r）——瞬时不动。

约束元件：行星架（z_c）。

判断行星架的运动。

□顺转□逆转□不转

◇ 约束方案分析

约束方案示意图	轮系运作分析

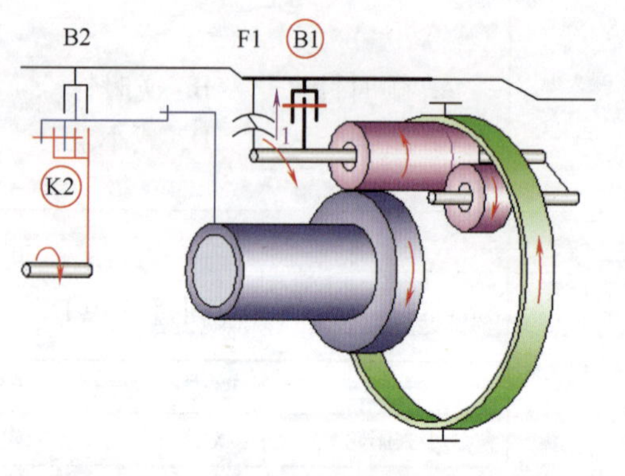

（K2）B1 作用

	顺转	逆转	不转
大太阳轮 z_{ss}	√		
长行星轮 z_{ps}		√	
短行星轮 z_{pp}	√		
行星架 z_c			√
输出齿圈 z_r			

档位性质：__________。

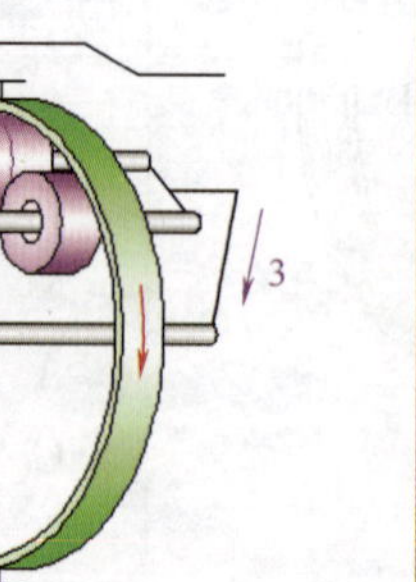

（K2）K3 作用

	顺转	逆转	不转
大太阳轮 z_{ss}	√		
行星架 z_c	√		
长行星轮 z_{ps}			
短行星轮 z_{pp}			
输出齿圈 z_r			

档位性质：__________。

汽车自动变速器一体化实训教程							
学习任务	自动变速器轮系结构与传动分析				建议学时	12	
班级		学号		姓名		日期	____年____月____日

（续）

约束方案示意图	轮系运作分析
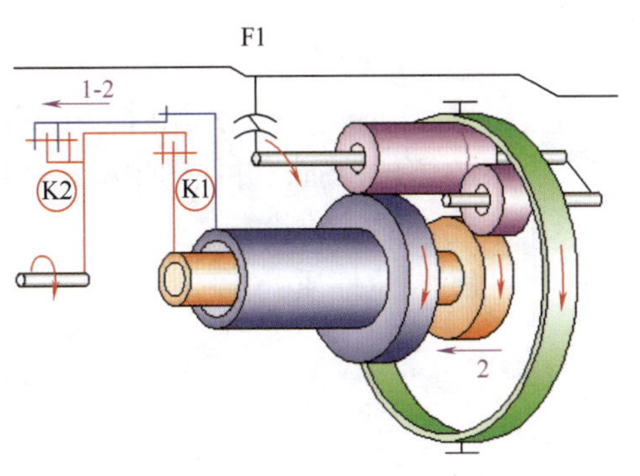	（K2）K1 作用（结合） | | 顺转 | 逆转 | 不转 | | 大太阳轮 z_{ss} | √ | | | | 小太阳轮 z_{sp} | √ | | | | 长行星轮 z_{ps} | | | | | 短行星轮 z_{pp} | | | | | 行星架 z_c | | | | | 输出齿圈 z_r | | | | 档位性质：________。

（2）超速档及直接档的获得

行星架 z_c 输入（K3 结合），可获得超速档或直接档。

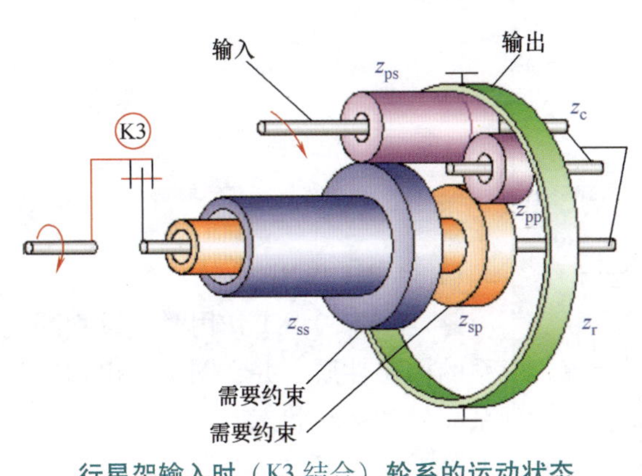 行星架输入时（K3 结合）轮系的运动状态	当 K3 结合时（轮系无约束状态），分析并在图中标出相应轮系元件的运转状态。

汽车自动变速器一体化实训教程						
学习任务	自动变速器轮系结构与传动分析				建议学时	12
班级		学号		姓名		日期 ____年____月____日

对前后排太阳轮的不同约束，可获得不同的档位传动。

约束方案示意图	轮系运作及档位性质分析
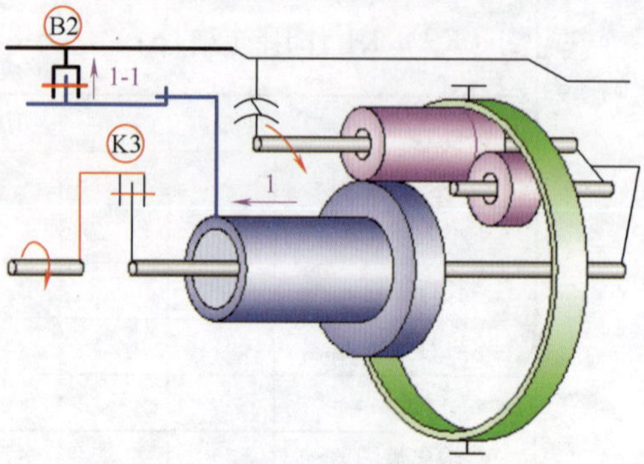 大太阳轮约束方案 1	（K3）B2 作用 ☑ 当（K3）B2 作用时，试判断轮系的档位性质，并在图中标出相应轮系元件的运转状态。 ☑ 档位性质：________。
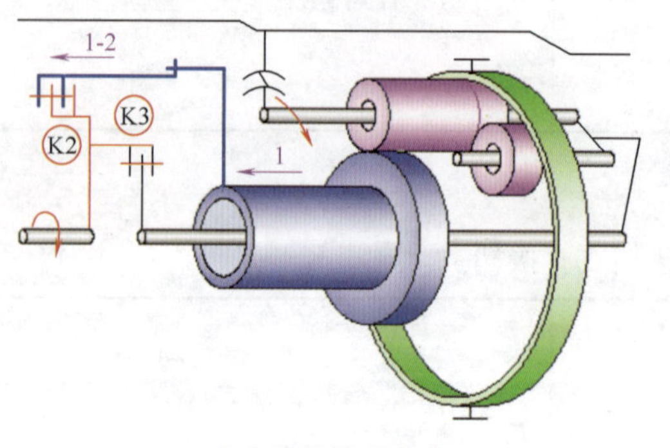 大太阳轮约束方案 2	（K3）K2 作用 ☑ 当（K3）K2 作用时，试判断轮系的档位性质，并在图中标出相应轮系元件的运转状态。 ☑ 档位性质：________。
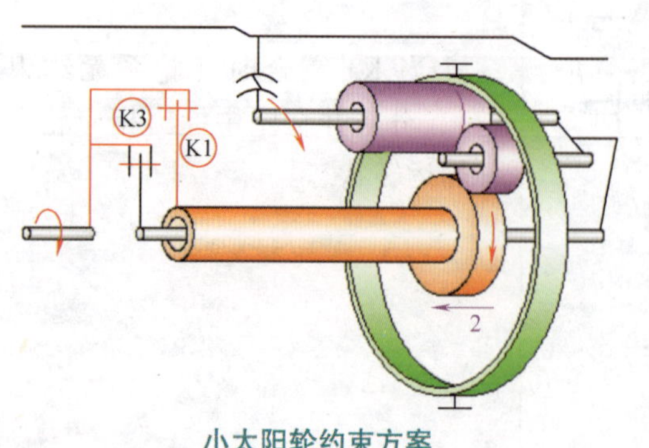 小太阳轮约束方案	（K3）K1 作用 ☑ 当（K3）K1 作用时，试判断轮系的档位性质，并在图中标出相应轮系元件的运转状态。 ☑ 档位性质：________。

4

汽车自动变速器一体化实训教程							
学习任务	自动变速器轮系结构与传动分析			建议学时	12		
班级		学号		姓名		日期	___年___月___日

（续）

约束方案示意图	轮系运作及档位性质分析
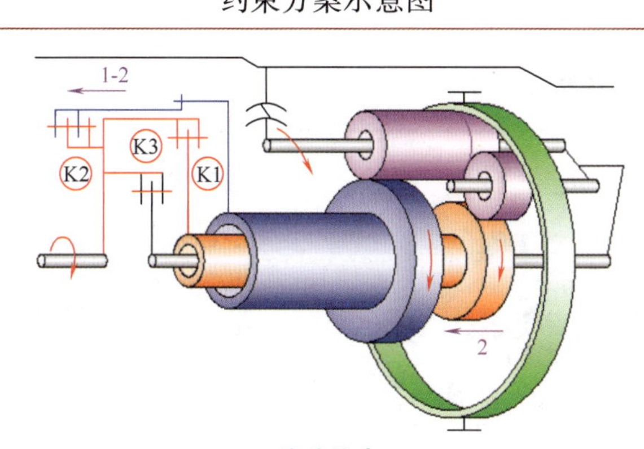 特殊约束	（K3）K1、K2 作用 当（K3）K1、K2 作用时，试判断轮系的档位性质，并在图中标出相应轮系元件的运转状态。 档位性质：__________。

4.3.2　行星轮系档位性质分析

（1）轮系可获得的档位及执行元件组

通过对离合器 K1、K2 及 K3 结合时轮系传递动力所需要的不同约束分析，可获得五种不同性质的档位（G1、G2、G3、G4 及直接档），如下表所示。

结合元件	约束元件	执行元件组	档位及性质
K1	F1 或 B1 或（F1 + B1）	K1/F1 K1/B1 K1/F1/B1	档位-G1
	K3	K1/K3	直接档-1
	B2	K1/B2	档位-G2
	K2	K1/K2	直接档-2
K2	B1	K2/B1	档位-G3
	K3	K2/K3	直接档-3
	K1	K2/K1	直接档-2
K3	B2	K3/B2	档位-G4
	K2	K3/K2	直接档-3
	K1	K3/K1	直接档-1
	K1/K2	K3/K1/K2	直接档-4

汽车自动变速器一体化实训教程							
学习任务	自动变速器轮系结构与传动分析					建议学时	12
班级		学号		姓名		日期	____年____月____日

（2）执行元件组所确定的档位性质分析

执行元件组所能确定的档位性质多数可由单排轮系的传动规律进行逻辑推导，对于复杂的传动，可通过对比轮系输入和输出速度大小“矢量法”（如下表所示）进行推导或验证（注意：轮系运动特性方程验证法可查阅相关资料）。

档位	执行元件组	速度矢量图[①]	档位性质与排序
G1	K1/F1 K1/B1 K1/F1/B1	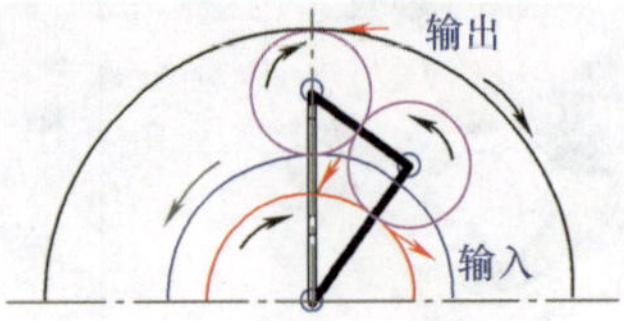	低速前进档 （D 位 1 档）
G2	K1/B2	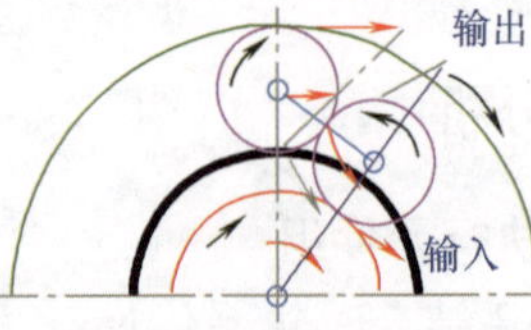	低速前进档 （D 位 2 档）
直接档	K1/K2 K1/K3 K2/K3 K1/K2/K3	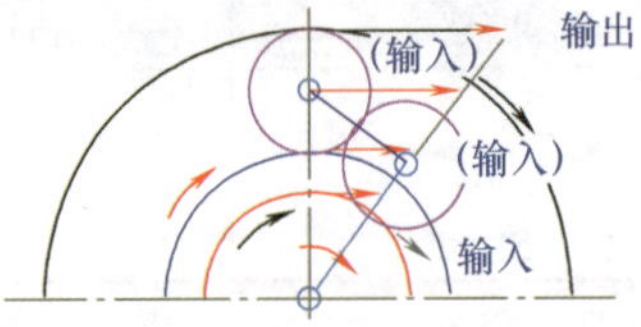	直接档 （D 位 3 档）
G4	K3/B2	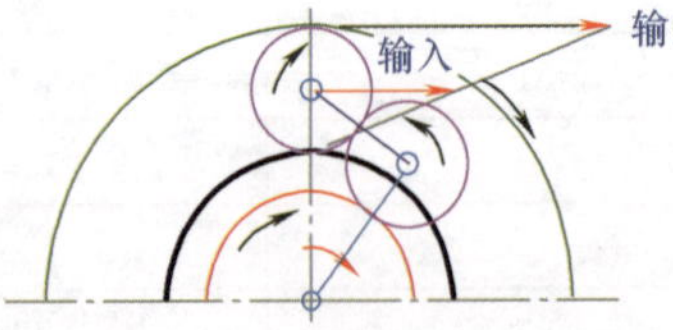	超速前进档 （O/D 档）

<table>
<tr><td rowspan="3"></td><td colspan="8">汽车自动变速器一体化实训教程</td></tr>
<tr><td>学习任务</td><td colspan="4">自动变速器轮系结构与传动分析</td><td>建议学时</td><td colspan="2">12</td></tr>
<tr><td>班级</td><td></td><td>学号</td><td></td><td>姓名</td><td></td><td>日期</td><td>____年____月____日</td></tr>
</table>

（续）

档位	执行元件组	速度矢量图[①]	档位性质与排序
G3	K2/B1	输出 输入	低速倒档（R 档）

① 速度矢量图重点观察不同档位下（各档位的输入元件转速相同），输出齿圈速度大小及方向变化。注意同一输入转速切换于轮系不同输入元件时线速度的变化及转速与线速度的关系。

(3) 轮系直接档（重复档位）的确定

1) 轮系可获得的档位及执行元件作用表。

<table>
<tr><th colspan="3">档　位</th><th>K1</th><th>K2</th><th>K3</th><th>B2</th><th>B1</th><th>F1</th><th>备　注</th></tr>
<tr><td colspan="3">R</td><td></td><td>○</td><td></td><td></td><td>○</td><td></td><td></td></tr>
<tr><td rowspan="7">D</td><td colspan="2">1</td><td>○</td><td></td><td></td><td></td><td>○</td><td>●</td><td></td></tr>
<tr><td colspan="2">2</td><td>○</td><td></td><td></td><td>○</td><td></td><td></td><td></td></tr>
<tr><td rowspan="4">3</td><td>1</td><td>○</td><td>○</td><td></td><td></td><td></td><td></td><td rowspan="4">4 种直接档</td></tr>
<tr><td>2</td><td>○</td><td></td><td>○</td><td></td><td></td><td></td></tr>
<tr><td>3</td><td></td><td>○</td><td>○</td><td></td><td></td><td></td></tr>
<tr><td>4</td><td>○</td><td>○</td><td>○</td><td></td><td></td><td></td></tr>
<tr><td colspan="2">O/D</td><td></td><td></td><td>○</td><td>○</td><td></td><td></td><td></td></tr>
</table>

注：○：离合器或制动器结合，●：单向离合器锁止（发动机制动时解锁）。

2) 直接档不同组合进行档位切换时执行元件的操控数目。

直接档执行元件组	档位切换时执行元件的操控数目		备　注
	D2-D3	D3-O/D	
K1/K2	2	4	
K1/K3	2	2	
K2/K3	4	2	
K1/K2/K3	3	3	

由上表所知，直接档 K1/K3 组合能最大程度地减少相邻档位切换（D2-D3-O/D）时执行元件的操控数目，以便于简化液压控制系统及改善换档品质。故 K1/K3 组合为直接档的最佳选择方案。

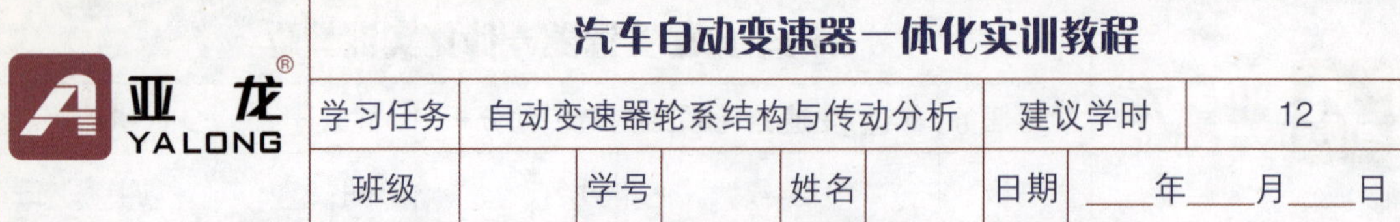

4.4 扩展学习 2—典型自动变速器轮系认知

4.4.1 四速辛普森轮系

1）典型结构图（TOYOTA A340/1E）。

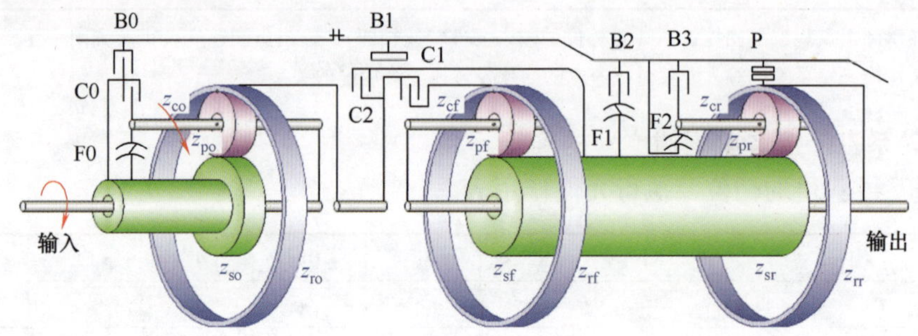

2）执行元件作用表。

档	位	C1	C2	B1	B2	B3	F1	F2	F0	C0	B0	E. B.
P						⊙				⊙		
R			○			○				○		Y
N										⊙		
D	1	○						●	●	○		N
	2	○			○		●		●	○		N
	3	○	○		⊙				●	○		Y
	O/D	○	○		⊙						○	Y
3	3	○	○		⊙				●	○		Y
	2	○			○		●		●	○		N
	1	○						●	●	○		N
2	2	○		○	○		●		●	○		Y
	1	○						●	●	○		N
L		○				○		●	●	○		Y

注：○：离合器或制动器结合；●：单向离合器作用（单向传递动力）；⊙：空结合（结合而不传递动力）；E. B.：发动机制动，Y：能实现发动机制动，N：无发动机制动。

汽车自动变速器一体化实训教程							
学习任务	自动变速器轮系结构与传动分析					建议学时	12
班级		学号		姓名		日期	____年____月____日

4.4.2　双排四速轮系

1）典型结构图（NISSANRE4F04A/RE4F04V）。

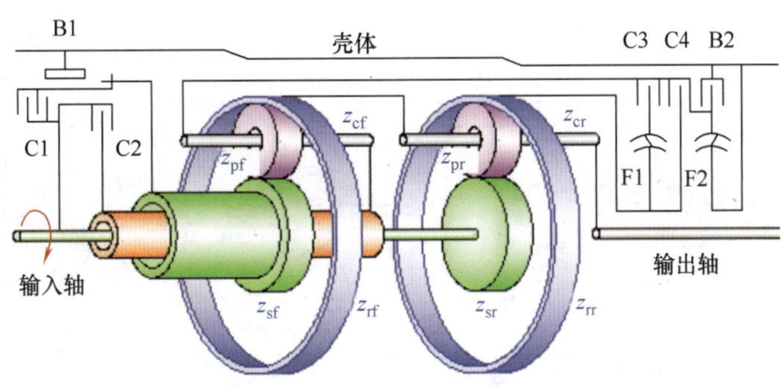

2）执行元件作用表。

档　位		C1	C2	C3	C4	B1	B2	F1	F2	E. B.
P							⊙			
R		○					○			Y
N										
D	1			○				●	●	N
	2			○		○		●		N
	3		○	○				●		N
	O/D		○	⊙		○				Y
3	3		○	○	○			●		Y
	2			○		○		●		N
	1			○				●	●	N
2	2			○	○	○		●		Y
	1			○				●	●	N
1				○	○		○	●	●	Y

注：○：离合器或制动器结合（双向传递动力）；●：单向离合器作用（单向传递动力）；⊙：执行元件空结合；E. B.：发动机制动，Y：能实现发动机制动，N：无发动机制动。

汽车自动变速器一体化实训教程							
学习任务	自动变速器轮系结构与传动分析				建议学时	12	
班级		学号		姓名		日期	____年____月____日

4.4.3 七速轮系自动变速器

1）典型结构图（BENZ722.9）。

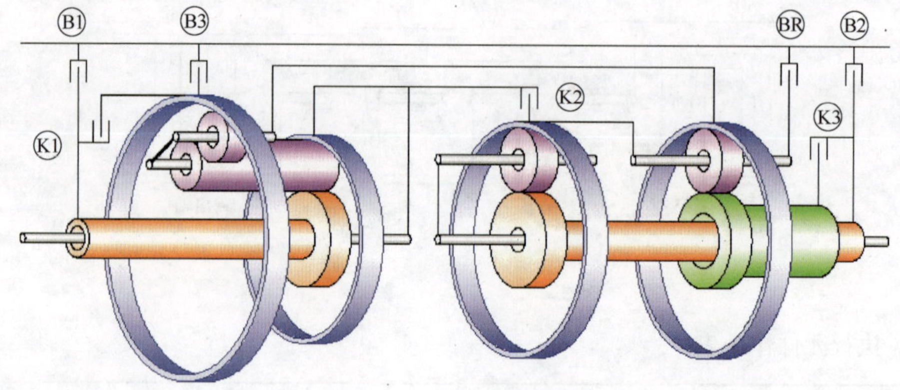

2）执行元件作用表。

档位		B3	B1	K1	K2	K3	B2	BR	传动比
P		⊙				⊙			
R	R1	○				○		○	-3.416
	R2		○			○		○	-2.231
N		⊙				⊙			
D	D1	○				○	○		4.377
	D2		○			○	○		2.859
	D3			○		○	○		1.921
	D4			⊙	○		○		1.368
	D5			○	○	○			1
	O/D1		○		○	○			0.820
	O/D2	○			○	○			0.728

注：○：离合器或制动器结合（双向传递动力）；⊙：执行元件空结合。

汽车自动变速器一体化实训教程							
学习任务	自动变速器轮系结构与传动分析					建议学时	12
班级		学号		姓名		日期	____年____月____日

4.4.4　八速自动变速器

1）典型结构图（ZF 8HP）。

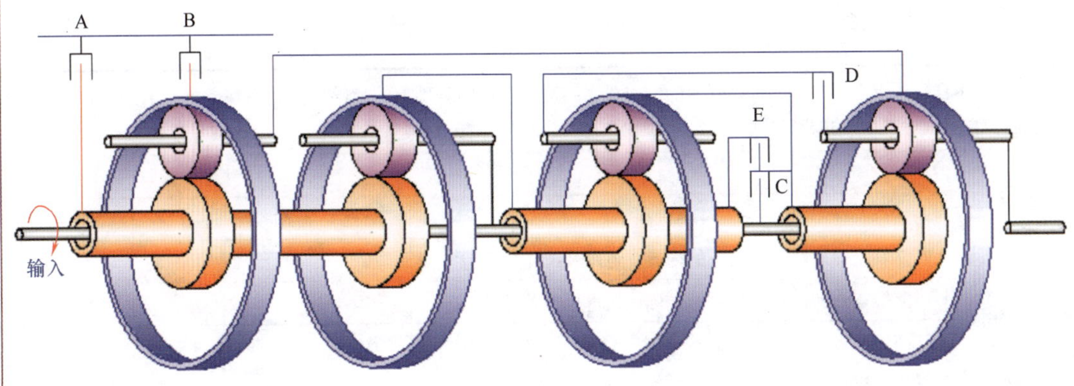

2）执行元件作用表。

档　位	A	B	C	D	E
1	○	○	○		
2	○	○			○
3		○	○		○
4		○		○	○
5		○	○	○	
6			○	○	○
7	○		○	○	
8	○			○	○
R	○	○		○	

注：○：离合器或制动器结合（双向传递动力）。

汽车自动变速器一体化实训教程						
学习任务	自动变速器轮系结构与传动分析				建议学时	12
班级		学号		姓名	日期	___年___月___日

4.5 反馈评价

4.5.1 任务考核

提示：本任务要求学员在熟悉自动变速器的组成、结构及功用的基础上，能够分析轮系在各档位下的工作状况，并能够对轮系进行基本的故障诊断

考核内容		考核评分			
项目	内容	配分	A1 *1	A2 *1	批注
工作准备（10%）	能够正确理解工作任务的内容、范围及工作指令	2			
	能够查阅和理解维修手册，确认技术标准及要求	2			
	使用个人防护用品或衣着适当，能够正确使用车辆检修防护用品	2			
	准备工作场地及器材，能够识别工作场所的安全隐患	2			
	确认设备及工量具，检查其是否安全及正常工作	2			
实施程序（80%）	能正确识别轮系的结构特征与类型	5			
	能正确识别轮系零部件的名称与功能	10			
	能够对轮系特定档位的动力传递路线进行分析	10			
	能够对轮系特定档位进行运作分析	15			
	能够对轮系特定档位的零部件进行真确组装	15			
	能够正确分析轮系执行元件常见的故障及故障现象	15			
	安全无事故并在规定时间内完成任务 *2	10			
完工清理（10%）	收集和储存可以再利用的原材料	2			
	遵循维护工作程序清洁垃圾、清洁和整理工作区域	2			
	对工具、设备及车辆进行清洁	3			
	按照工作程序，填写完成作业单	3			
考核成绩		考评员签字：________ 日　　期：____年___月___日			

考评者注：► ＊1-A1 和 A2 分别为尝试 1 和尝试 2。在规定的考核时间内，学员允许有 2 次完成项目任务的机会；尝试 2 的评分可计入总成绩；

► ＊2-如果完成任务中出现安全事故，整个任务考核将以不合格计；

► 任务考核为百分制，60 分以下为不合格。

亚龙 YALONG	汽车自动变速器一体化实训教程						
	学习任务	自动变速器轮系结构与传动分析				建议学时	12
	班级		学号		姓名		日期 ____年____月____日

上表可用于学生对本任务实施情况的自我测试或团队测评，也可作为过程考核及技能鉴定考核表使用。

4.5.2　任务总结

根据任务实施及考评情况，对个人的工作进行自我评价，并提出改进意见。

____

____

____

____

____

____

____

4.5.3　教师评价

评价内容		评价成绩	备　注
工作准备	任务领会、资讯查询、器材准备	□A□B □C □D □E	
知识储备	系统认知、原理分析、技术参数	□A□B □C □D □E	
计划决策	任务分析、任务流程、实施方案	□A□B □C □D □E	
任务实施	专业能力、沟通能力、实施结果	□A□B □C □D □E	
职业道德	纪律素养、安全卫生、器材维护	□A□B □C □D □E	
其他评价：			
教师签字：____________			日期：____年____月____日

注：1. 在选项“□”里打“√”。

2. A：90～100，B：80～89，C：70～79，D：60～69，E：不合格。

汽车自动变速器一体化实训教程							
学习任务	轮系的检测调整与组装			建议学时	12		
班级		学号		姓名		日期	____年____月____日

单元任务5 轮系的检测调整与组装

任务描述	本任务要求学员在熟悉自动变速器的组成、结构及工作原理的基础上，能够使用合适的工量具及正确的程序对自动变速器零部件进行检测、调整及组装。	
学习目标	1. 掌握自动变速器需要检查及调整的内容及方法。 2. 掌握自动变速器组装的流程及方法。	
器材准备	仪器/设备	工具/量具
	亚龙 YL-602D 型手自一体自动变速器实训台	专用检测工具、拆装工具

5.1 学习准备

5.1.1 自动变速器间隙的调整

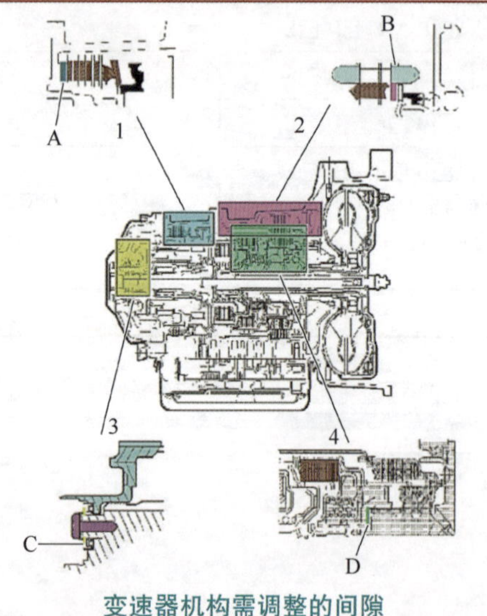

变速器机构需调整的间隙

01N/01M 变速器机构有四处间隙需要测量与调整，它们分别是低倒档制动器 B1 间隙、2 档和 4 档制动器 B2 间隙、行星轮支架间隙和离合器间隙，如左图所示：

1—低倒档制动器 B1

2—2 档和 4 档制动器 B2

3—行星轮支架

4—离合器间隙

A—调整垫圈

B—外片（调整片）

C、D—调整垫片

5.1.2 组装自动变速器的注意事项

1）一次性零件不可重复使用，如开口销和密封元件等。总成装配前，仔细检查各零件与总成，发现损坏零件应更换。

2）滚子轴承和座圈滚道磨损或损坏必须更换，而衬套因磨损需要更换时，其配套零件也必须一同更换。这时，一定要按原厂规定使用专用的维修工具和维修材料，而且必须遵守原厂规定的工作程序。

3）当更换新的离合器、制动器摩擦片时，在装配前必须将其放入自动变速器油中浸泡至少15min，原有件也必须浸泡10min左右再进行组装。

4）所有密封圈、旋转件和滑动表面，在装配前都必须要涂抹自动变速器油。

5）所有滚针轴承与座圈滚道都应有正确的位置和方向。

6）螺栓、螺母是预涂零件的，在原厂装配前已涂好一层密封紧固胶。如果预涂件被重新紧固、拧松或以任何方式动过，都必须以规定的密封紧固胶重新涂抹。重涂时，应首先清除掉螺栓、螺母或其他安装零件螺纹上的旧密封紧固胶，用压缩空气吹干后，用规定的密封紧固胶涂在螺栓、螺母或螺纹上。预涂件一般在维修手册中也用特殊符号表示出来。

7）检查软管与电线端子，确保连接正确可靠。

5.2　任务实施

5.2.1　组装轮系及调整行星轮支架的间隙

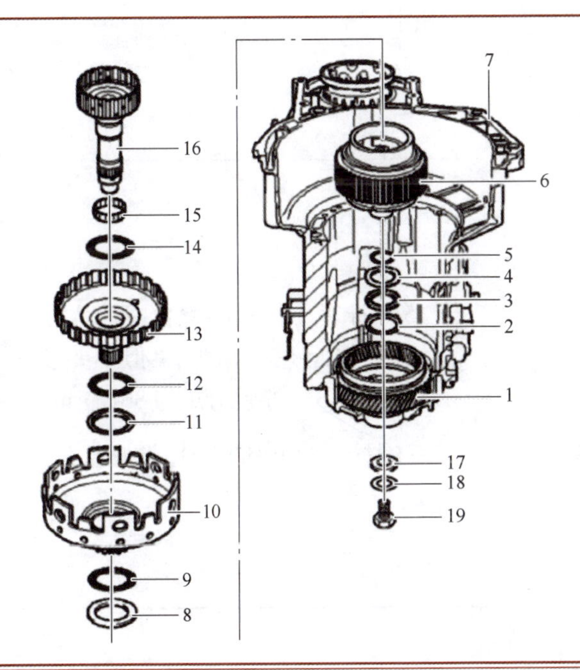

1）行星轮支架组件识别与组装。当测量行星轮支架与变速器壳体的间隙时，需安装好图中编号为2～17的所有部件。

1—输出齿轮

2、4、8、11、18—垫圈

3、9、12、14—推力滚针轴承

5—O形圈

6—行星轮机构

7—变速器壳体

10—大太阳轮驱动毂

13—小太阳轮驱动毂

15—滚针轴承

16—小传动轴

17—调整垫片

19—小传动轴螺栓

汽车自动变速器一体化实训教程							
学习任务	轮系的检测调整与组装					建议学时	12
班级		学号		姓名		日期	____年____月____日

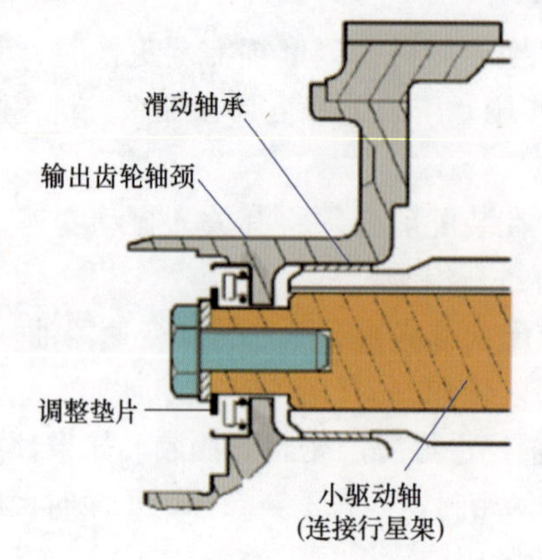

2）识别行星轮支架间隙。

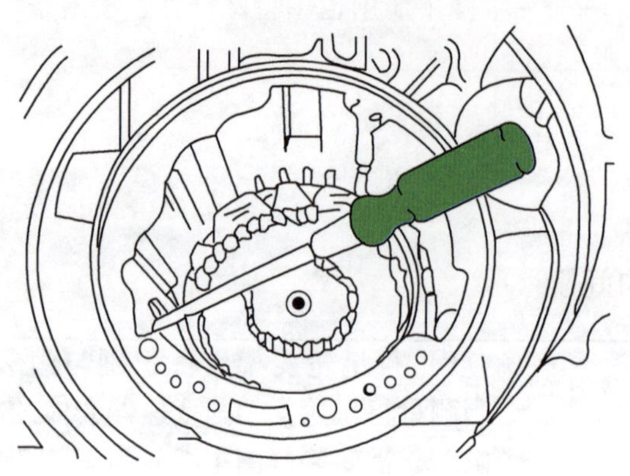

3）检测行星轮支架间隙。

① 啮合驻车机构。

② 锁止轮系。

4）用螺钉旋具插入大太阳轮的孔中。

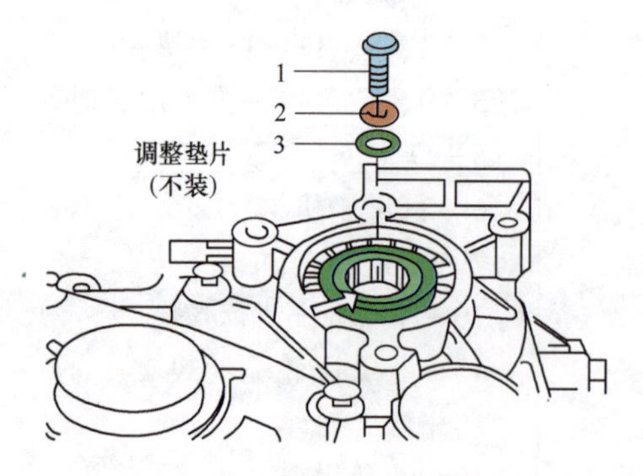

5）拧紧小传动轴螺栓。装入小传动轴的螺栓 1 和垫圈 2，但不要装入调整垫片 3。拧紧力矩为 30N · m。

1—螺栓　2—垫圈　3—调整垫片

汽车自动变速器一体化实训教程							
学习任务	轮系的检测调整与组装					建议学时	12
班级		学号		姓名		日期	____年____月____日

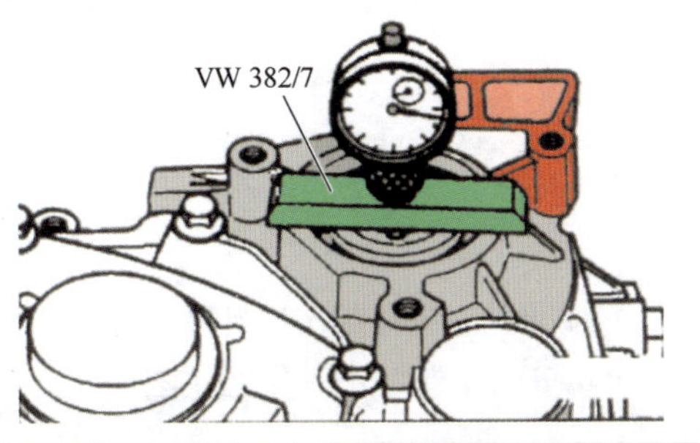

6）测量间隙。安装千分表，以1mm 的预紧量将千分表安装到螺栓头中间并调整到“0”位，上下移动小传动轴并读取间隙值。

测量值：______ mm。

7）选择调整垫片。根据测量值并查阅下表选择合适的调整垫片。

（单位：mm）

测　量　值	垫片规格	测　量　值	垫片规格
1.26~1.35	1.0	2.26~2.35	2.0
1.36~1.45	1.1	2.36~2.45	2.1
1.46~1.55	1.2	2.46~2.55	2.2
1.56~1.65	1.3	2.56~2.65	2.3
1.66~1.75	1.4	2.66~2.75	2.4
1.76~1.85	1.5	2.76~2.85	2.5
1.86~1.95	1.6	2.86~2.95	2.6
1.96~2.05	1.7	2.96~3.05	2.7
2.06~2.15	1.8	3.06~3.15	2.8
2.16~2.25	1.9	3.16~3.25	2.9

选择的垫片规格：______ mm。

行星轮支架计算间隙：______ mm。

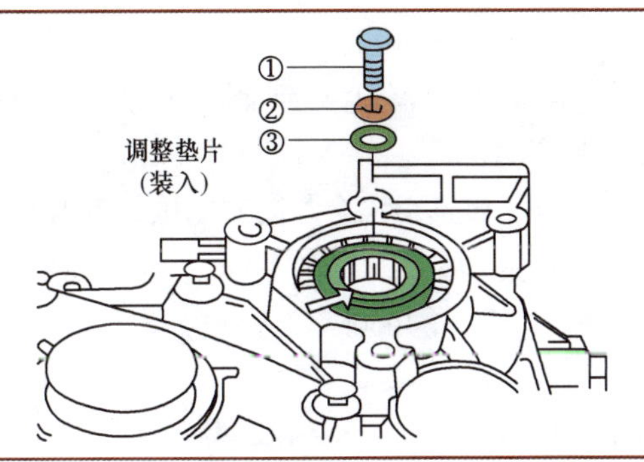

8）确认行星轮支架间隙。示例：测量值为 2.00mm，则从表中可知，需要选择厚度为 1.7mm 的调整垫片。

选择好垫片后，重新安装行星轮支架，并再次测量行星轮支架间隙，确保间隙在规定值范围 0.23~0.37mm。

亚龙 YALONG	汽车自动变速器一体化实训教程						
	学习任务	轮系的检测调整与组装				建议学时	12
	班级		学号		姓名	日期	____年____月____日

5.2.2 组装及调整倒档制动器 B1

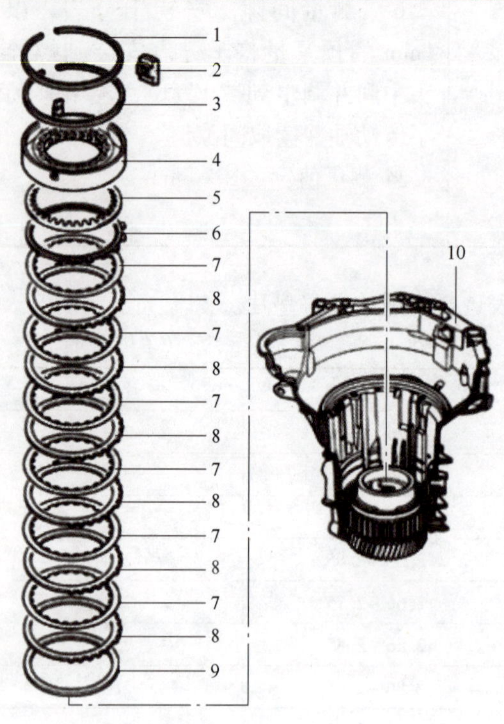

倒档制动器 B1 组装（分解）图

1）倒档制动器 B1 组件识别。倒档制动器 B1 的部件分解参见左图。

1、3—卡环
2—导流块
4—制动缸及单向离合器 F1
5—碟形弹簧（凸起侧朝向制动缸）
6—B1 压力板（平面朝向摩擦片）
7—B1 摩擦片
8—B1 摩擦盘
9—调整垫片
10—变速器壳体

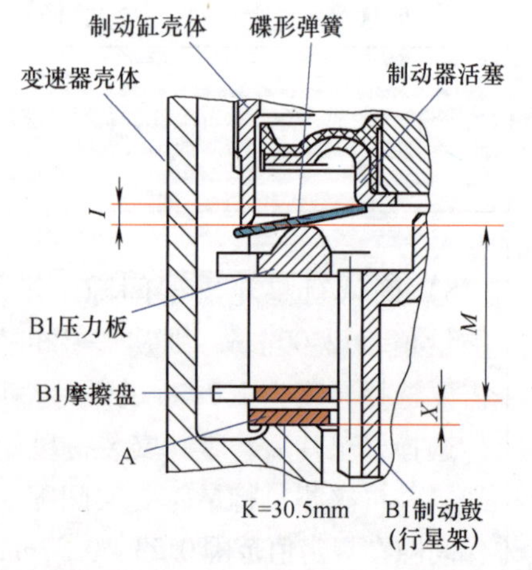

制动器 B1 调整垫片厚度的确定

2）制动器 B1 片组的间隙测量。制动器 B1 片组的间隙测量如左图所示。

A = 调整垫片
X = 测量间隙尺寸
I = 制动器活塞到制动缸壳体外沿的距离
M = 包括 B1 压力板的摩擦组片高度
K 为恒定值 = 30.5mm，由变速器的结构确定，不可调。

间隙值：$X = K + I/2 - M$

亚龙 YALONG	汽车自动变速器一体化实训教程						
	学习任务	轮系的检测调整与组装			建议学时	12	
	班级		学号		姓名	日期	____年____月____日

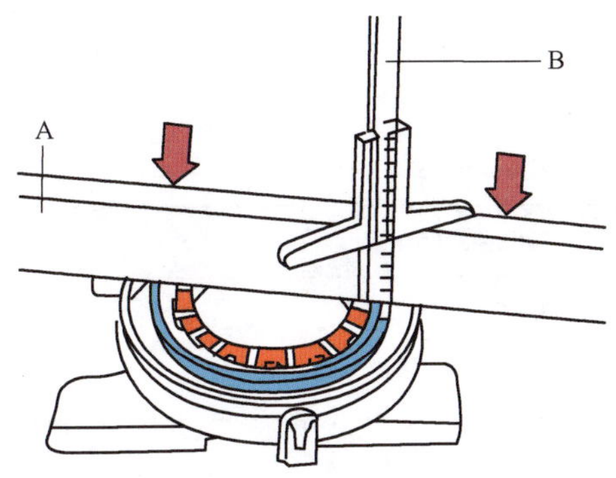

3）测量及计算间隙值。

① 测量活塞到制动缸壳体外沿距离 I 值。将活塞按箭头方向压到底，将直尺 A 放到单向离合器的外环上，用深度卡尺 B 测量单向离合器壳体至活塞内边缘的距离。

	实测/mm	示例/mm
测量值		51.8
直尺高度		48.2
I 值		3.6

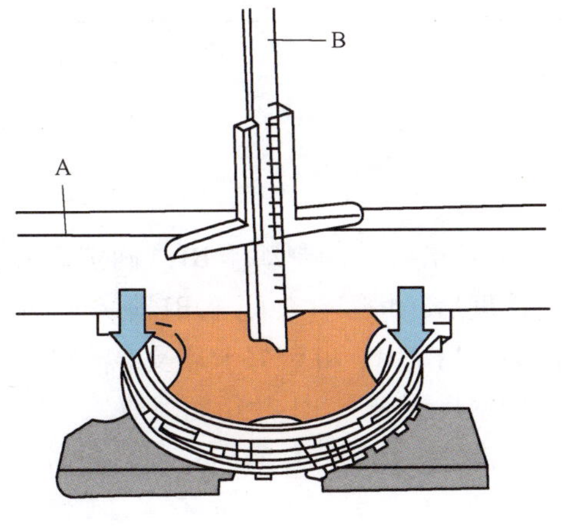

② 测量 B1 摩擦组片高度 M 值。将直尺 A 放到压板上，按图中箭头方向压缩带压板的片组并用深度卡尺 B 测量厚度。

	实测/mm	示例/mm
测量值		77.2
直尺高度		48.2
M 值		29.0

③ 计算 B1 制动器片组间隙 X 值。

实测：$X = K + I/2 - M = 30.5\text{mm} +$ ____________ mm = ____________ mm

示例：$X = K + I/2 - M = 30.5\text{mm} + 3.6\text{mm}/2 - 29.0\text{mm} = 3.3\text{mm}$

汽车自动变速器一体化实训教程						
学习任务	轮系的检测调整与组装				建议学时	12
班级		学号		姓名	日期	____年____月____日

4）根据测量间隙值确定调整垫片的厚度。

（单位：mm）

测 量 值	垫片规格	测 量 值	垫片规格
2.36～2.45	1.0	3.36～3.45	1.0+1.0
2.46～2.55	1.1	3.46～3.55	1.0+1.1
2.56～2.65	1.2	3.56～3.65	1.1+1.1
2.66～2.75	1.3	3.66～3.75	1.1+1.2
2.76～2.85	1.4	3.76～3.85	1.2+1.2
2.86～2.95	1.5	3.86～3.95	1.2+1.3
2.96～3.05	1.6	3.96～4.05	1.3+1.3
3.06～3.15	1.7	4.06～4.15	1.3+1.4
3.16～3.25	1.8	4.16～4.25	1.4+1.4
3.26～3.35	1.9		

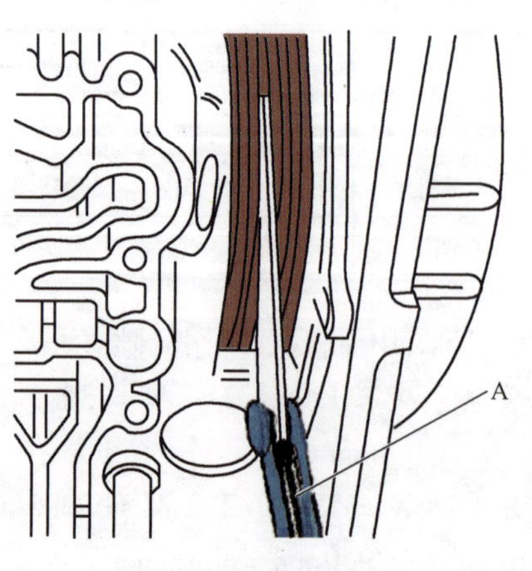

测量制动器 **B1** 的间隙

5）组装并检测制动器B1。确定调整垫片厚度后，将零件装配至B1制动缸（单向离合器F1），并装好卡环及导流块。

用塞尺A测量B1片组间隙值。

标准值：1.25～1.55mm。

汽车自动变速器一体化实训教程						
学习任务	轮系的检测调整与组装			建议学时	12	
班级		学号		姓名		日期 ____年____月____日

5.2.3　调整离合器 K1 和 K2 组装间隙

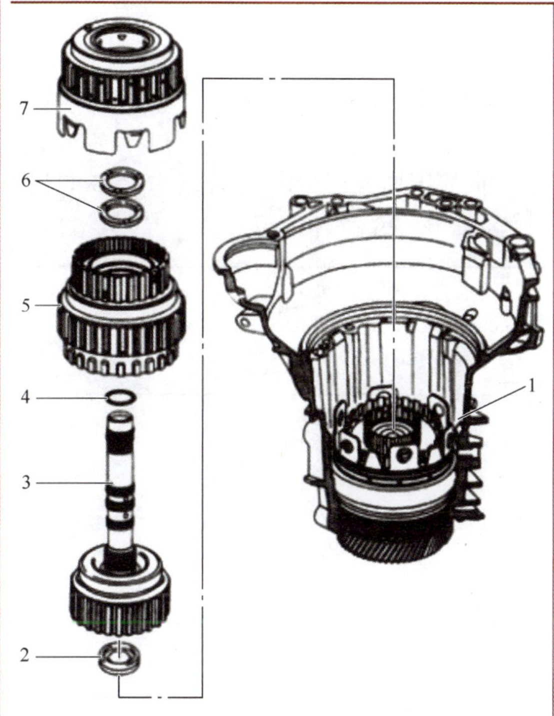

离合器 K2、K1 组装（拆卸）图

1）离合器 K1、K2、K3 组件识别。

1—变速器壳体（B1 及行星轮支架已装好）

2—带垫圈的推力滚针轴承

3—带涡轮轴的 3-4 档离合器 K3

4—O 形圈

5—1-3 档离合器 K1

6—调整垫片（当调整离合器间隙时，不要装入；最多可以装入 3 个调整垫片）

7—倒档离合器 K2

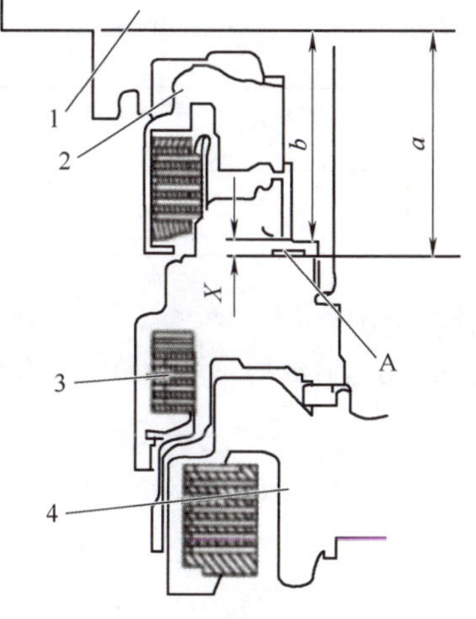

K2、K1 间隙测量示意图

2）K2、K1 测量间隙识别。图中 X 为测量间隙值。$X = a - b$。

1—液压泵

2—倒档离合器 K2

3—1-3 档离合器 K1

4—3-4 档离合器 K3

A—调整垫片

	汽车自动变速器一体化实训教程						
学习任务	轮系的检测调整与组装				建议学时	12	
班级		学号		姓名		日期	____年____月____日

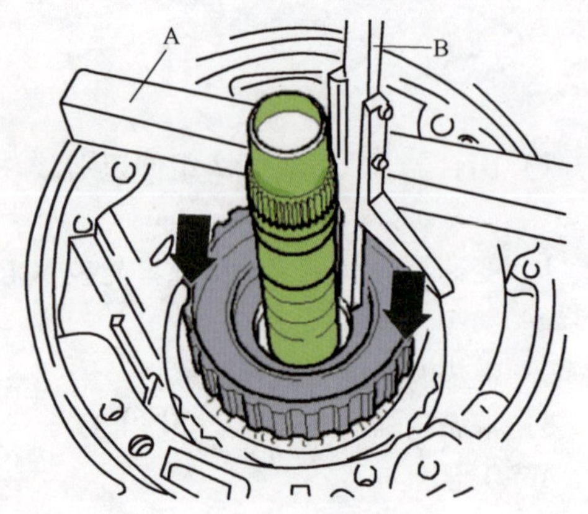

3）测量尺寸 a。将直尺 A 放到变速器壳体用以定位液压泵的法兰面上，按箭头方向压下离合器 K1，用深度卡尺 B 测量至离合器 K1 壳体的距离。

	实测/mm	示例/mm
测量值 1		88.5

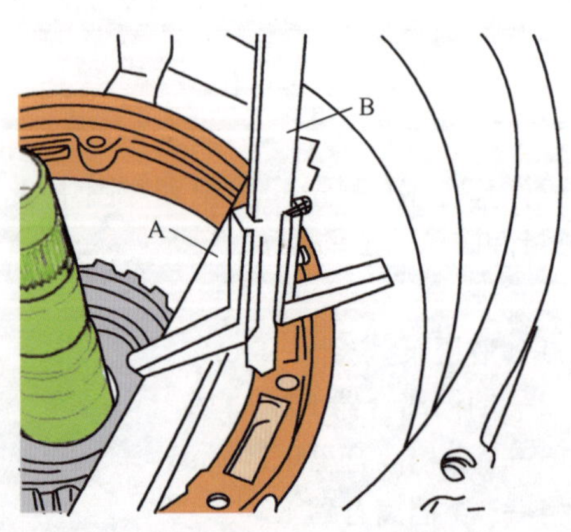

用深度卡尺 B 测量直尺 A 至变速器壳体液压泵法兰端面的距离。

	实测/mm	示例/mm
测量值 2		34.3

确定 a 的尺寸：

实测：a =（测量值 1）________ mm −（测量值 2）________ mm = ________ mm

示例：a = 88.5mm − 34.3mm = 54.2mm

5

汽车自动变速器一体化实训教程						
学习任务	轮系的检测调整与组装			建议学时	12	
班级		学号		姓名		日期 ____年____月____日

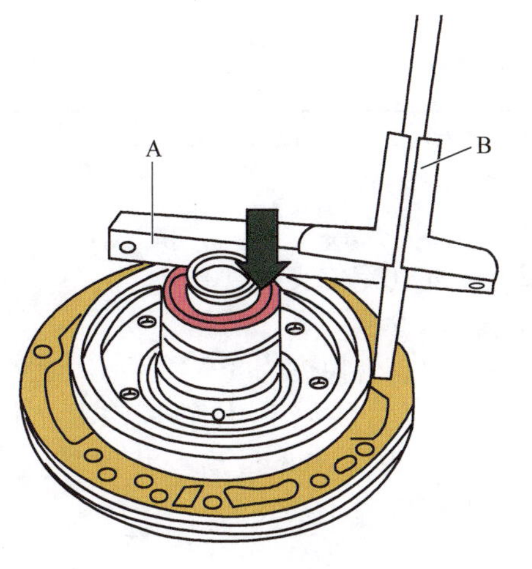

4）确定尺寸 *b* 将密封垫放在变速器液压泵上；将直尺 A 放到液压泵（箭头所指）的凸肩环面上，用深度卡尺 B 测量至液压泵法兰密封垫的距离。

	实测/mm	示例/mm
测量值		70.5
直尺高度		19.5
b 值		51.0

5）计算 *X* 的尺寸。

实测：$X = a - b =$ ________ mm − ________ mm = ________ mm

示例：$X = a - b = 54.2\text{mm} - 51.0\text{mm} = 3.2\text{mm}$

6）根据 *X* 值（间隙尺寸）及下表确定调整垫片的厚度。

（单位：mm）

间隙尺寸	调整垫片厚度	间隙尺寸	调整垫片厚度
≤2.54	1.4	3.90～4.29	1.6+1.6
2.55～3.09	1+1	4.30～4.69	1.8+1.8
3.10～3.49	1.2+1.2	4.70～5.04	1.2+1.2+1.6
3.50～3.89	1.4+1.4	5.05～5.25	1.2+1.2+1.8

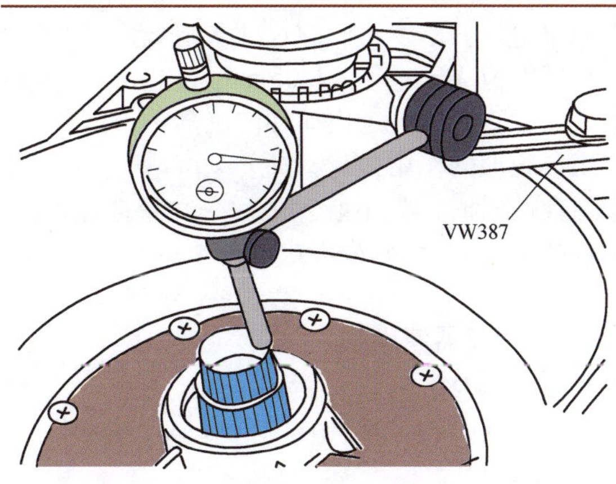

7）测量离合器 K2 和 K1 的间隙。安装变速器液压泵后才能测量离合器间隙；将千分表支座固定到变速器壳体上，并以 1mm 预紧量将千分表装到涡轮轴上；上下移动并读出测量值，标准间隙值为 0.5～1.2mm。

亚龙 YALONG	汽车自动变速器一体化实训教程						
	学习任务	轮系的检测调整与组装				建议学时	12
	班级		学号		姓名	日期	____年____月____日

5.2.4 调整2档和4档制动器B2的间隙

（1）无波形弹簧垫片的2档和4档制动器B2

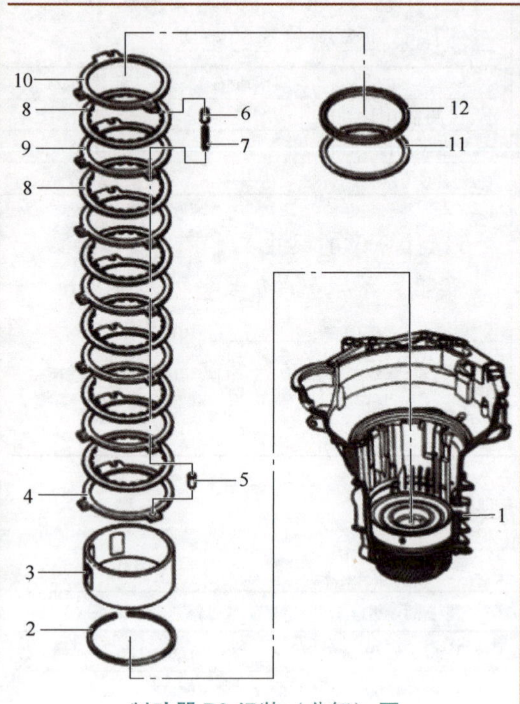

制动器B2组装（分解）图

1）2档和4档制动器B2组件识别。

1—变速器壳体
2—卡环（定位支承管）
3—支承管
4—摩擦盘（厚度为3mm）
5—弹簧头（装入第一片摩擦盘4耳孔中）
6—弹簧头（装入最后一片摩擦盘耳孔中，调整B2时不要装入）
7—弹簧
8—摩擦片
9—摩擦盘（厚度为2mm）
10—摩擦盘（厚度为3mm，调整B2时不要装入）
11—调整垫片（调整B2时不要装入）
12—止动环

有些变速器最后一片摩擦盘上安装的是波形弹簧垫片，而不是调整垫片和止动环。本调整步骤仅适用于在B2中安装调整垫片11和止动环12的变速器。

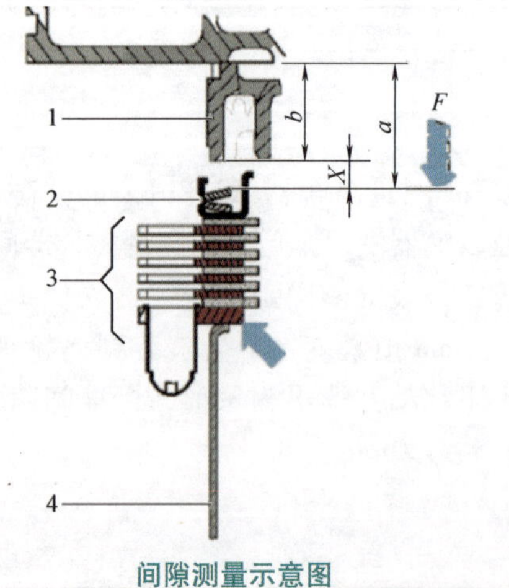

间隙测量示意图

2）2档和4档制动器B2调整间隙识别。调整垫片的厚度由间隙尺寸X确定。

间隙值$X=a-b-2.65\mathrm{mm}$。

式中2.65mm是止动环的沉落量，由专用工具施加的作用力F产生。

在测量时，先不装入最后一片摩擦盘10、调整垫片11和弹簧头6。

1—变速器液压泵
2—止动环
3—制动器B2摩擦片组（最后一片未装）
4—支承管

<table>
<tr><td rowspan="3">亚 龙 YALONG</td><td colspan="8">汽车自动变速器一体化实训教程</td></tr>
<tr><td>学习任务</td><td colspan="4">轮系的检测调整与组装</td><td>建议学时</td><td colspan="2">12</td></tr>
<tr><td>班级</td><td></td><td>学号</td><td></td><td>姓名</td><td></td><td>日期</td><td>____年____月____日</td></tr>
</table>

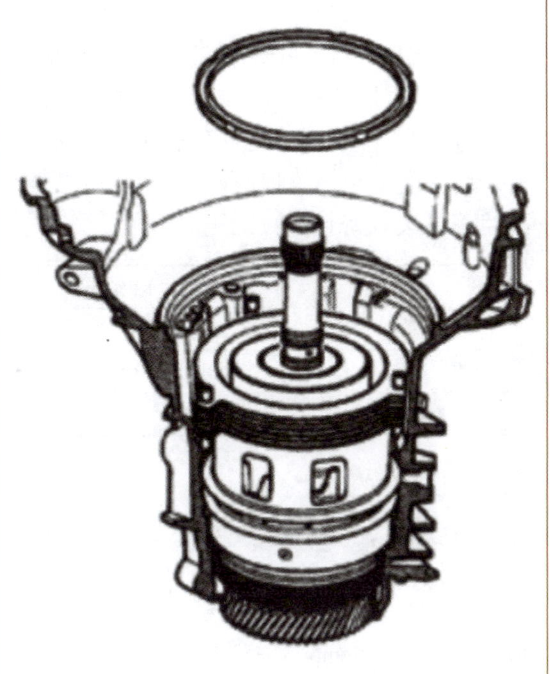

3）计算尺寸 *a*。

① 安装 B2 组件及止动环。组装行星轮系组件直至制动器 B2 最后一片摩擦片 8，不要装最后一片外摩擦盘 10 和调整垫片 11；将止动环的光滑面放最后一片内摩擦片上。

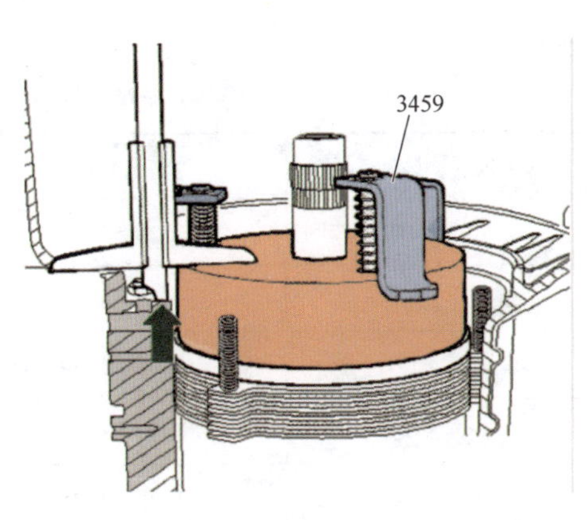

确定尺寸 *a*

② 安装专用工具。将专用工具 3459 放到止动环上并转动，使 3 个卡环与液压泵上的孔对齐；将专用工具 3459 拧到 ATF 液压泵法兰上，拧紧力矩为 5N · m。

此时，制动器 B2 摩擦片已压紧，可以进行下一步测量。

③ 确定 *a* 值。用深度卡尺测量从泵法兰（箭头所指变速器壳体）至专用工具 3459 的距离。

	实测/mm	示例/mm
3459 高度		60. 0
测量值		32. 3
计算 *a* 值		27. 3

④ 拆下专用工具 3459 和止动环。

亚龙 YALONG ®

汽车自动变速器一体化实训教程						
学习任务	轮系的检测调整与组装			建议学时	12	
班级		学号		姓名		日期 ____年____月____日

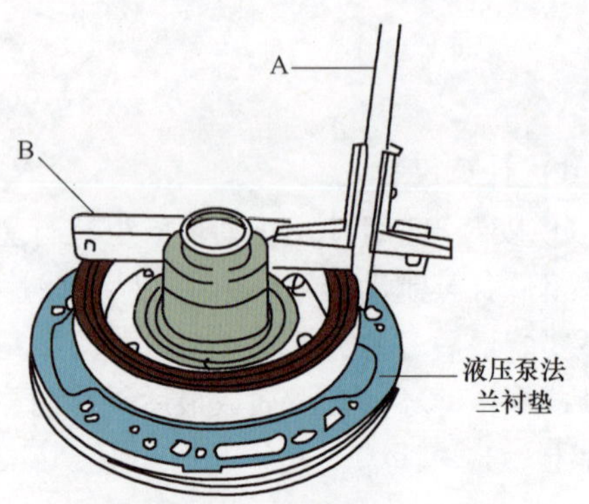

确定尺寸 *b*

4）确定尺寸 b。将 ATF 液压泵壳体内的 B2 活塞向内推到底；将密封垫放在液压泵上；将直尺 B 放在 B2 活塞缸体的外沿面上，用深度卡尺 A 测量直尺至液压泵安装法兰面（装入密封垫）的距离。

	实测/mm	示例/mm
测量值		39.8
直尺厚度		19.5
计算 b 值		20.3

5）计算 X 的尺寸。

实测：$X = a - b - 2.65\text{mm}$ = ______ mm - ______ mm - 2.65mm = ______ mm

示例：$X = a - b - 2.65\text{mm} = 27.3\text{mm} - 20.3\text{mm} - 2.65\text{mm} = 4.35\text{mm}$

6）根据测量间隙值及下表选择调整垫片及厚度。

（单位：mm）

间隙尺寸 X	调整垫片厚度	间隙尺寸 X	调整垫片厚度
3.25 ~ 3.50	1.0	4.76 ~ 5.00	1.25 + 1.25
3.51 ~ 3.75	1.25	5.01 ~ 5.25	1.25 + 1.50
3.76 ~ 4.00	1.50	5.26 ~ 5.50	1.50 + 1.50
4.01 ~ 4.25	1.75	5.51 ~ 5.75	1.50 + 1.75
4.26 ~ 4.50	1.00 + 1.00	5.76 ~ 6.00	1.75 + 1.75
4.51 ~ 4.75	1.00 + 1.25		

7）组装制动器 B2。

5

汽车自动变速器一体化实训教程							
学习任务	轮系的检测调整与组装				建议学时	12	
班级		学号		姓名		日期	____年____月____日

（2）有波形弹簧垫片的 2 档和 4 档制动器 B2

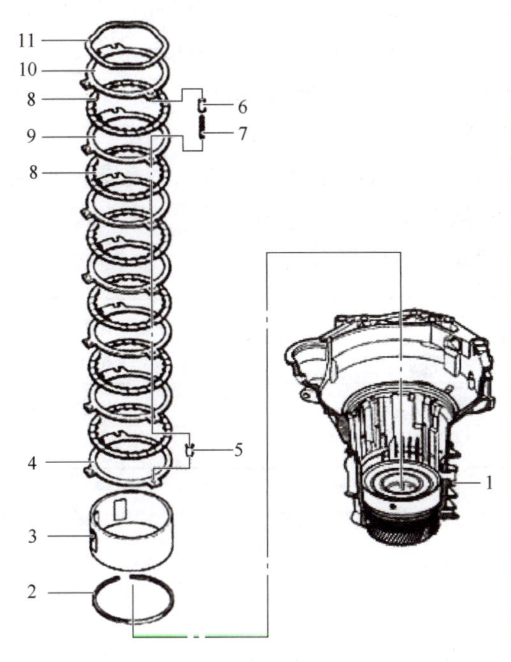

制动器 B2 组装（分解）图（有波形弹簧垫片）

1）2 档和 4 档制动器 B2（有波形片）组件识别。其调整步骤适用于代号为 DFG、DFH、DFK、DFL、DFM 的变速器（B2 最后一片摩擦盘上装有波形弹簧垫片）。

1—变速器壳体
2—卡环（定位支承管）
3—支承管
4—摩擦盘（厚度为 3mm）
5—弹簧头
6—弹簧头（调整 B2 时不要装入）
7—弹簧
8—摩擦片
9—摩擦盘（厚度为 2mm）
10—摩擦盘（调整 B2 时不要装入，进行调整时可装入两片）
11—波形弹簧垫片（调整 B2 时不要装入）

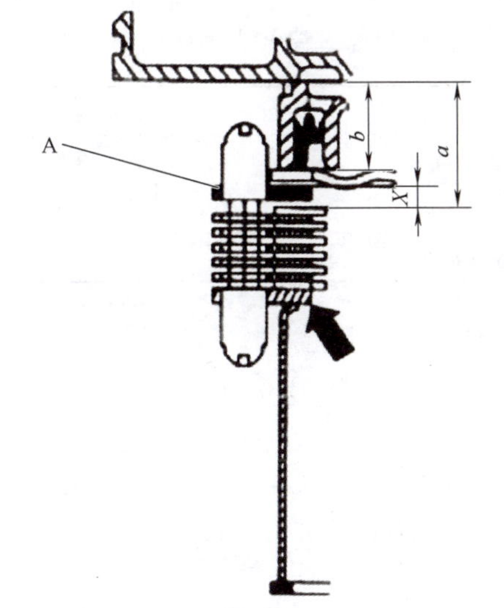

2）2 档和 4 档制动器 B2 调整间隙识别。B2 的间隙可由最外面的摩擦盘 A 的厚度调整，外摩擦盘 A 的厚度由间隙 X 确定。

间隙值 $X = a - b - 3.6\text{mm}$。

式中 3.6mm 的沉落量由专用工具施加的作用力产生。

3）计算尺寸 a。组装行星轮系组件直至制动器 B2 最后一片摩擦片 8，不要装最后一片外摩擦盘 10、最后 3 个弹簧头和波形弹簧垫片。

汽车自动变速器一体化实训教程						
学习任务	轮系的检测调整与组装			建议学时	12	
班级		学号		姓名		日期 ____年____月____日

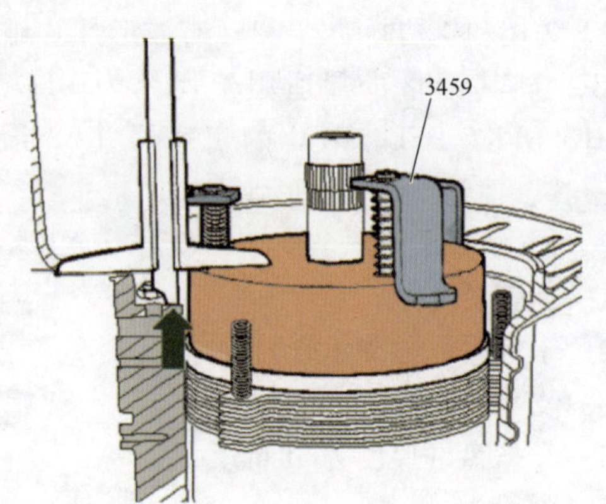

将专用工具 3459 放到止动环上并转动，使 3 个卡环与液压泵上的孔对齐；将专用工具 3459 拧到 ATF 液压泵法兰上，拧紧力矩为 5N·m。

用深度卡尺测量从变速器壳体上安装液压泵的法兰面（箭头所指）至专用工具 3459 上端面的距离。

	实测/mm	示例/mm
3459 高度		60.0
测量值		29.8
计算 a 值		30.2

拆下专用工具 3459。

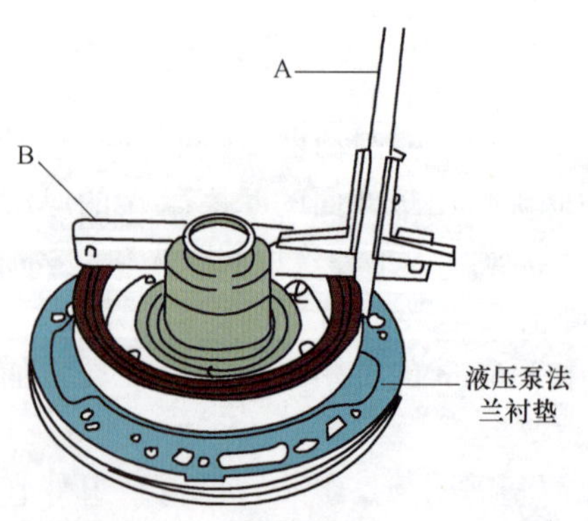

4）确定尺寸 b。将 ATF 液压泵壳体内的 B2 活塞向内推到底；将密封垫放在液压泵上；将直尺 B 放在 B2 活塞缸体的外沿面上，用深度卡尺 A 测量直尺至液压泵安装法兰面（装入密封垫）的距离。

	实测/mm	示例/mm
测量值		40.1
直尺厚度		19.5
计算 b 值		20.6

5）计算 X 的尺寸

实测：$X=a-b-3.6\text{mm}$ = ________ mm − ________ mm − 3.6mm = ________ mm

示例：$X=a-b-3.6\text{mm}=30.2\text{mm}-20.6\text{mm}-3.6\text{mm}=6.0\text{mm}$

6）根据测量间隙值及下表确定外摩擦盘的厚度。

（单位：mm）

间隙尺寸 *X*	调整垫片厚度	间隙尺寸 *X*	调整垫片厚度
4.25～4.49	2.75	5.75～5.99	2.00＋2.25
4.50～4.74	3.00	6.00～6.24	2.25＋2.25
4.75～4.99	3.25	6.25～6.49	2.25＋2.50
5.00～5.24	3.50	6.50～6.74	2.50＋2.50
5.25～5.49	3.75	6.75～7.00	2.50＋2.75
5.50～5.74	2.00＋2.00		

7）组装制动器B2。

5.2.5 组装自动变速器

各零件、总成按拆卸的相反顺序进行装配，螺钉应按规定力矩拧紧。

进一步详细的安装（及分解变速器）请参见维修手册。

转矩技术规范（01N/01M）

适用对象	lb·ft（N·m）
差速器壳盖螺栓	18（25）
驱动轴固定螺栓（只是左侧）	18（25）
驱动轴法兰螺栓	59（80）
机油冷却器Banjo螺栓	22（30）
机油冷却器管接头装置	44（60）
机油滤清器（变速驱动桥壳体上）	18（25）
小齿轮盖螺栓	18（25）
小主动齿轮传动齿轮螺母	185（250）
小齿轮螺母	177（240）
齿圈螺栓	66（90）
小行星轮传动轴螺栓	22（30）

（续）

适用对象			lb · ft（N · m）
副车架到变速驱动桥支承螺母		097	30（40）
		01N	82（110）
液力变矩器螺母		097	44（60）
		01N	63（85）
变速驱动桥到发动机螺栓	097	10mm 直径	44（60）
		12mm 直径	59（80）
	01N	10mm 直径	33（45）
		12mm 直径	48（65）
变速驱动桥到变速驱动桥支承螺栓			30（40）
锁止弹簧螺钉			89（10）
机油滤清器（油底壳内）螺栓			71（8）
油底壳螺栓			84（9.4）
液压泵到变速驱动桥螺栓			89（10）加上 90°
阀体螺栓			44（5）

亚龙 YALONG	汽车自动变速器一体化实训教程						
	学习任务	轮系的检测调整与组装			建议学时	12	
	班级		学号		姓名		日期 ____年____月____日

5.3　反馈评价

5.3.1　任务考核

提示：本任务要求学员在熟悉自动变速器的组成、结构及工作原理的基础上，能够使用合适的工量具及正确的程序对自动变速器零部件进行检测、调整及组装

考核内容		考核评分			
项　目	内　容	配分	A1 [*1]	A2 [*1]	批注
工作准备（10%）	能够正确理解工作任务的内容、范围及工作指令	2			
	能够查阅和理解维修手册，确认技术标准及要求	2			
	使用个人防护用品或衣着适当，能够正确使用车辆检修防护用品	2			
	准备工作场地及器材，能够识别工作场所的安全隐患	2			
	确认设备及工量具，检查其是否安全及正常工作	2			
实施程序（80%）	能够确认自动变速器轮系需要调整的间隙及方法	10			
	能够正确检测、调整及组装行星轮支架	15			
	能够正确检测、调整及组装倒档制动器组件	15			
	能够正确检测、调整及组装 K1 和 K2 离合器组件	15			
	能够正确检测、调整及组装 2 档和 4 档制动器组件	15			
	安全无事故并在规定时间内完成变速器的总成组装 [*2]	10			
完工清理（10%）	收集和储存可以再利用的原材料	2			
	遵循维护工作程序清洁垃圾，清洁和整理工作区域	2			
	对工量具及设备进行清洁整理	3			
	按照工作程序，填写完成作业单	3			
考核成绩		考评员签字：__________ 日　　期：　　年　　月　　日			

考评者注：▶ *1-A1 和 A2 分别为尝试 1 和尝试 2。在规定的考核时间内，学员允许有 2 次完成项目任务的机会；尝试 2 的评分可计入总成绩。

▶ *2-如果完成任务中出现安全事故，整个任务考核将以不合格计。

▶ 任务考核为百分制，60 分以下为不合格。

上表可用于学生对本任务实施情况的自我测试或团队测评，也可作为过程考核及技能鉴定考核表使用。

亚龙 YALONG	汽车自动变速器一体化实训教程					
	学习任务	轮系的检测调整与组装			建议学时	12
	班级		学号		姓名		日期 ____年____月____日

5.3.2 任务总结

根据任务实施及考评情况，对个人的工作进行自我评价，并提出改进意见。

5.3.3 教师评价

评价内容		评价成绩	备注
工作准备	任务领会、资讯查询、器材准备	□A □B □C □D □E	
知识储备	系统认知、原理分析、技术参数	□A □B □C □D □E	
计划决策	任务分析、任务流程、实施方案	□A □B □C □D □E	
任务实施	专业能力、沟通能力、实施结果	□A □B □C □D □E	
职业道德	纪律素养、安全卫生、器材维护	□A □B □C □D □E	

其他评价：

教师签字：____________________ 日期：____年____月____日

注：1. 在选项“□”里打“√”。

2. A：90~100，B：80~89，C：70~79，D：60~69，E：不合格。

5

<table>
<tr><td rowspan="3"></td><td colspan="9">汽车自动变速器一体化实训教程</td></tr>
<tr><td>学习任务</td><td colspan="5">液压控制系统认知与检查</td><td colspan="2">建议学时</td><td>12</td></tr>
<tr><td>班级</td><td></td><td>学号</td><td></td><td>姓名</td><td></td><td>日期</td><td colspan="2">____年____月____日</td></tr>
</table>

单元任务6　液压控制系统认知与检查

<table>
<tr><td>任务描述</td><td colspan="3">本任务要求学员在熟悉自动变速器液压控制系统的组成及基本控制原理的基础上，能够识别阀组在阀板上的位置及其功能，并能够对阀板进行基本的故障诊断与检查。</td></tr>
<tr><td>学习目标</td><td colspan="3">1. 熟悉自动变速器液压控制系统的基本组成及功用。
2. 熟悉各阀组的位置、名称及其功能。
3. 熟悉各档位控制的过程及分析方法。
4. 熟悉各档位换档执行元件及电磁阀的工作状况。
5. 熟悉自动变速器阀板检修的注意事项及方法。</td></tr>
<tr><td rowspan="2">器材准备</td><td>仪器/设备</td><td>工具/量具</td><td>材料</td></tr>
<tr><td>亚龙 YL-602D 型手自一体自动变速器实训台、自动变速器总成及阀板、压缩空气泵及气枪</td><td>拆装工具、阀板清洗工具、万用表</td><td>煤油、ATF、化学清洗剂</td></tr>
</table>

6.1　学习准备

6.1.1　液压控制系统认知

☑ 识别并填写组成自动变速器液压控制系统部件的名称。

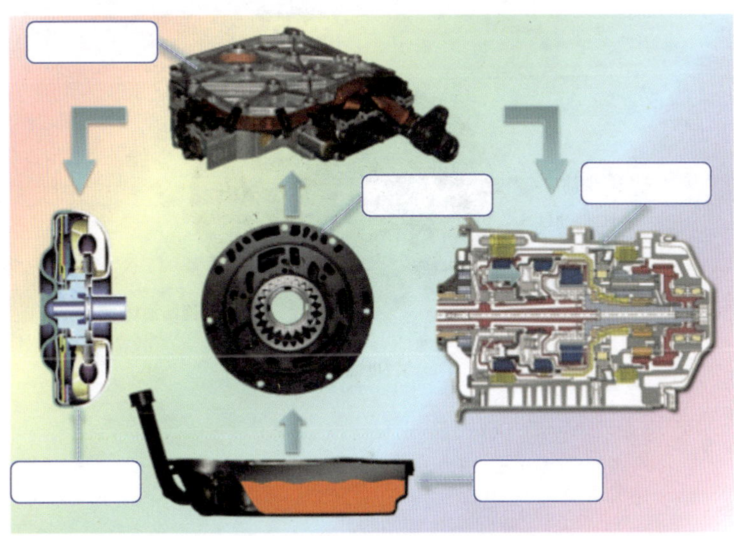

亚龙 YALONG	汽车自动变速器一体化实训教程							
	学习任务	液压控制系统认知与检查				建议学时	12	
	班级		学号		姓名		日期	____年____月____日

6.1.2 识别自动变速器壳体（上阀体）上的油口及位置

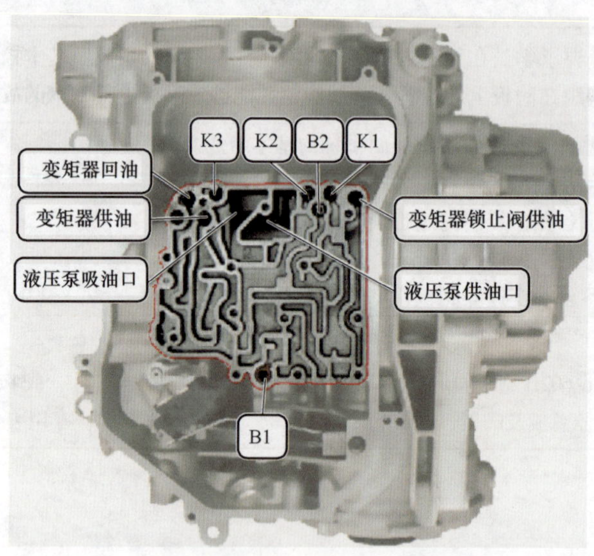

大众 01N/01M 壳体（上阀体）上的油口及位置

6.1.3 识别液压泵壳体上的油口及位置

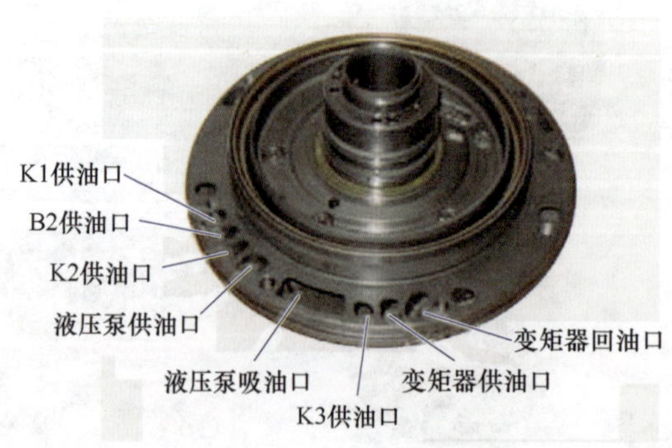

汽车自动变速器一体化实训教程							
学习任务	液压控制系统认知与检查				建议学时	12	
班级		学号		姓名		日期	____年____月____日

6.1.4 识别液压控制系统阀体总成

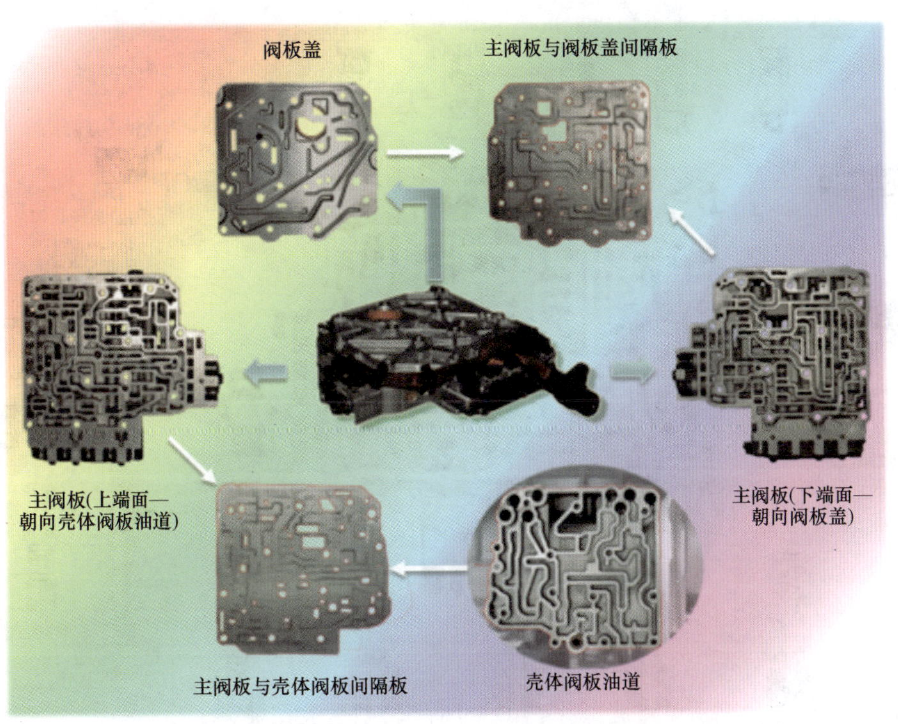

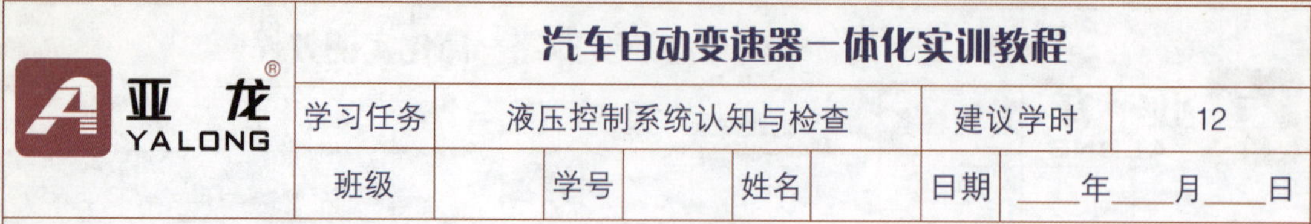

亚龙 YALONG	汽车自动变速器一体化实训教程						
	学习任务	液压控制系统认知与检查				建议学时	12
	班级		学号		姓名	日期	____年____月____日

6.1.5 识别阀组名称及位置

☑ 对照阀板和阀组位置图，用直线补充完成其余阀体名称及位置。

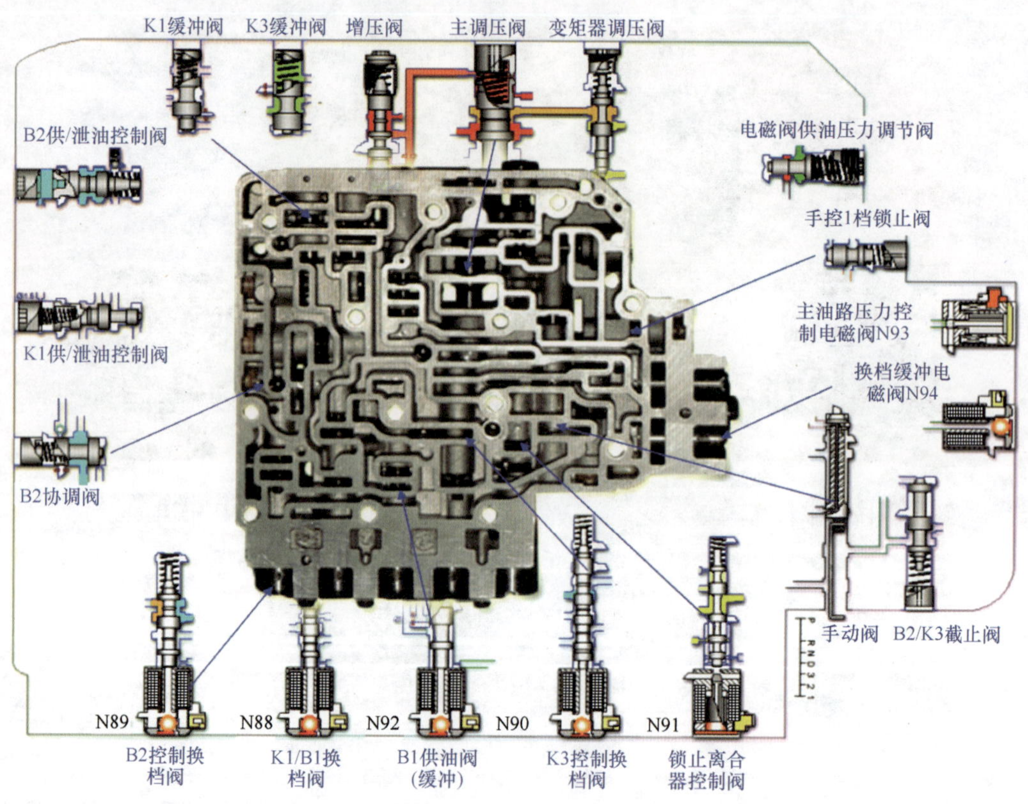

<table>
<tr><td rowspan="3"></td><td colspan="7">汽车自动变速器一体化实训教程</td></tr>
<tr><td>学习任务</td><td colspan="3">液压控制系统认知与检查</td><td>建议学时</td><td colspan="2">12</td></tr>
<tr><td>班级</td><td></td><td>学号</td><td></td><td>姓名</td><td></td><td>日期 ____年____月____日</td></tr>
</table>

6.1.6　油路图识读与控制分析

（1）N位油路识读

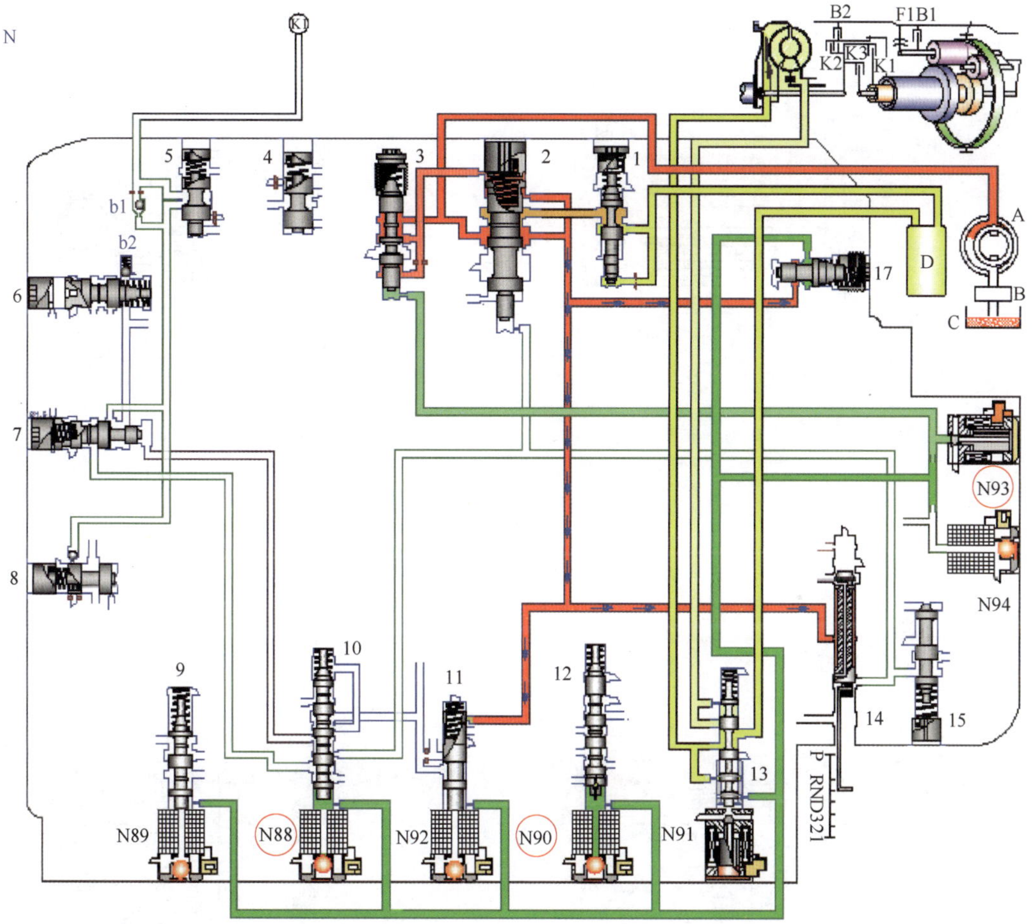

（2）执行元件与电磁阀工作情况表

档　位	轮系执行元件工作状况					电磁阀工作状况							
	K1	K2	K3	B2	B1	F1	N88	N89	N90	N91	N92	N93	N94
N							+		+			◇	

注：∪：执行元件工作；+：电磁阀工作；⊙：调压电磁阀先通电后断电；◇：脉冲电压。

亚龙 YALONG

汽车自动变速器一体化实训教程							
学习任务	液压控制系统认知与检查				建议学时	12	
班级		学号		姓名		日期	____年____月____日

(3)油压调节阀组的结构与工作原理分析

1)电磁阀。

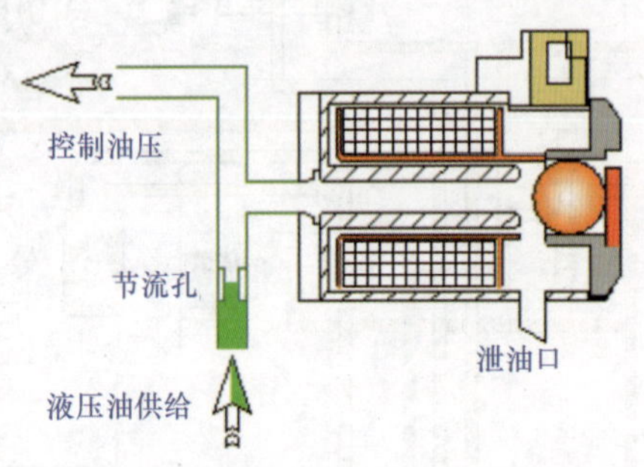

开关型电磁阀(断电状态)

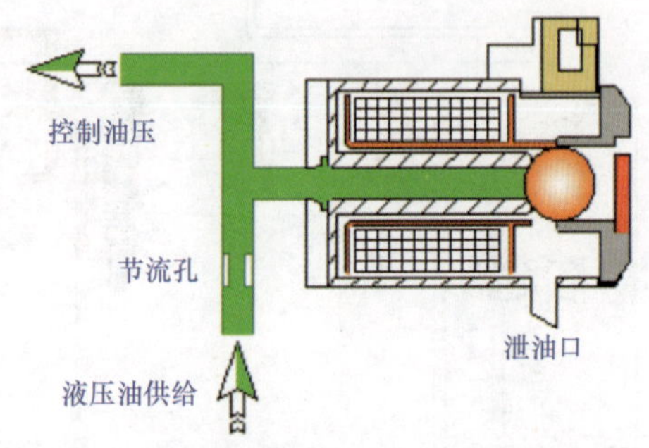

开关型电磁阀(通电状态)

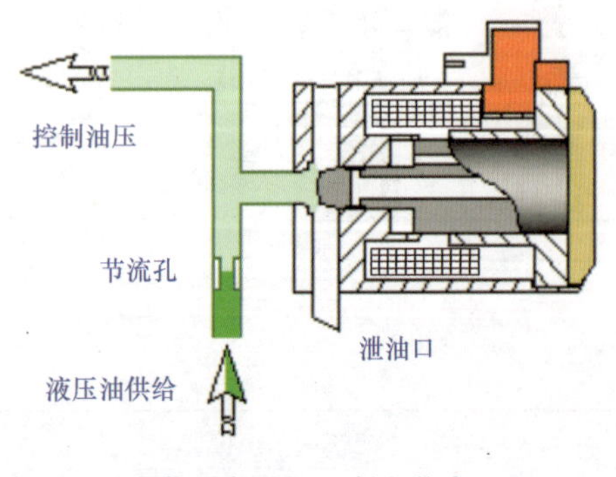

调节型电磁阀(断电状态)

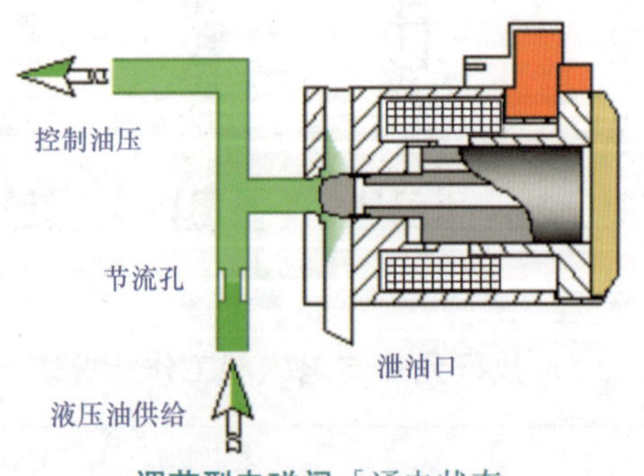

调节型电磁阀[通电状态(改变占空比来调节输出油压)]

6

汽车自动变速器一体化实训教程							
学习任务	液压控制系统认知与检查				建议学时	12	
班级		学号		姓名		日期	____年____月____日

2）增压阀。

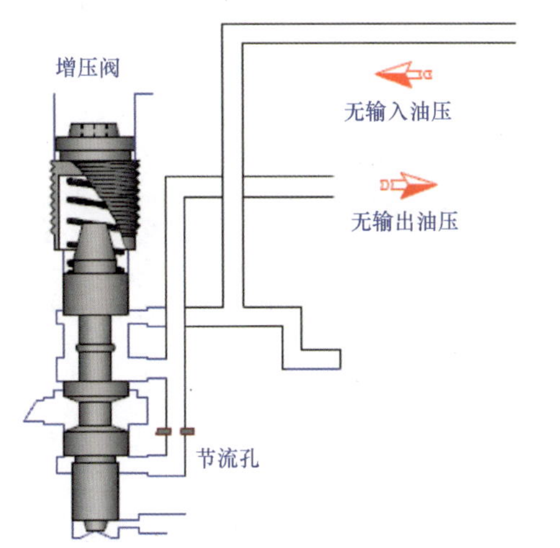

发动机未起动状态（液压泵不运转）

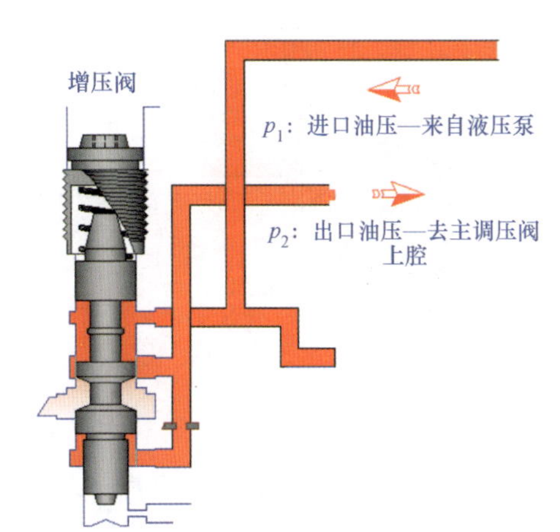

发动机起动状态（液压泵运转）

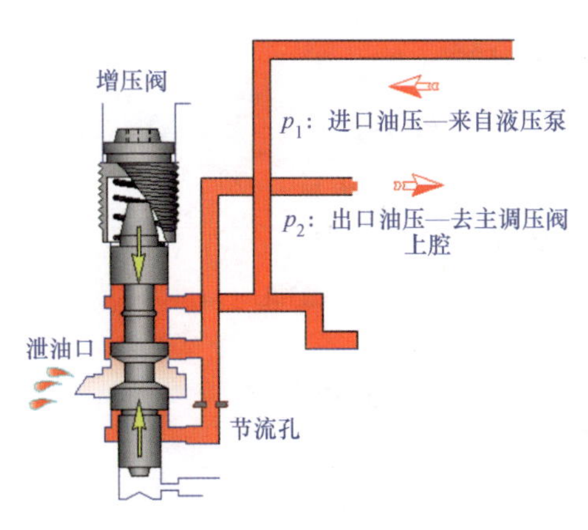

选择：

① 当 p_1 油压不变且阀芯向下移动时，p_2 油压将（　　）。

A. 升高

B. 降低

C. 不变

② 当 p_1 油压不变且阀芯向上移动时，p_2 油压将（　　）。

A. 升高

B. 降低

C. 不变

6

<table>
<tr><td rowspan="3"></td><td colspan="8">汽车自动变速器一体化实训教程</td></tr>
<tr><td>学习任务</td><td colspan="4">液压控制系统认知与检查</td><td>建议学时</td><td colspan="2">12</td></tr>
<tr><td>班级</td><td></td><td>学号</td><td></td><td>姓名</td><td></td><td>日期</td><td>____年____月____日</td></tr>
</table>

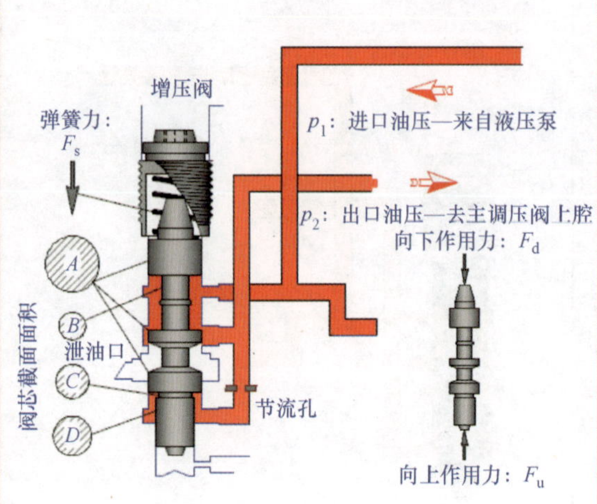

选择阀芯受到的作用力：

① 阀芯受到的向下作用力 F_d 为（　　）。

A. F_s

B. $F_s + p_1 A$

C. $F_s + p_1(A - B)$

D. $F_s + p_2(D - C)$

② 阀芯受到的向上作用力 F_u 为（　　）。

A. $p_1 A$

B. $p_1(A - B)$

C. $p_2(A - C)$

D. $p_2(A - D)$

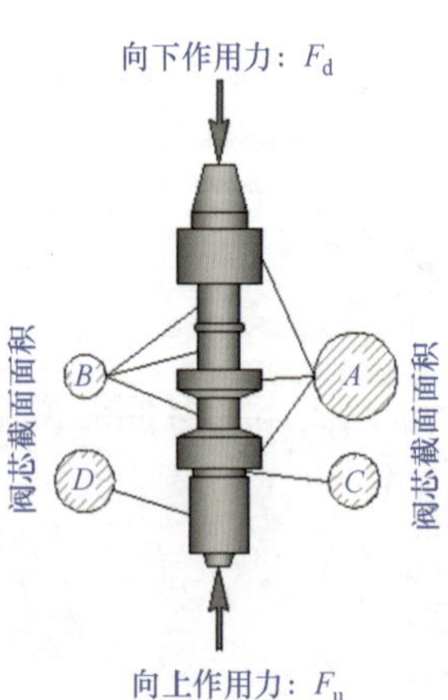

③ 阀芯受到的平衡力为（　　）。

A. $F_s = p_1(A - B)$

B. $F_s = p_1 A$

C. $F_s = p_2 D - p_1(A - B)$

D. $F_s = p_2(A - D)$

④ 对增压阀输出油压（p_2）描述正确的是（　　）。

A. p_2 与 p_1 成正比

B. p_2 与 p_1 成反比

C. p_2 与液压泵转速成正比

D. p_2 与弹簧力 F_s 成正比

亚龙 YALONG	汽车自动变速器一体化实训教程						
	学习任务	液压控制系统认知与检查			建议学时	12	
	班级		学号		姓名	日期	____年____月____日

3）主油路压力调节阀及调压电磁阀。

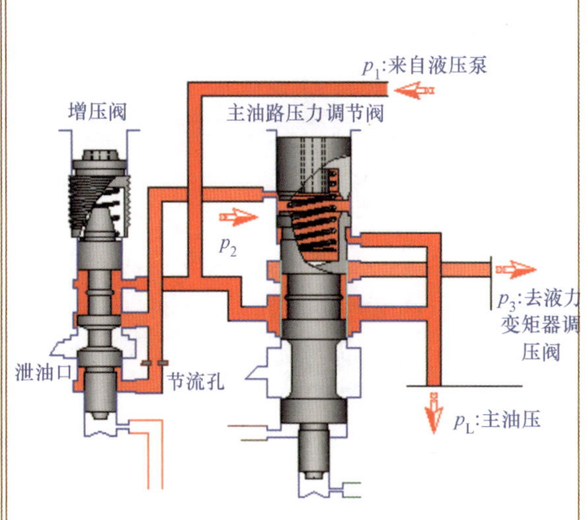

选择：

① 主调压阀阀芯向下移动时，主油压 p_L 将（　　）。

A. 升高
B. 降低
C. 不变

② 主调压阀阀芯向上移动时，主油压 p_L 将（　　）。

A. 升高
B. 降低
C. 不变

③ 主调压阀阀芯向上移动时，去液力变矩器调压阀的油压 p_3 将（　　）。

A. 升高
B. 降低
C. 不变

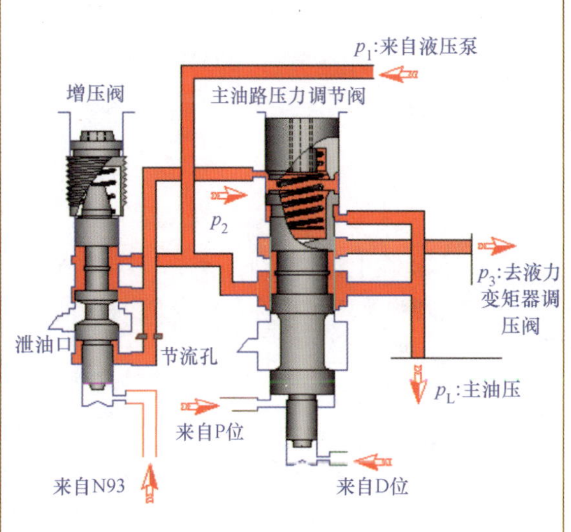

选择：

① 当来自 D 位的油压建立时，主油压 p_L 将（　　）。

A. 升高
B. 降低
C. 不变

② 当来自 P 位的油压建立时，主油压 p_L 将（　　）。

A. 升高
B. 降低
C. 不变

汽车自动变速器一体化实训教程						
学习任务	液压控制系统认知与检查				建议学时	12
班级		学号		姓名		日期 ____年____月____日

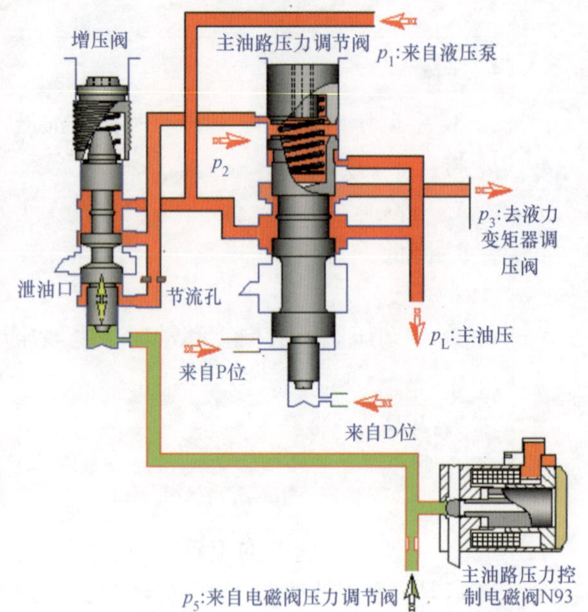

选择：

① 当来自电磁阀压力调节阀建立油压（p_5），且主油路压力控制电磁阀N93通电时，主油压p_L将（　　）。

A. 升高

B. 降低

C. 不受影响

② 当主油路压力控制电磁阀N93失效（断电）时，主油压p_L将（　　）。

A. 升高为最高油压

B. 降低为最低油压

C. 不受影响

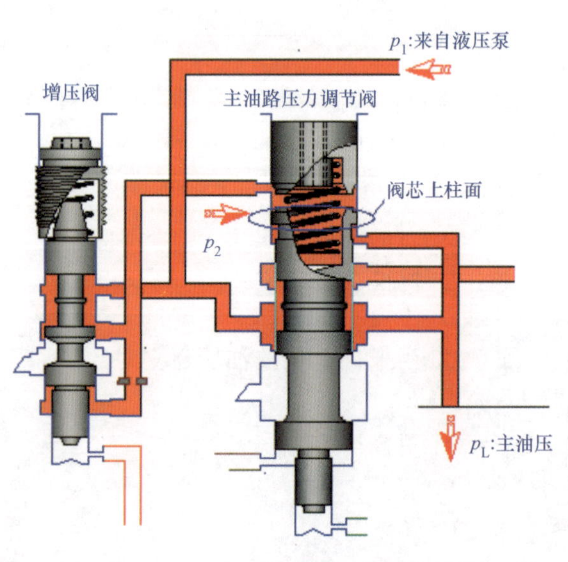

选择：

① 当主调压阀阀芯上柱面所对应的阀体面磨损时（孔径变大），主油压p_L将（　　）。

A. 升高

B. 降低

C. 不受影响

② 在上述情况下，（　　）调节增压阀弹簧座可以在一定范围内修正主调压阀油压。

A. 向上

B. 向下

注意：厂家不允许调节此弹簧。

6

汽车自动变速器一体化实训教程							
学习任务	液压控制系统认知与检查				建议学时	12	
班级		学号		姓名		日期	____年____月____日

4）变矩器调压阀。

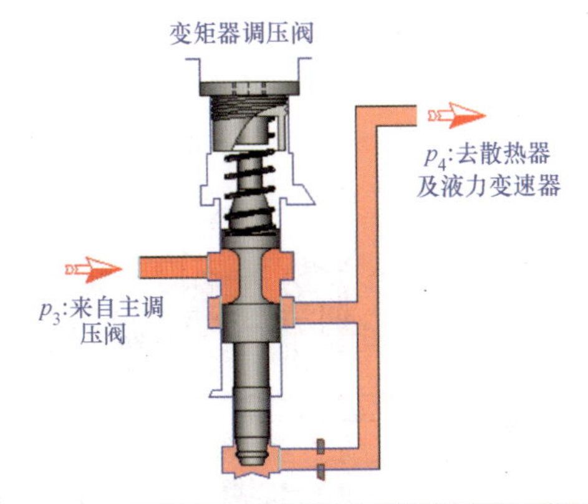

选择：

当来自主调压阀的油压 p_3 增加时，去液力变矩器及润滑油压 p_4 将（　　）。

A. 增加并与 p_3 成正比

B. 增加并与弹簧力成正比

C. 降低

D. 保持恒定

5）电磁阀供油压力调节阀。

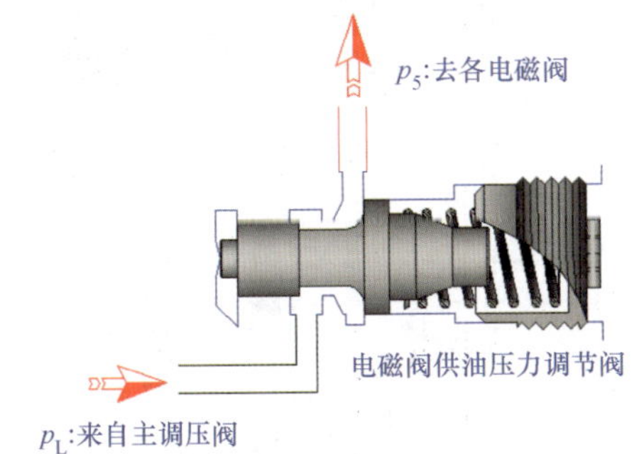

无主油压状态

当主油压 $p_L=0$ 时，阀芯在弹簧力的作用下保持在左位，调压阀进油口和出油口（　　）。

A. 导通

B. 关闭

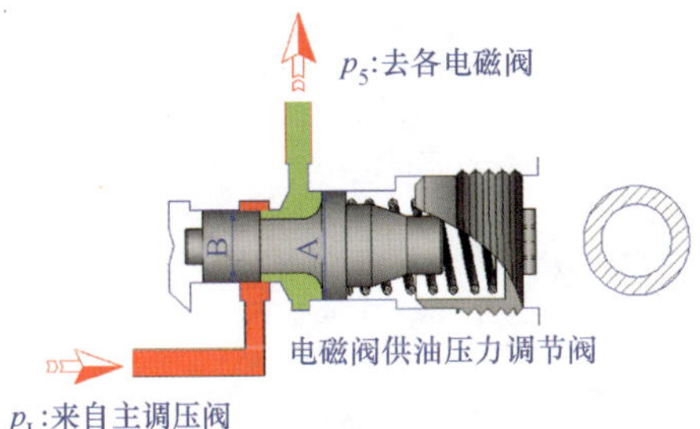

主油压建立后状态

当主油压建立起油压时，阀芯受到的平衡力为：$F_s=p_5(A-B)$。

电磁阀供油压力 $p_5=F_s/(A-B)$。

即电磁阀供油压力 p_5 与弹簧力 F_s 及固定的阀芯工作腔柱塞截面面积差有关。

试比较 $p_1/p_2/p_L/p_3/p_4/p_5$ 的油压大小关系。

6

汽车自动变速器一体化实训教程						
学习任务	液压控制系统认知与检查			建议学时	12	
班级		学号		姓名		日期 ____年____月____日

6.2 任务实施

6.2.1 D 档油路分析

(1) D 位 1 档（D1）油路分析

分析油路，按给定符号完成 D 位 1 档执行元件与电磁阀作用表的分析与标注。

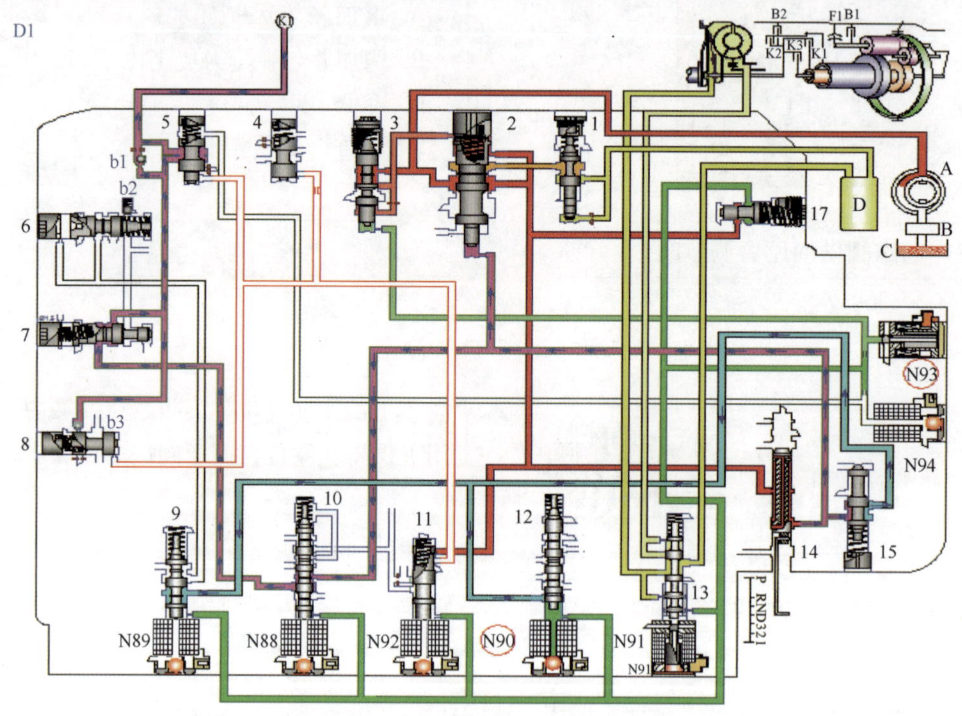

大众 01N 自动变速器 D1 档油路分析图

1—变矩器调压阀　2—主调压阀　3—增压阀　4—K2 缓冲阀　5—K1 缓冲阀　6—B2 供油/泄油控制阀　7—K1 供油/泄油控制阀　8—B2 缓冲阀　9—B2 控制换档阀　10—K1/B1 换档阀　11—B1 供油阀（缓冲控制阀）　12—K3 控制换档阀　13—锁止离合器控制阀　14—手动阀　15—B2/K3 截至阀　17—电磁阀供油压力调节阀

A—油泵　B—机滤器　C—油底壳　D—散热器　b1—单向节流阀　b2—泄油阀　b3—单向阀

N88、N89、N90、N92、N94—开关型电磁阀　N91、N94—调节型电磁阀

档位	轮系执行元件工作状况						电磁阀工作状况						
	K1	K2	K3	B2	B1	F1	N88	N89	N90	N91	N92	N93	N94
D1													

注：○：执行元件结合；↑：执行元件供油；↓：执行元件泄油；+：开关型电磁阀通电；⊙：电磁阀先通电后断电；◇：调节型电磁阀通电。

汽车自动变速器一体化实训教程						
学习任务	液压控制系统认知与检查			建议学时	12	
班级		学号		姓名	日期	____年____月____日

（2）N 位挂入 D1 位瞬间油路分析

分析油路，按给定符号完成 N 位挂入 D1 位时执行元件与电磁阀作用表的分析与标注。

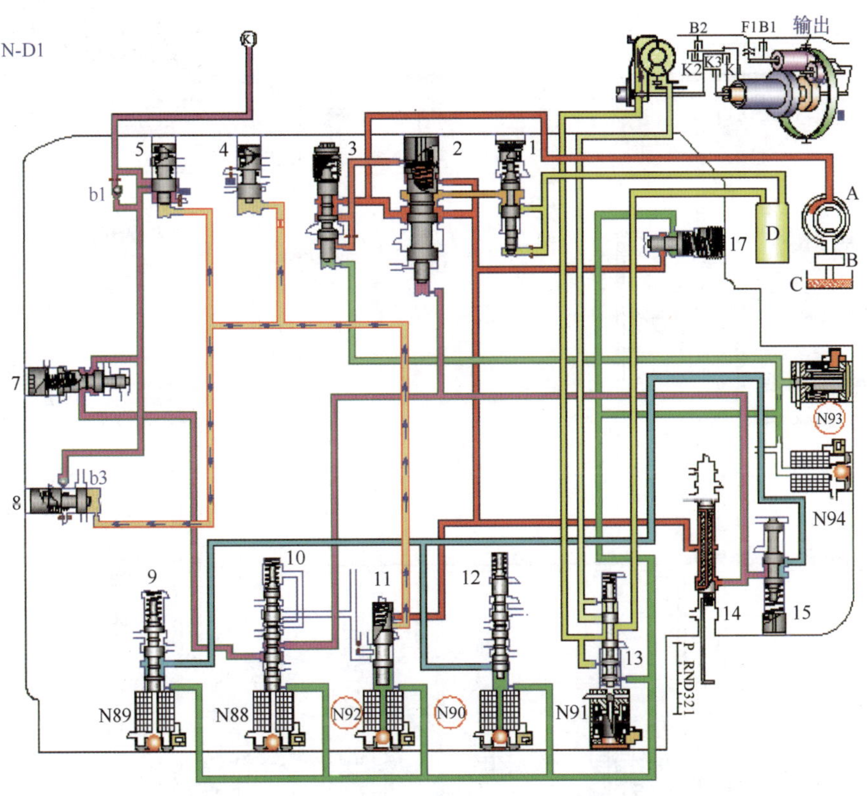

大众 01N 自动变速器 N 位挂入 D 位油路分析图

档位	轮系执行元件工作状况						电磁阀工作状况						
	K1	K2	K3	B2	B1	F1	N88	N89	N90	N91	N92	N93	N94
N-D1													

注：○：执行元件结合；↑：执行元件供油；↓：执行元件泄油；+：开关型电磁阀通电；⊙：电磁阀先通电后断电；◇：调节型电磁阀通电。

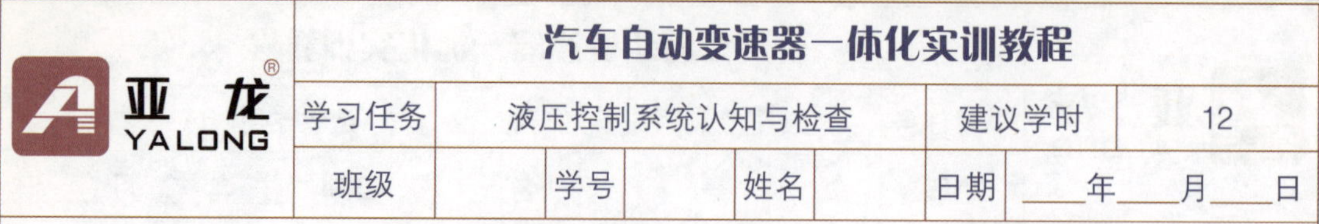
亚龙 YALONG

汽车自动变速器一体化实训教程

学习任务	液压控制系统认知与检查	建议学时	12
班级	学号	姓名	日期____年____月____日

（3）D1 档升入 D2 档瞬间油路分析

分析油路，按给定符号完成 D1 档升入 D2 档瞬间执行元件与电磁阀作用表的分析与标注。

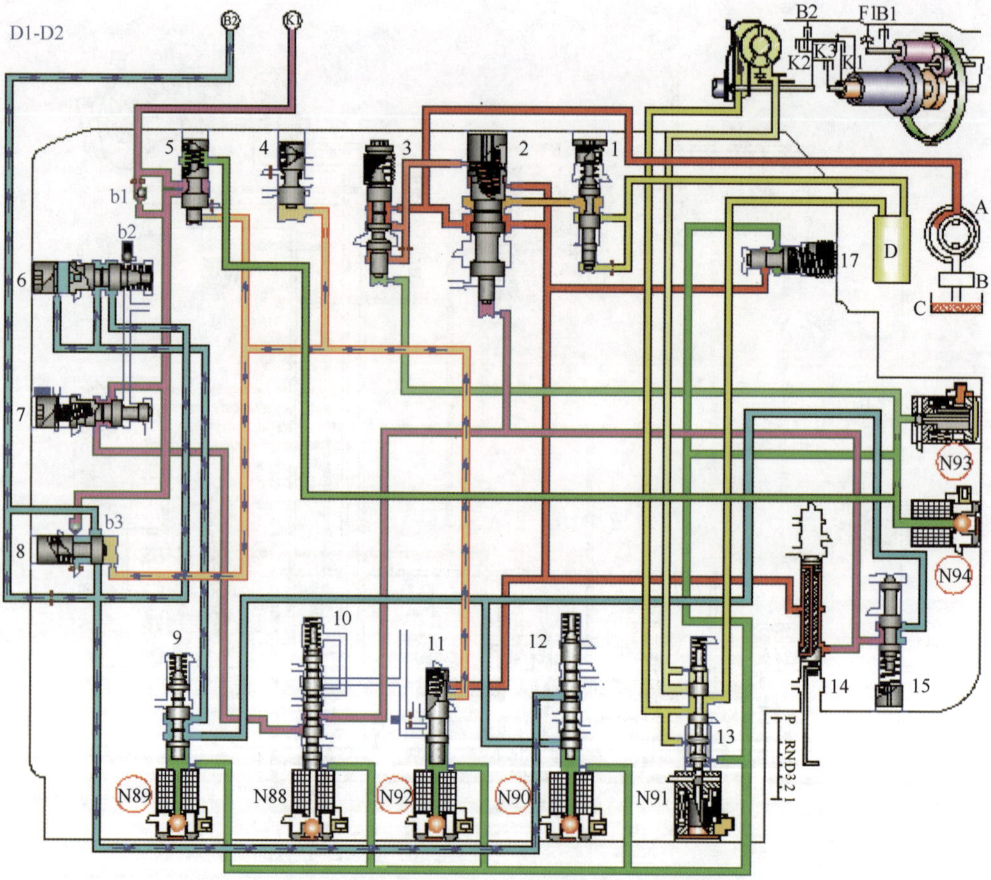

大众 01N 自动变速器 D1 档升入 D2 档瞬间油路分析图

档位	轮系执行元件工作状况						电磁阀工作状况						
	K1	K2	K3	B2	B1	F1	N88	N89	N90	N91	N92	N93	N94
D1-D2													

注：○：执行元件结合；↑：执行元件供油；↓：执行元件泄油；+：开关型电磁阀通电；⊙：电磁阀先通电后断电；◇：调节型电磁阀通电。

	汽车自动变速器一体化实训教程						
学习任务	液压控制系统认知与检查				建议学时		12
班级		学号		姓名		日期	____年____月____日

（4）D 位 2 档（D2）油路分析

分析油路，按给定符号完成 D 位 2 档执行元件与电磁阀作用表的分析与标注。

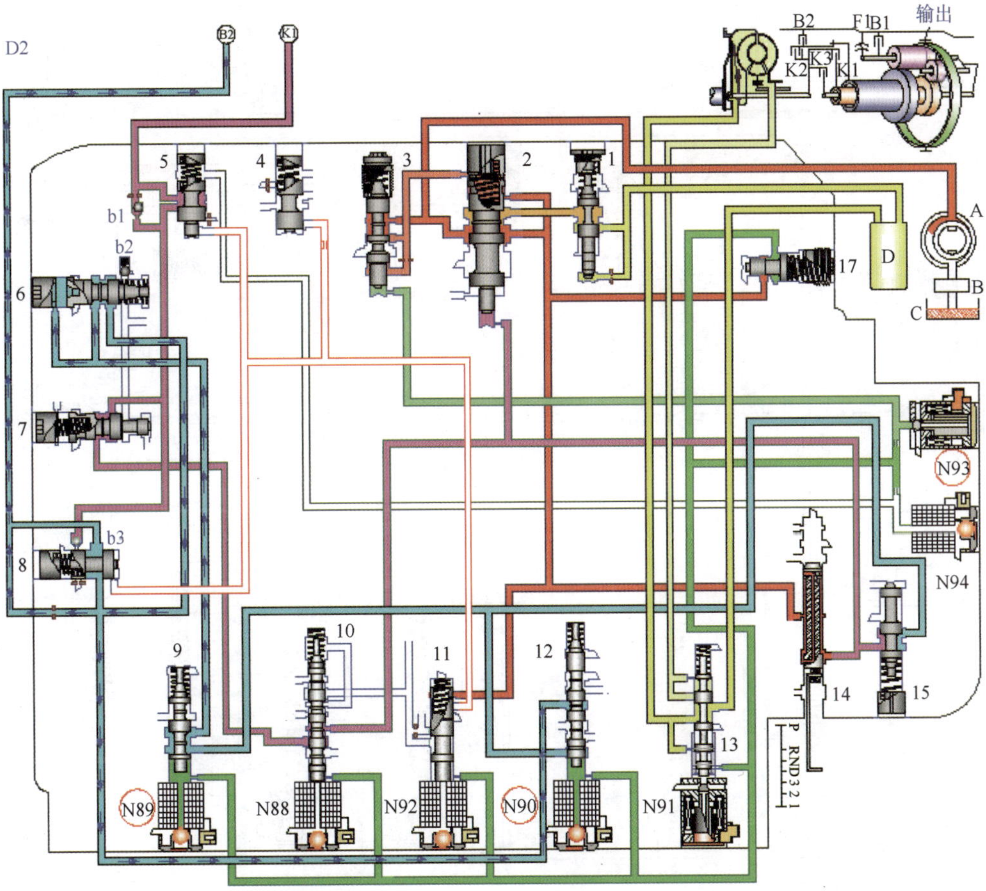

大众 01N 自动变速器 D2 档油路分析图

档位	轮系执行元件工作状况						电磁阀工作状况						
	K1	K2	K3	B2	B1	F1	N88	N89	N90	N91	N92	N93	N94
D2													

注：○：执行元件结合；↑：执行元件供油；↓：执行元件泄油；+：开关型电磁阀通电；⊙：电磁阀先通电后断电；◇：调节型电磁阀通电。

汽车自动变速器一体化实训教程							
学习任务	液压控制系统认知与检查				建议学时	12	
班级		学号		姓名		日期	____年____月____日

（5）D2 档升入 D3 档瞬间油路分析

分析油路，按给定符号完成执 D2 档升入 D3 档瞬间行元件与电磁阀作用表的分析与标注。

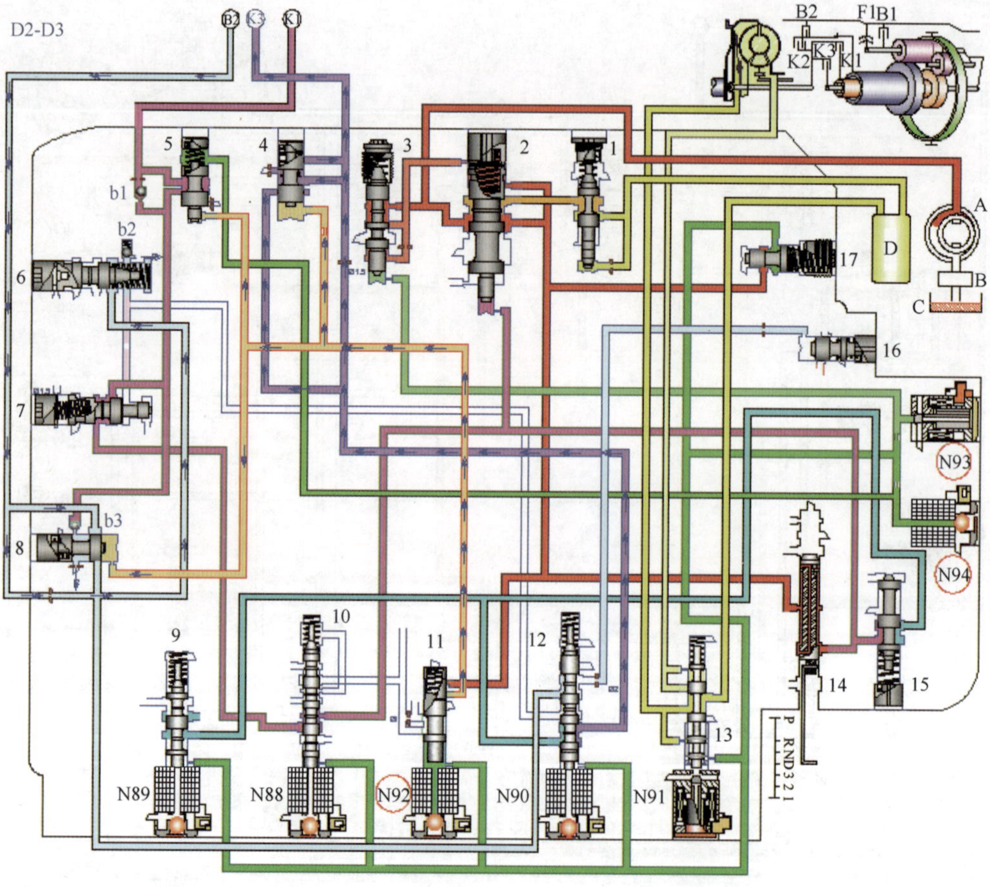

大众 01N 自动变速器 D2 档升入 D3 档瞬间油路分析图

16—手控 1 档锁止阀

档位	轮系执行元件工作状况						电磁阀工作状况						
	K1	K2	K3	B2	B1	F1	N88	N89	N90	N91	N92	N93	N94
D2-D3													

注：○：执行元件结合；↑：执行元件供油；↓：执行元件泄油；+：开关型电磁阀通电；⊙：电磁阀先通电后断电；◇：调节型电磁阀通电。

汽车自动变速器一体化实训教程							
学习任务	液压控制系统认知与检查					建议学时	12
班级		学号		姓名		日期	____年____月____日

（6）D位3档（D3）油路分析

分析油路，按给定符号完成D位3档执行元件与电磁阀作用表的分析与标注。

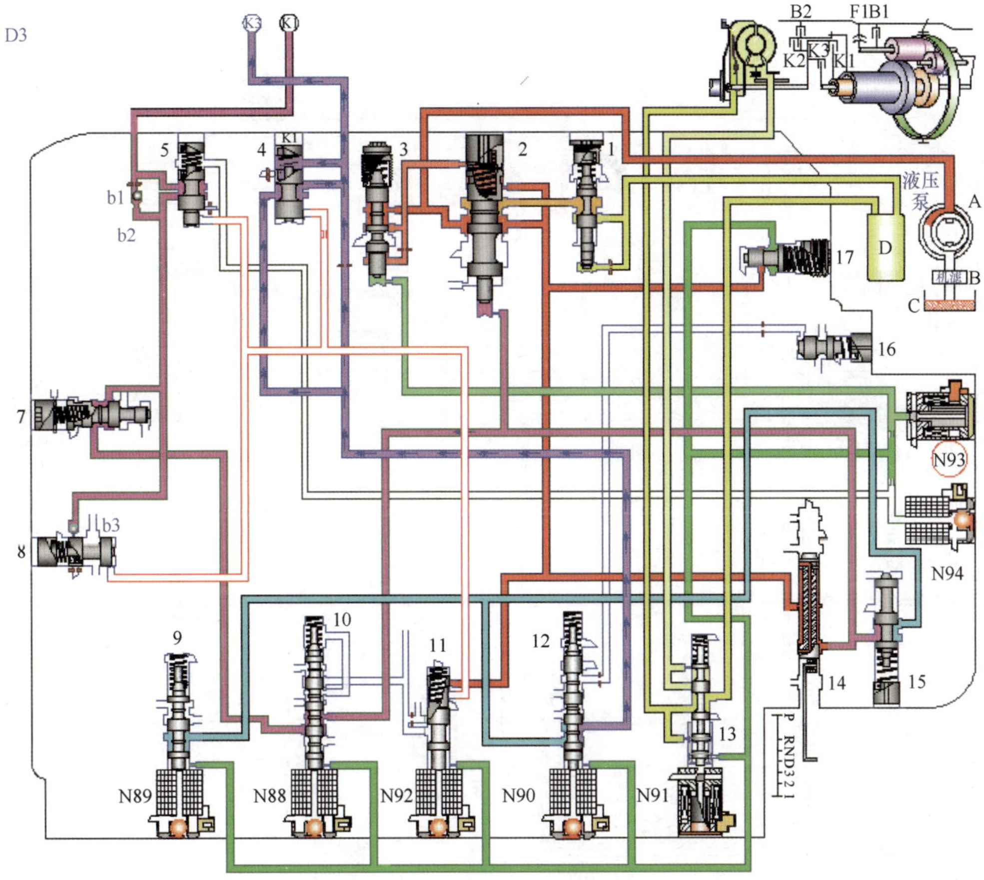

大众01N自动变速器D3档油路分析图

档位	轮系执行元件工作状况						电磁阀工作状况						
	K1	K2	K3	B2	B1	F1	N88	N89	N90	N91	N92	N93	N94
D3													

注：○：执行元件结合；↑：执行元件供油；↓：执行元件泄油；+：开关型电磁阀通电；⊙：电磁阀先通电后断电；◇：调节型电磁阀通电。

汽车自动变速器一体化实训教程						
学习任务	液压控制系统认知与检查				建议学时	12
班级		学号		姓名	日期	____年____月____日

（7）D3 档升入 D4 档瞬间油路分析

分析油路，按给定符号完成 D3 档升入 D4 档瞬间执行元件与电源阀作用表的分析与标注。

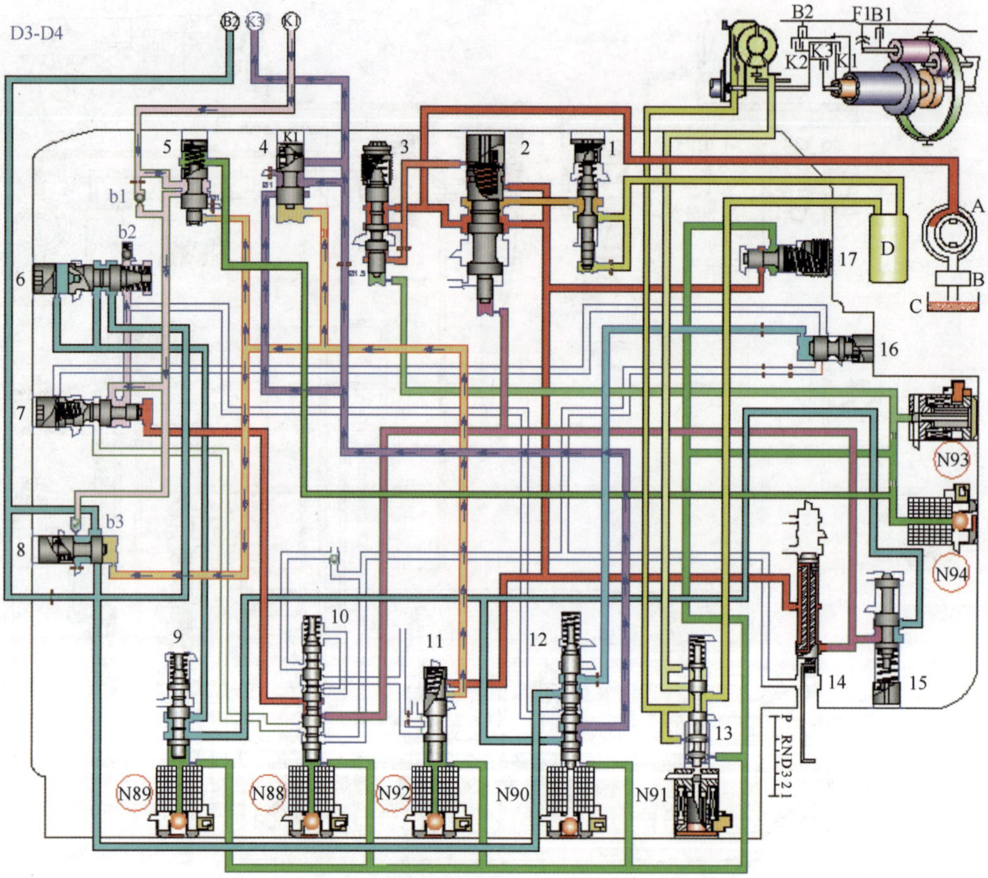

大众 01N 自动变速器 D3 档升入 D4 档瞬间油路分析图

档位	轮系执行元件工作状况						电磁阀工作状况						
	K1	K2	K3	B2	B1	F1	N88	N89	N90	N91	N92	N93	N94
D3-D4													

注：○：执行元件结合；↑：执行元件供油；↓：执行元件泄油；+：开关型电磁阀通电；⊙：电磁阀先通电后断电；◇：调节型电磁阀通电。

亚龙 YALONG	汽车自动变速器一体化实训教程						
	学习任务	液压控制系统认知与检查			建议学时	12	
	班级		学号		姓名	日期	____年____月____日

(8) D位4档（D4）油路分析

分析油路，按给定符号完成D位4档（OD档）执行元析与电磁阀作用表的分析与标注。

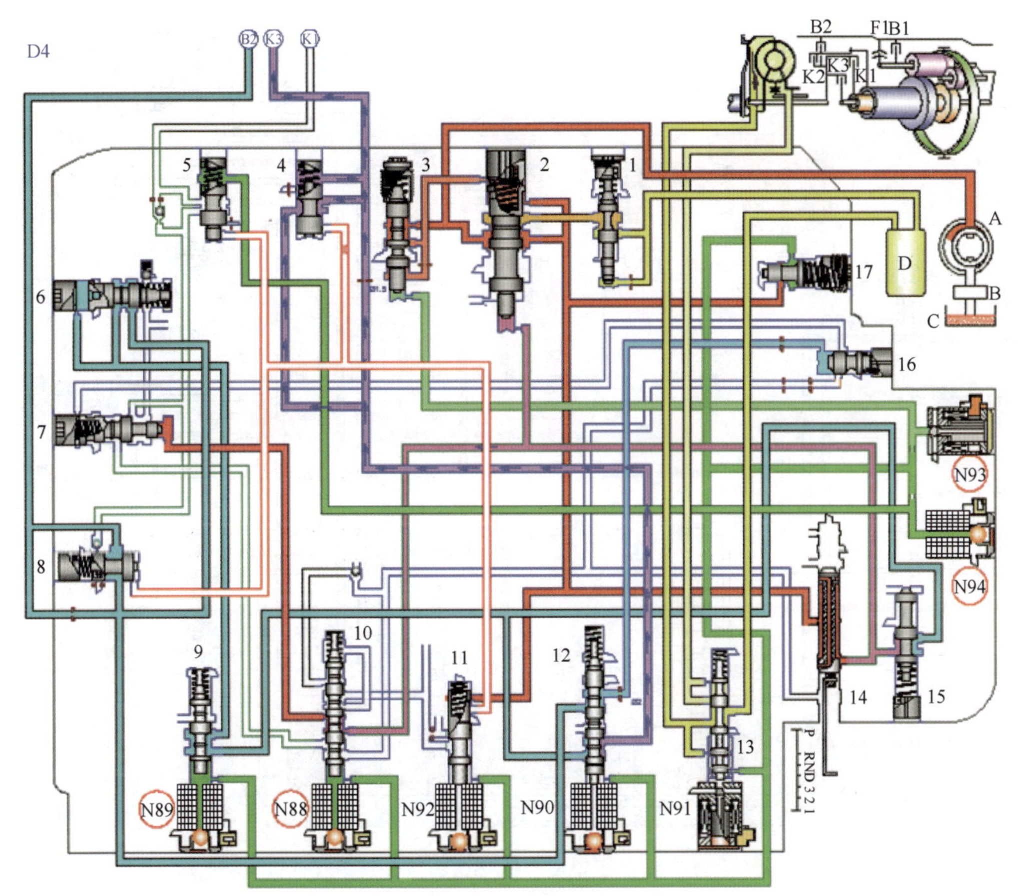

大众01N自动变速器D4档油路分析图

档位	轮系执行元件工作状况						电磁阀工作状况						
	K1	K2	K3	B2	B1	F1	N88	N89	N90	N91	N92	N93	N94
D4													

注：○：执行元件结合；↑：执行元件供油；↓：执行元件泄油；+：开关型电磁阀通电；⊙：电磁阀先通电后断电；◇：调节型电磁阀通电。

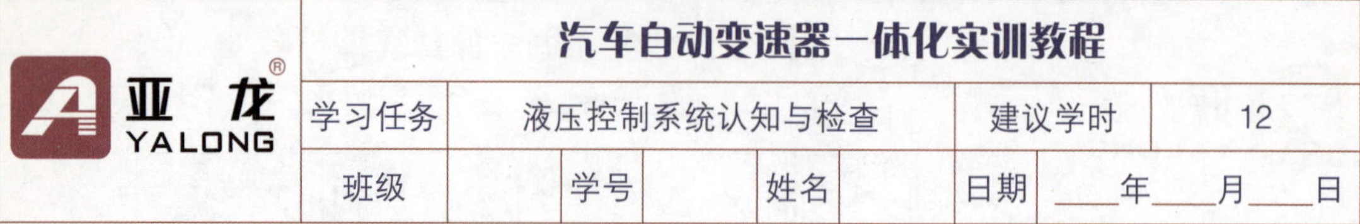

亚龙 YALONG	汽车自动变速器一体化实训教程							
	学习任务	液压控制系统认知与检查				建议学时	12	
	班级		学号		姓名		日期	____年____月____日

6.2.2 闭锁离合器锁止油路分析

分析油路，按给定符号标注完成液力变矩器闭锁离合器在 D 位 4 档锁止时执行元件与电磁阀作用表的分析与标注。

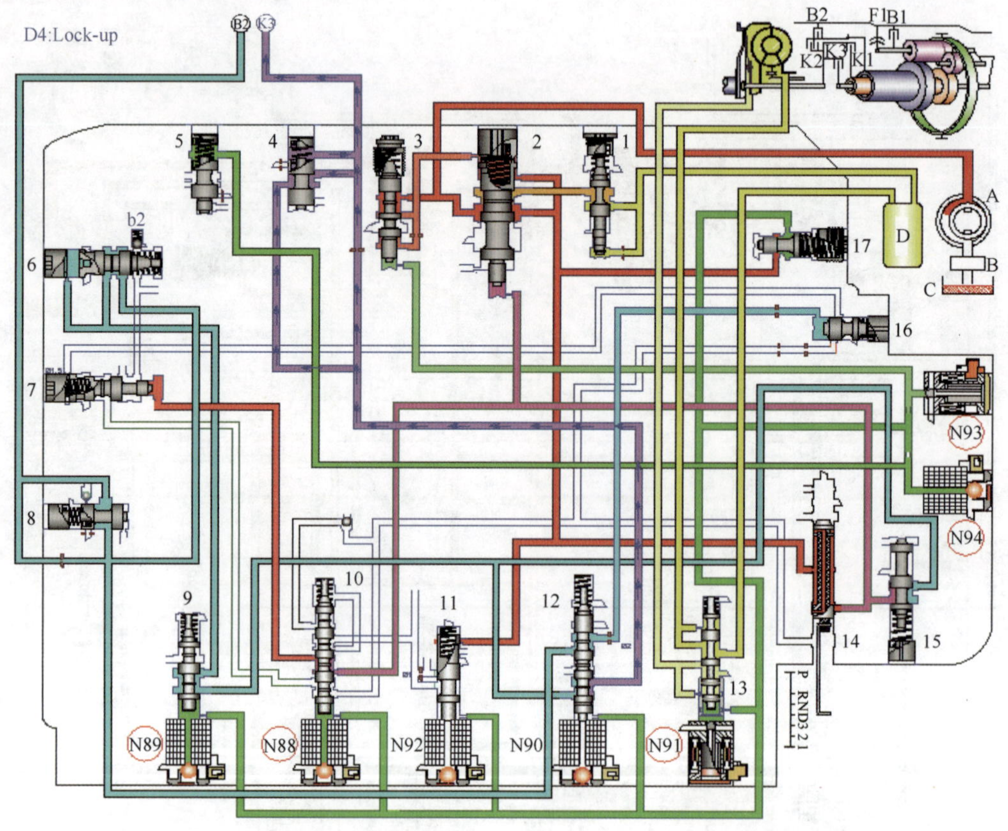

大众 01N 自动变速器闭锁离合器锁止油路分析图（D 位 4 档）

档位	轮系执行元件工作状况						电磁阀工作状况						
	K1	K2	K3	B2	B1	F1	N88	N89	N90	N91	N92	N93	N94
D4													

注：○：执行元件结合；↑：执行元件供油；↓：执行元件泄油；+：开关型电磁阀通电；⊙：电磁阀先通电后断电；◇：调节型电磁阀通电。

亚龙 YALONG	汽车自动变速器一体化实训教程						
	学习任务	液压控制系统认知与检查			建议学时	12	
	班级		学号		姓名	日期	____年____月____日

6.2.3 R 档油路分析

分析油路，按给定符号完 R 档成执行元件与电磁阀作用表的分析与标注。

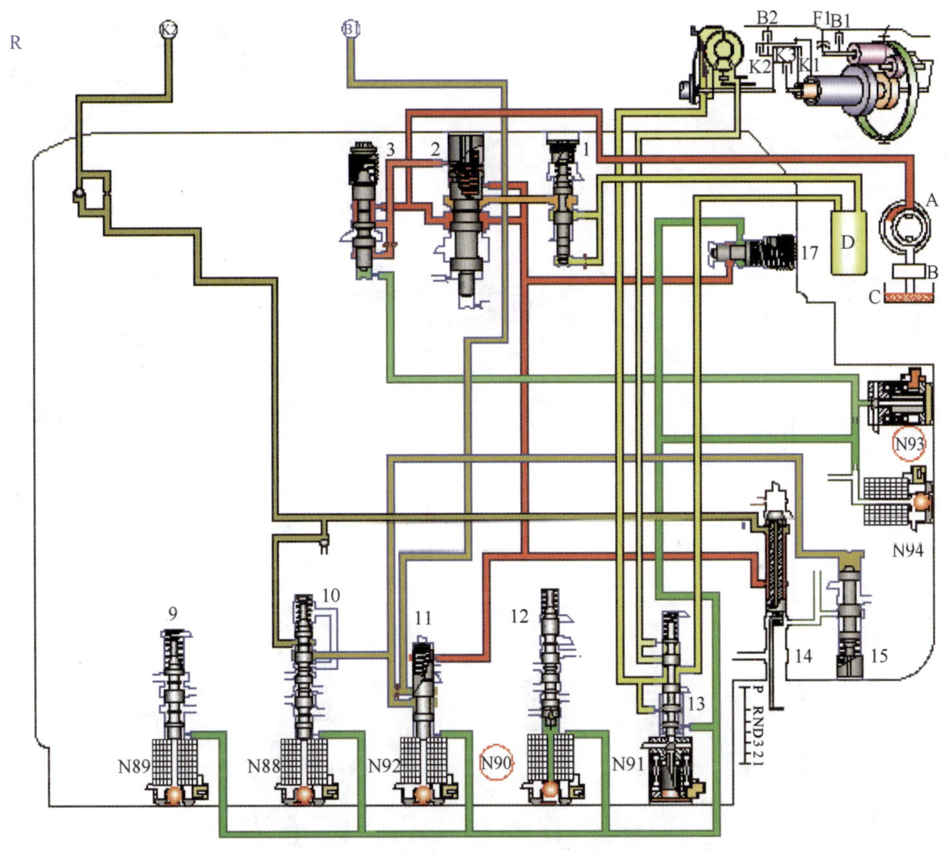

大众 01N 自动变速器 R 档油路分析图

档位	轮系执行元件工作状况						电磁阀工作状况						
	K1	K2	K3	B2	B1	F1	N88	N89	N90	N91	N92	N93	N94
R													

注：○：执行元件结合；↑：执行元件供油；↓：执行元件泄油；+：开关型电磁阀通电；⊙：电磁阀先通电后断电；◇：调节型电磁阀通电。

亚龙 YALONG	汽车自动变速器一体化实训教程						
	学习任务	液压控制系统认知与检查			建议学时	12	
	班级		学号		姓名		日期 ____年____月____日

6.2.4 P 位油路分析

分析油路，按给定符号完成 P 位执行元件与电磁阀作用表的分析与标注。

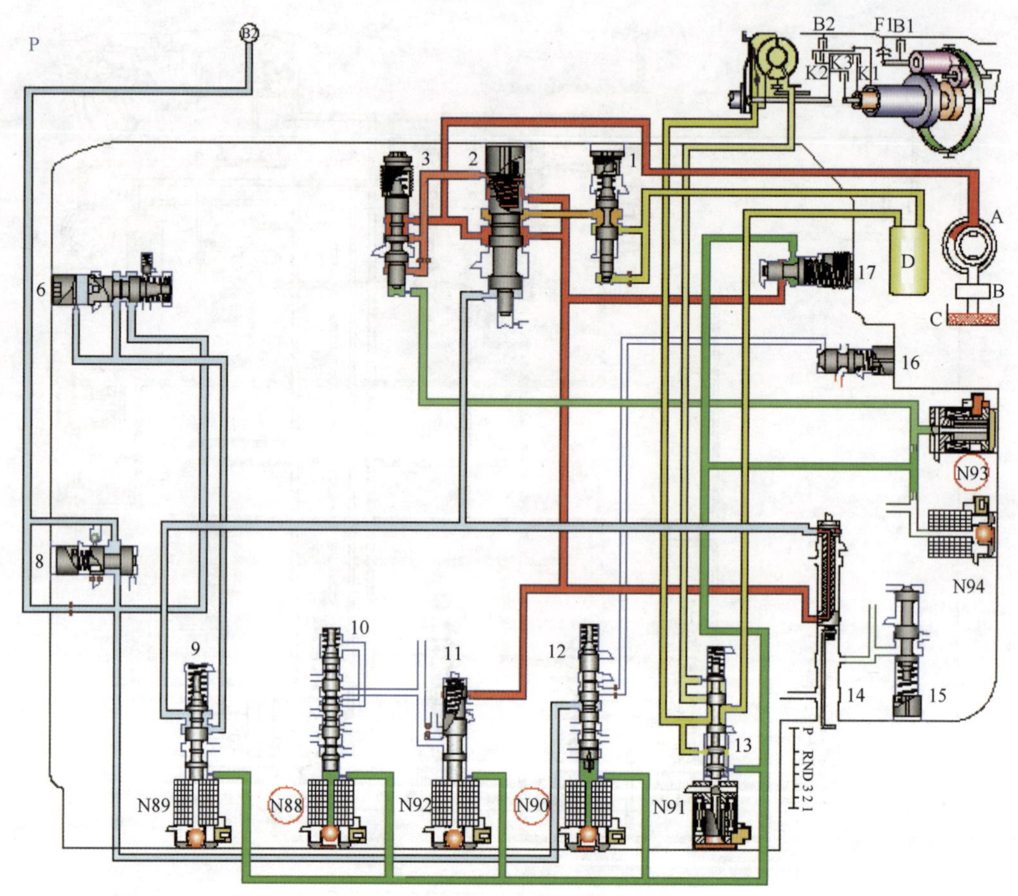

大众 01N 自动变速器 P 位油路分析图

档位	轮系执行元件工作状况						电磁阀工作状况						
	K1	K2	K3	B2	B1	F1	N88	N89	N90	N91	N92	N93	N94
P													

注：○：执行元件结合；↑：执行元件供油；↓：执行元件泄油；+：开关型电磁阀通电；⊙：电磁阀先通电后断电；◇：调节型电磁阀通电。

汽车自动变速器一体化实训教程							
学习任务	液压控制系统认知与检查			建议学时	12		
班级		学号		姓名		日期	____年____月____日

6.2.5　手控3档油路分析

(1) 3位3档(3-3)油路分析

分析油路，按给定符号完成3位3档执行元件与电磁阀作用表的分析与标注。

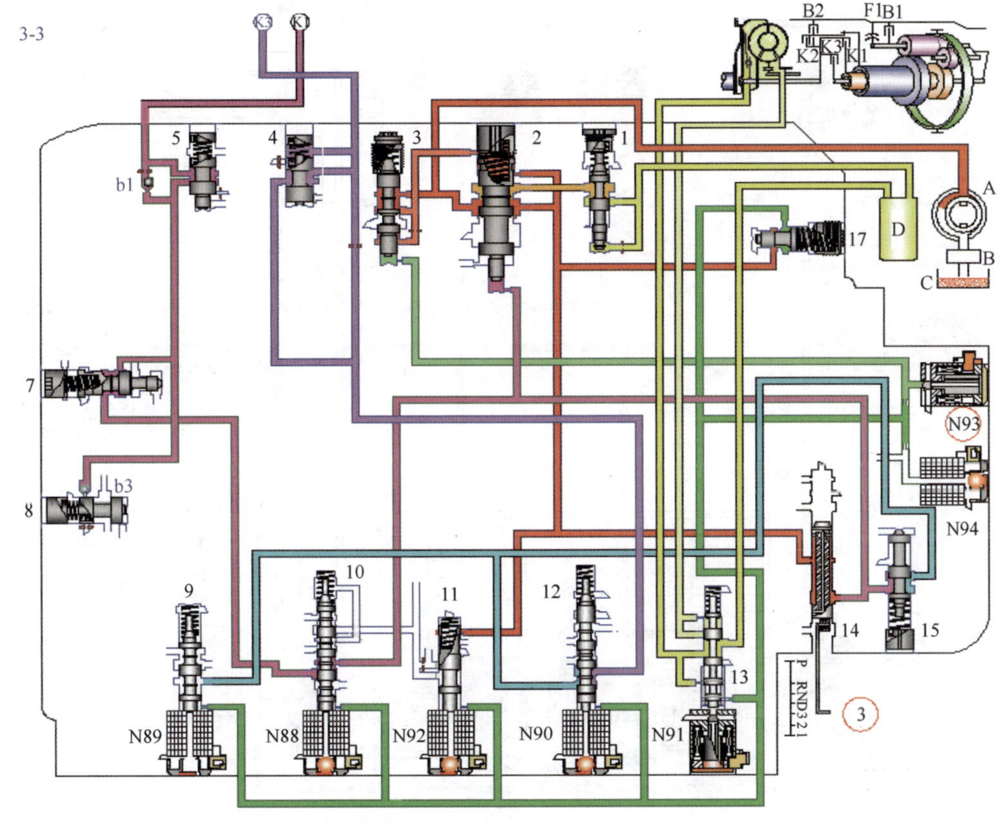

大众01N自动变速器3位3档油路分析图

档位	轮系执行元件工作状况						电磁阀工作状况						
	K1	K2	K3	B2	B1	F1	N88	N89	N90	N91	N92	N93	N94
3-3													

注：○：执行元件结合；↑：执行元件供油；↓：执行元件泄油；+：开关型电磁阀通电；⊙：电磁阀先通电后断电；◇：调节型电磁阀通电。

6

汽车自动变速器一体化实训教程						
学习任务	液压控制系统认知与检查				建议学时	12
班级		学号		姓名	日期	____年____月____日

(2) 3 位 2 档（3-2）油路分析

分析油路，按给定符号完成 3 位 2 档执行元件与电磁阀作用表的分析与标注。

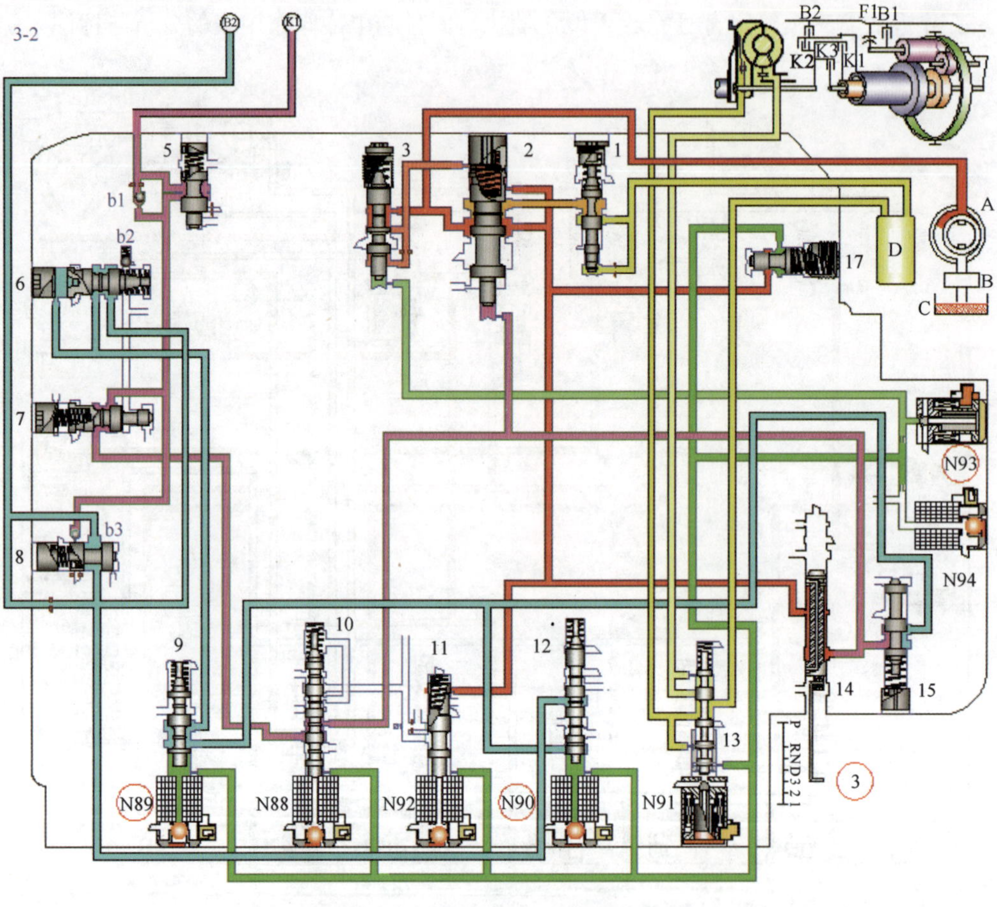

大众 01N 自动变速器 3 位 2 档油路分析图

档位	轮系执行元件工作状况						电磁阀工作状况						
	K1	K2	K3	B2	B1	F1	N88	N89	N90	N91	N92	N93	N94
3-2													

注：○：执行元件结合；↑：执行元件供油；↓：执行元件泄油；+：开关型电磁阀通电；⊙：电磁阀先通电后断电；◇：调节型电磁阀通电。

	汽车自动变速器一体化实训教程						
	学习任务	液压控制系统认知与检查				建议学时	12
	班级		学号		姓名	日期	____年____月____日

(3) 3位1档（3-1）油路分析

分析油路，按给定符号完成3位1档执行元件与电磁阀作用表的分析与标注。

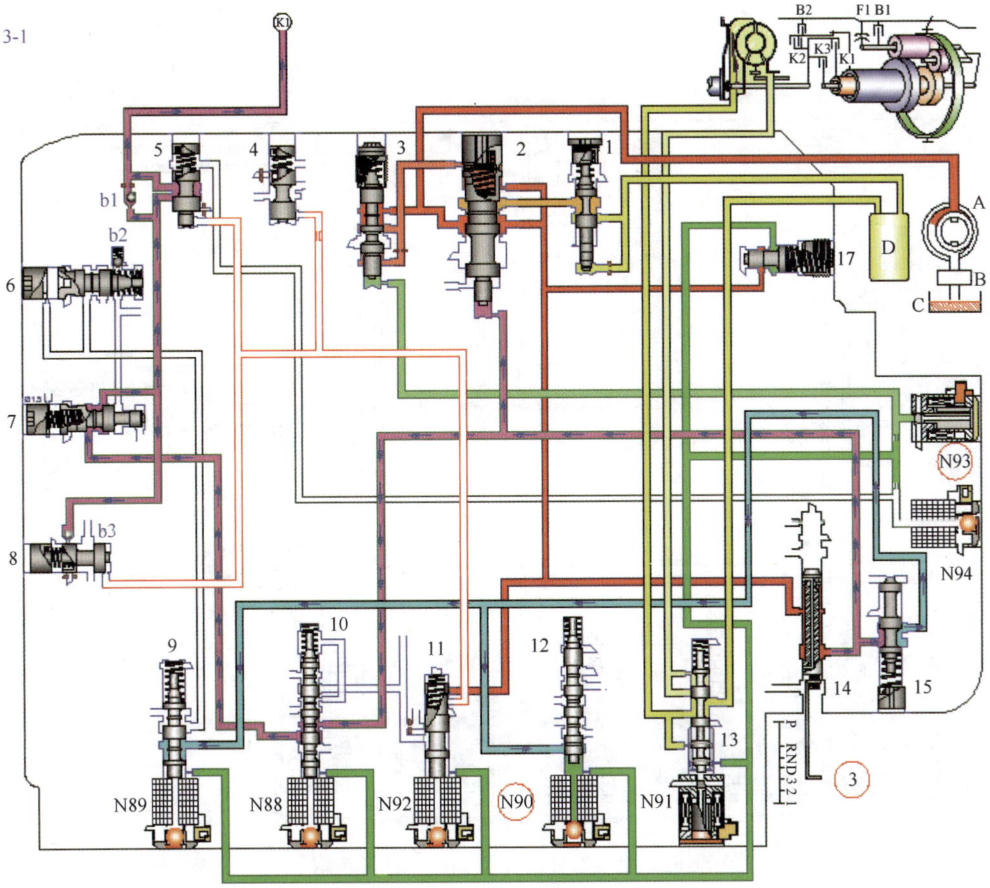

3-1

大众01N自动变速器3位1档油路分析图

档位	轮系执行元件工作状况						电磁阀工作状况						
	K1	K2	K3	B2	B1	F1	N88	N89	N90	N91	N92	N93	N94
3-1													

注：○：执行元件结合；↑：执行元件供油；↓：执行元件泄油；+：开关型电磁阀通电；⊙：电磁阀先通电后断电；◇：调节型电磁阀通电。

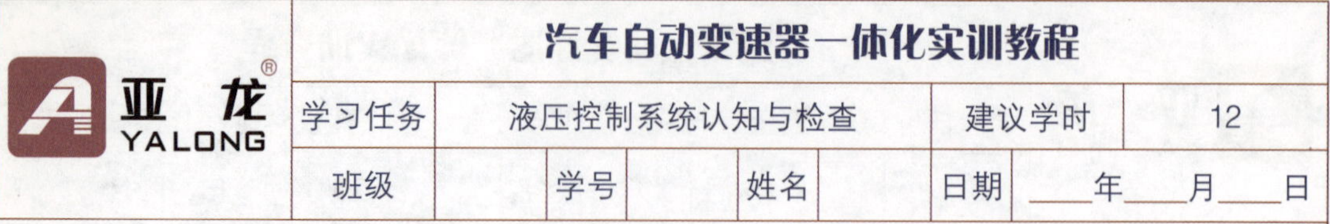

亚龙 YALONG	汽车自动变速器一体化实训教程					
	学习任务	液压控制系统认知与检查			建议学时	12
	班级		学号	姓名	日期	____年____月____日

6.2.6 手控2档油路分析

(1) 2位2档（2-2）油路分析

分析油路，按给定符号完成2位2档执行元件与电磁阀作用表的分析与标注。

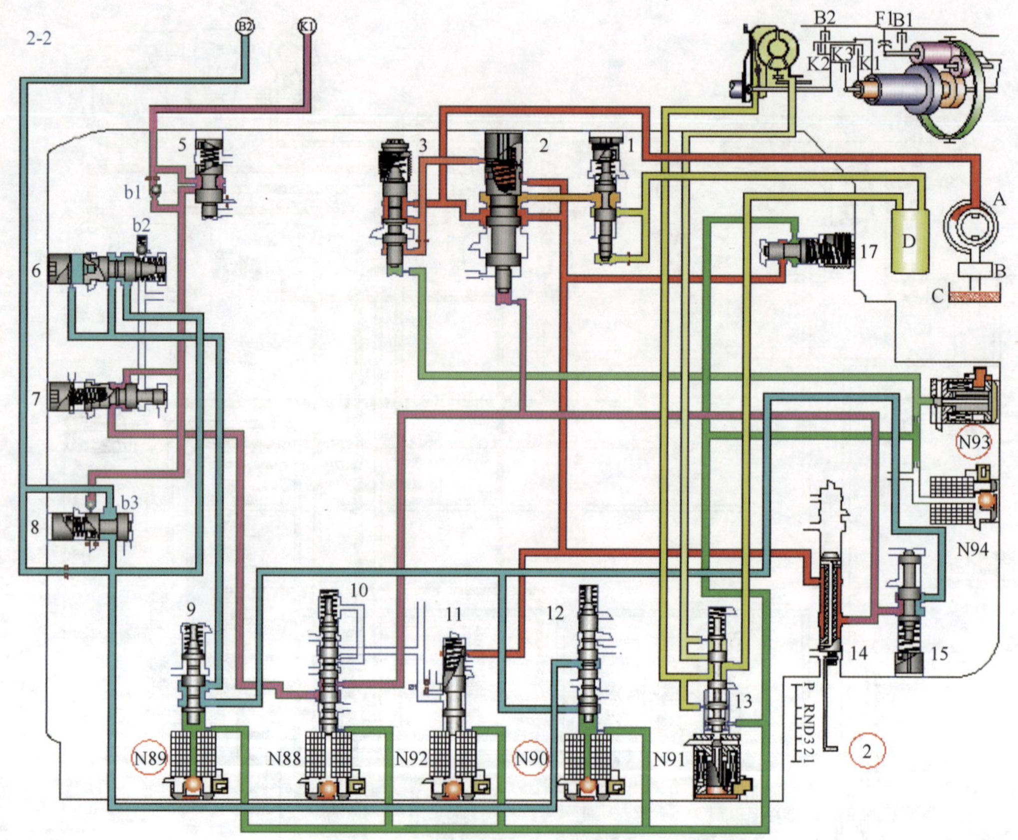

大众01N自动变速器2位2档油路分析图

档位	轮系执行元件工作状况						电磁阀工作状况						
	K1	K2	K3	B2	B1	F1	N88	N89	N90	N91	N92	N93	N94
2-2													

注：○：执行元件结合；↑：执行元件供油；↓：执行元件泄油；+：开关型电磁阀通电；⊙：电磁阀先通电后断电；◇：调节型电磁阀通电。

汽车自动变速器一体化实训教程

学习任务	液压控制系统认知与检查			建议学时	12
班级		学号	姓名	日期	____年____月____日

(2) 2 位 1 档（2-1）油路分析

分析油路，按给定符号完成 2 位 1 档执行元件与电磁阀作用表的分析与标注。

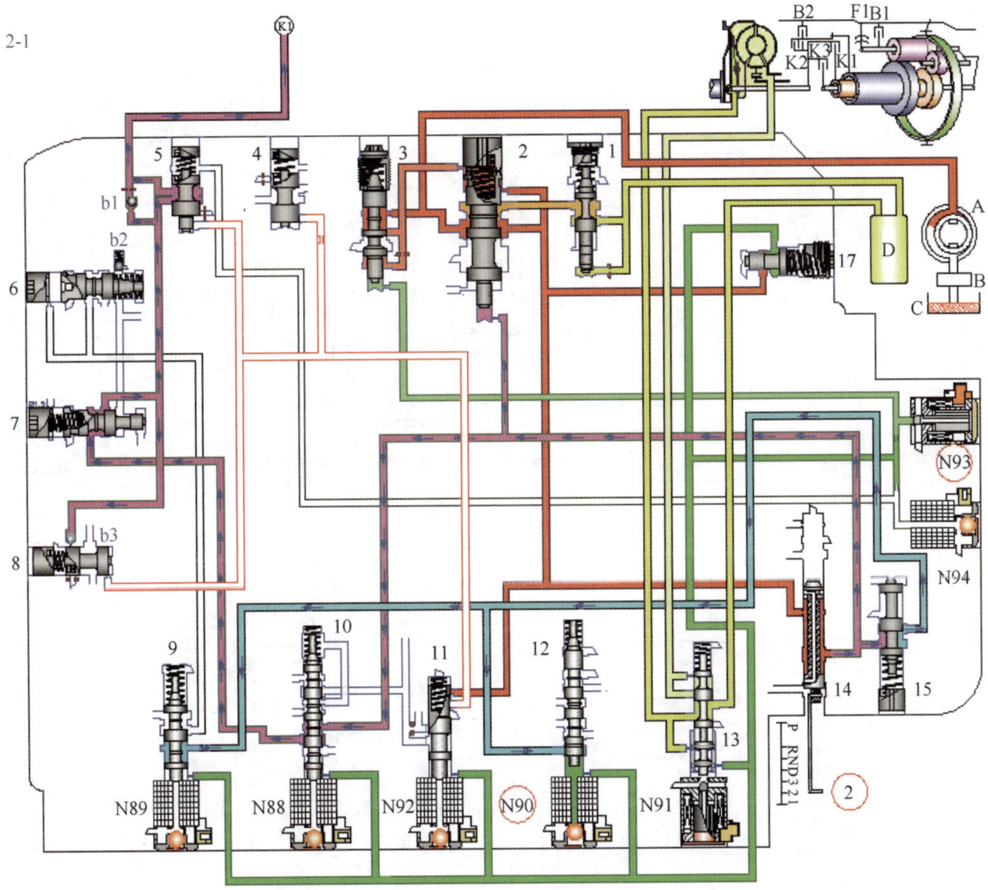

大众 01N 自动变速器 2 位 1 档油路分析图

档位	轮系执行元件工作状况						电磁阀工作状况						
	K1	K2	K3	B2	B1	F1	N88	N89	N90	N91	N92	N93	N94
2-1													

注：○：执行元件结合；↑：执行元件供油；↓：执行元件泄油；+：开关型电磁阀通电；⊙：电磁阀先通电后断电；◇：调节型电磁阀通电。

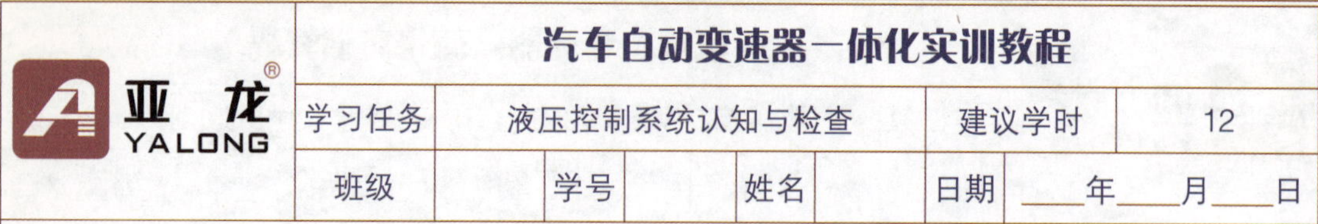

亚龙 YALONG	汽车自动变速器一体化实训教程						
	学习任务	液压控制系统认知与检查				建议学时	12
	班级		学号		姓名		日期 ____年____月____日

6.2.7 手控 1 档（1-1）油路分析

分析油路，按给定符号完成手控 1 档（1-1）执行元件与电磁阀作用表的分析与标注。

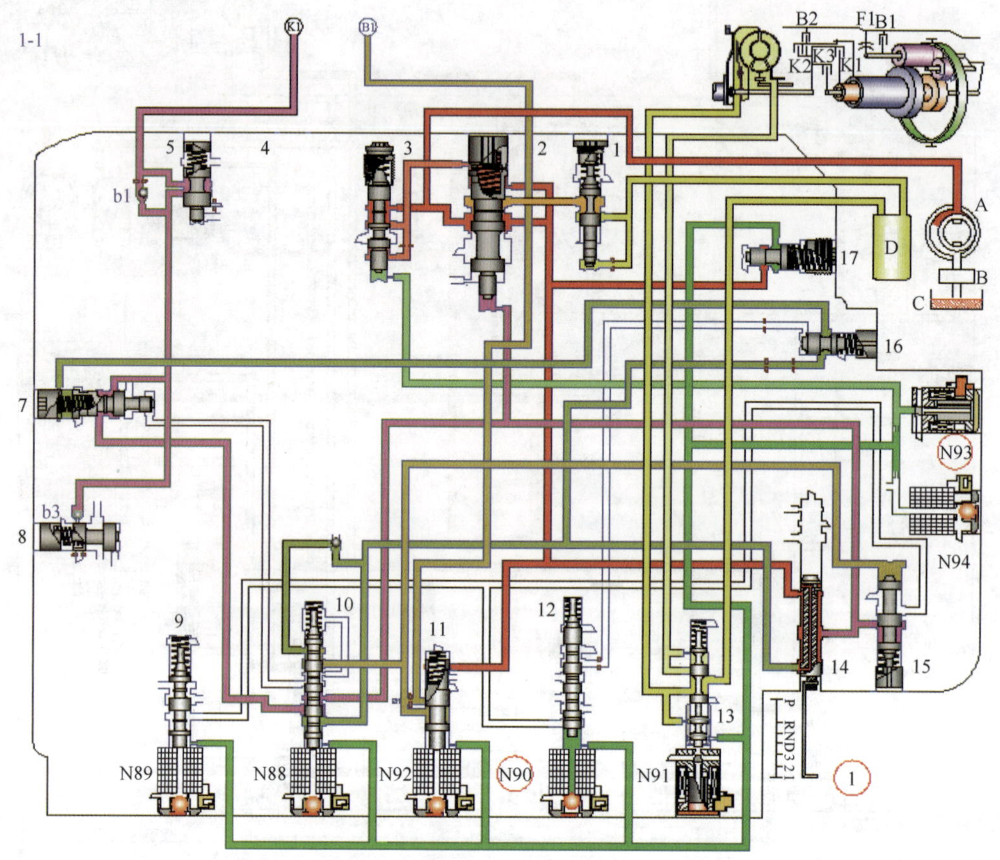

大众 01N 自动变速器手控 1 档（1-1）油路分析图

档位	轮系执行元件工作状况						电磁阀工作状况						
	K1	K2	K3	B2	B1	F1	N88	N89	N90	N91	N92	N93	N94
1-1													

注：○：执行元件结合；↑：执行元件供油；↓：执行元件泄油；+：开关型电磁阀通电；⊙：电磁阀先通电后断电；◇：调节型电磁阀通电。

6

亚龙® YALONG

汽车自动变速器一体化实训教程							
学习任务	液压控制系统认知与检查			建议学时	12		
班级		学号		姓名		日期	____年____月____日

6.2.8 换档执行元件与电磁阀工作汇总

按照油路分析结果填写下表。

档位		轮系执行元件工作状况						电磁阀工作状况						
		K1	K2	K3	B2	B1	F1	N88	N89	N90	N91	N92	N93	N94
P														
R														
N														
N-D														
D	1													
	1-2													
	2													
	2-3													
	3													
	3-4													
	4													
	Lp*													
3	3													
	2													
	1													
2	2													
	1													
1														

注：○：执行元件结合；↑：执行元件供油；↓：执行元件泄油；+：开关型电磁阀通电；⊙：电磁阀先通电后断电；◇：调节型电磁阀通电；Lp*：液力变矩器D位4档（OD档）闭锁。

6.2.9 电磁阀性质分析与阻值测量

分析电磁阀性质并测量电磁阀阻值。

电磁阀		N88	N89	N90	N91	N92	N93	N94
性质	开关式	√	√	√		√		√
	调节式				√		√	
	断电作用	√						
	通电作用							
	常开	√						
	常闭							
阻值/Ω		55~60					4.5~6.5	

6

亚龙 YALONG	汽车自动变速器一体化实训教程						
	学习任务	液压控制系统认知与检查				建议学时	12
	班级		学号		姓名	日期	____年____月____日

6.2.10 各阀组功用分析

总结并补充完成各阀组的功用描述。

阀组名称	阀组功用
主油压调节阀	受控于增压阀、N93 电磁阀及 D/P 位油压，根据不同工况调节液压泵油压为适合于液压控制系统使用的主油压
增压阀	
变矩器调压阀	为液力变矩器、润滑油道等输送调节后的油压
电磁阀供油压力调节阀	
K1 缓冲阀	受控于 N92 及 N94 电磁阀，并协同单向节流阀一同控制 K1 离合器的结合与释放速度（通常释放速度需要大于结合速度），以改善 N/D1 档及 D3/D4 档切换时的换档品质
K3 缓冲阀	
K1 供油/泄油控制阀	控制 K1 离合器的供油与泄油转换 受控于手动 1 档锁止阀（L 位）及 D4 档油路，使其在 D4 档时切断通往 K1 的油道，并在 L 位时锁定 K1 的供油状态
B2 供油/泄油控制阀	
手动 1 档锁止阀（K1 截止阀）	在 D4 档时，切断 L 位通往 K1 供油/泄油控制阀的油道（K1 供油锁止腔），防止变速器在高速（D4 档）行驶时，由于变速杆切换到 L 位而产生乱档现象
手动低档阀（B2/K3 截止阀）	在 L 位时，切断通往 B2 和 K3 换档阀的油路，使变速器在任何情况下都不能挂上 2 档（K1、B2）、3 档（K1、K3）和 4 档（K3、B2），而只能在 1 档行驶。
手动阀	

6.2.11 检修与清洗阀板

由于阀板中各个控制阀的加工精度和配合精度都极高，不正确的检修方法会损坏控制阀，影响其正常工作。因此在检修阀板时，应注意以下几点：

1）当拆检阀板时，切不可让阀芯等重要零件掉落，不要将钢丝、螺钉螺具等硬物伸入阀孔中，以免损伤阀芯和阀孔的精密配合表面。

2）阀板分解后的所有零件在清洗后，可用压缩空气吹干。不允许用棉布擦拭，以免沾上细小的纤维丝，造成控制阀卡滞。

亚龙 YALONG	汽车自动变速器一体化实训教程						
	学习任务	液压控制系统认知与检查			建议学时	12	
	班级		学号		姓名		日期 ____年____月____日

3）当装配阀板时，应检查各控制阀阀芯是否能在阀孔中活动自如。如有卡滞，应拆下，经清洗后重新安装。

4）不能在阀板衬垫及控制阀的任何零件上使用密封胶或黏合剂。

5）在更换隔板衬垫时，要将新旧件进行对比，确认无误后再装入，以防止因零件规格不符而影响自动变速器的正常工作。

6）在分解和装配阀板时，要有详细的技术资料（如阀板分解图），以作为对照。如果在检修时没有这些资料可作为参考，可以在分解之前先画出阀板的外形简图，然后每拆一个控制阀，就在阀板简图的相应位置上画下该控制阀的形状和排列顺序，同时测量并记下各个弹簧的外径、自由长度和圈数，以作为装配时的参考。拆下的各个控制阀零件要按顺序排放，以便于重新安装。

7）在分开上、下阀板时，要特别注意不要使阀板油道中的球阀、滤网等小零件掉出；在拿起上面的阀板时，要将隔板连同阀板一同拿起，待翻转阀板使油道一面朝上后，再轻轻敲打隔板，使各小球阀落位，再拿开隔板。认清上下阀板油道中所有球阀等零件的位置并画在简图上，同时测量并记下不同直径的球阀的位置，然后才能取出球阀等零件，做进一步分解及阀板清洗工作。

汽车自动变速器一体化实训教程							
学习任务	液压控制系统认知与检查				建议学时	12	
班级		学号		姓名		日期	____年____月____日

6.3 反馈评价

6.3.1 任务考核

提示：本任务技能考核要求学员在掌握自动变速器电控系统控制原理的基础上，能够使用合适的工量具和应用正确的程序诊断并排除自动变速器电控系统的故障

考核内容		考核评分			
项目	内容	配分	A1 *1	A2 *1	批注
工作准备（10%）	能够正确理解工作任务的内容、范围及工作指令	2			
	能够查阅和理解维修手册，确认技术标准及要求	2			
	使用个人防护用品或衣着适当，能够正确使用车辆检修防护用品	2			
	准备工作场地及器材，能够识别工作场所的安全隐患	2			
	确认设备及工量具，检查其是否安全及正常工作	2			
实施程序（80%）	确认变速器液压控制系统部件及功能	5			
	确认变速器及液压泵壳体上控制油口的名称及位置	10			
	确认阀板上机械阀组的名称及功能	20			
	确认阀板上电磁阀的名称及功能	5			
	确认电磁阀在各档位下的工作状况	5			
	能够检测电磁阀的阻值和工作状况	10			
	能够对阀板进行基本的检查与清洗	15			
	安全无事故并在规定时间内完成任务 *2	10			
完工清理（10%）	收集和储存可以再利用的原材料	2			
	遵循维护工作程序清洁垃圾，清洁和整理工作区域	2			
	对工量具等器材进行清洁整理	3			
	按照工作程序，填写完成作业单	3			
考核成绩		考评员签字： 日　期：　年　月　日			

考评者注：► *1-A1 和 A2 分别为尝试 1 和尝试 2。在规定的考核时间内，学员允许有 2 次完成项目任务的机会；尝试 2 的评分可计入总成绩。

► *2-如果完成任务中出现安全事故，整个任务考核将以不合格计。

► 任务考核为百分制，60 分以下为不合格。

6

亚龙 YALONG	汽车自动变速器一体化实训教程						
	学习任务	液压控制系统认知与检查				建议学时	12
	班级		学号		姓名	日期	____年____月____日

上表可用于学生对本任务实施情况的自我测试或团队测评，也可作为过程考核及技能鉴定考核表使用。

6.3.2　任务总结

根据任务实施及考评情况，对个人的工作进行自我评价，并提出改进意见。

____
____
____
____
____
____
____
____

6.3.3　教师评价

评价内容		评价成绩	备注
工作准备	任务领会、资讯查询、器材准备	□A □B □C □D □E	
知识储备	系统认知、原理分析、技术参数	□A □B □C □D □E	
计划决策	任务分析、任务流程、实施方案	□A □B □C □D □E	
任务实施	专业能力、沟通能力、实施结果	□A □B □C □D □E	
职业道德	纪律素养、安全卫生、器材维护	□A □B □C □D □E	
其他评价：			
教师签字：____________			日期：____年____月____日

注：1. 在选项“□”里打“√”。

2. A：90～100，B：80～89，C：70～79，D：60～69，E：不合格。

6

亚龙 YALONG	汽车自动变速器一体化实训教程							
	学习任务	诊断与检测自动变速器电控系统故障				建议学时	12	
	班级		学号		姓名		日期	____年____月____日

单元任务7　诊断与检测自动变速器电控系统故障

任务描述	提示：本任务要求学员在熟悉自动变速器电控系统的组成、功用及控制原理的基础上，能够使用合适的诊断仪器及工具并应用正确的程序对电控系统进行故障诊断和线路检测。	
学习目标	1. 熟悉自动变速器电控系统的组成、功用及控制原理。 2. 掌握电路图的识读方法。 3. 掌握自动变速器电控系统故障诊断流程及方法。 4. 掌握自动变速器电控系统的线路检测方法。	
器材准备	**仪器/设备**	**工具/量具**
	自动变速器实车、亚龙 YL-602D 型手自一体自动变速器实训台	故障诊断仪、万用表等

7.1　学习准备

7.1.1　自动变速器电控元件及功能识别

（1）传感器与执行器识别

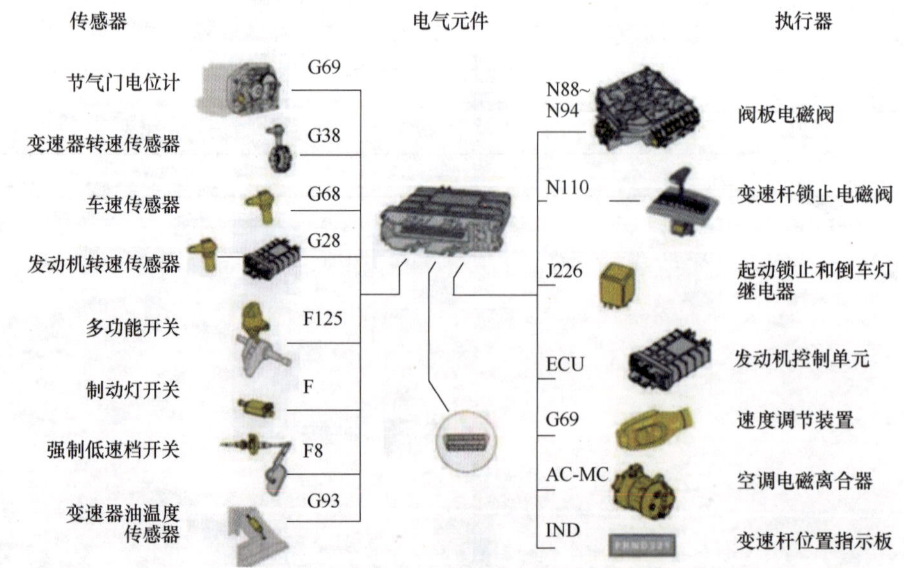

7

（2）电气元件功能

代号	名　称	功　能	备　注
G69	节气门电位计	1）收集节气门开度信号及踩加速踏板的加速度信号 2）作为变速器自动换档、油压及离合器锁止控制的重要参数	当G69出现故障时，J217不进入应急状态，此时以中等负荷信号（50%）进行工作，但此时停止逻辑控制。锁止离合器停止工作
G38	变速器转速传感器	1）感应大太阳轮的转速变化 2）用于换档过程的精确控制（推迟发动机点火提前角、控制换档过程油压）	失效时，变速器处于紧急运行状态，可用诊断仪检测
G68	车速传感器	1）感应输出齿轮转速，可换算成车速 2）确定换哪个档位，与G69等共同决定。 3）用来作用于巡航系统（机械节气门）。 4）确定变矩器中锁止离合器的打滑量。	失效时，可使用发动机转速信号G28替代，变矩器锁止离合器不闭合，但此时变速器不处于紧急运行状态，可用故障诊断仪检测
G28	发动机转速传感器	1）感应发动机转速 2）用来判断锁止离合器的打滑量 3）车速传感器G68失效时的替代信号	失效时，如发动机可以起动，变速器进入紧急运行状态，可用故障诊断仪检测
F125	多功能开关	给出变速杆的位置信号，送到ECU 1）D位：可在4、3、2、1档自由切换。3位：在3、2、1档自由切换 2）R位时，告知ECU为倒档，控制继电器工作，倒车灯亮 3）行驶档位时，CPU控制继电器J226切开，电动机不工作。 4）只有P、N位时才能接通J226，可以启动。 5）1档时，取消巡航功能。	有故障时，变速器进入紧急运行状态，可以用专用故障诊断仪检测
F	制动灯开关	将制动信号传输给CPU 1）变速杆电磁阀工作。 2）主油压降低	有故障时，进入紧急运行状态，变速杆被锁止
F8	强制低速档开关	只有节气门开度达到100%后，F8才闭合 1）$v>120$km/h时，不做调整 2）$v=50\sim60$km/h时，变速器由原来档位向下切换一个档位 作用：①提速快，增加转矩；②避免发动机过载	有故障时，不进入紧急运行状态，VAG1552可以检测，此时G69开度为95%～98%，ECU按F8工作，此时控制不精确

亚龙 YALONG	汽车自动变速器一体化实训教程						
	学习任务	诊断与检测自动变速器电控系统故障			建议学时	12	
	班级		学号		姓名		日期 ____年____月____日

（续）

代号	名　称	功　能	备　注
G93	变速器油温度传感器	油温传感器将 ATF 的温度信息传递给变速器控制单元	
N88	换档控制电磁阀	控制 K1，在 1、2、3 档断电作用	
N89	换档控制电磁阀	控制 B2，在 2、4 档通电作用	
N90	换档控制电磁阀	控制 K3，在 3、4 档断电作用	
N91	锁止离合器控制电磁阀	控制变矩器中锁止离合器的结合与分离及其油压	
N92	换档品质控制电磁阀	控制 K1/B2/K3 的结合速度	
N93	主油压调节电磁阀	控制与调节主油路油压	
N94	换档品质控制电磁阀	控制 K1 在 1、2、3 档切换时保持结合状态	
N110	变速杆锁止电磁阀	防止变速杆误操作	有故障时不进入紧急运行状态
J226	启动锁止和倒车灯继电器	只允许发动机在 P 和 N 档启动在 R 档时控制倒车灯	损坏时倒车灯不亮或失去阻止启动功能
ECU	发动机控制单元	只在换档瞬间作为执行元件，用来推迟点火提前角，以改善换档品质	
G69	速度调节装置	当进入巡航系统时，用来控制节气门大小，从而保证车速的恒定	
AC-MC	空调电磁离合器	空调电磁离合器受空调开关、温控器、空调放大器、压力开关等控制，在需要的时候接通或切断发动机与压缩机之间的动力传递。另外，当压缩机过载时，它还能起到一定的保护作用	
IND	变速杆位置指示板	将档位信息经仪表控制单元传送到显示界面，告知驾驶人变速杆当前的准确位置	

汽车自动变速器一体化实训教程							
学习任务	诊断与检测自动变速器电控系统故障			建议学时	12		
班级		学号		姓名		日期	____年____月____日

7.1.2　自动变速器电路图识读

(1) 01N/01M 电路图

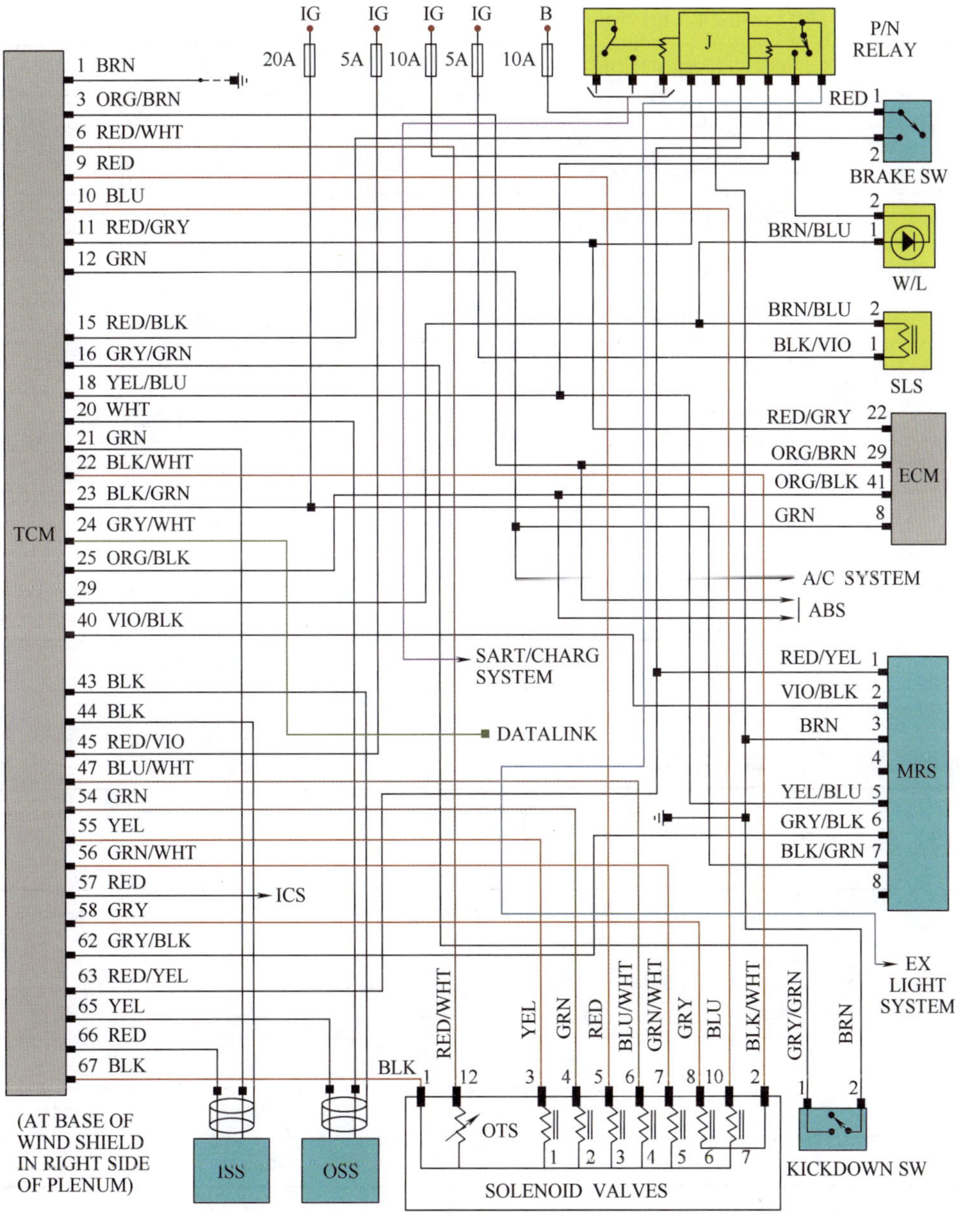

IG　IG　IG　IG　B
20A　5A　10A　5A　10A
J
P/N RELAY
TCM
1 BRN
3 ORG/BRN
6 RED/WHT
9 RED
10 BLU
11 RED/GRY
12 GRN
15 RED/BLK
16 GRY/GRN
18 YEL/BLU
20 WHT
21 GRN
22 BLK/WHT
23 BLK/GRN
24 GRY/WHT
25 ORG/BLK
29
40 VIO/BLK
43 BLK
44 BLK
45 RED/VIO
47 BLU/WHT
54 GRN
55 YEL
56 GRN/WHT
57 RED
58 GRY
62 GRY/BLK
63 RED/YEL
65 YEL
66 RED
67 BLK
(AT BASE OF WIND SHIELD IN RIGHT SIDE OF PLENUM)
ISS
OSS
ICS
SART/CHARG SYSTEM
DATALINK
RED 1
2
BRAKE SW
2
BRN/BLU 1
W/L
BRN/BLU 2
BLK/VIO 1
SLS
RED/GRY 22
ORG/BRN 29
ORG/BLK 41
GRN 8
ECM
A/C SYSTEM
ABS
RED/YEL 1
VIO/BLK 2
BRN 3
4
YEL/BLU 5
GRY/BLK 6
BLK/GRN 7
8
MRS
EX LIGHT SYSTEM
BLK　RED/WHT　YEL　GRN　RED　BLU/WHT　GRN/WHT　GRY　BLU　BLK/WHT　GRY/GRN　BRN
1　12　3　4　5　6　7　8　10　2
OTS
1　2　3　4　5　6　7
SOLENOID VALVES
1　2
KICKDOWN SW

7

亚龙 YALONG	汽车自动变速器一体化实训教程						
	学习任务	诊断与检测自动变速器电控系统故障				建议学时	12
	班级		学号		姓名		日期 ____年____月____日

(2) 英文标识说明

缩 写	英文含义	中文含义
TCM	TRANSMISSION CONTROL MODULE	自动变速器控制模块
ECM	ENGINE CONTROL MODULE	发动机控制模块
MRS	MULTI-FUNCTION TRANSMISSION RANGE SWITCH	多种功能档位开关
ISS	INPUT SPEED SENSOR	输入速度传感器
OSS	OUTPUT SPEED SENSOR	输出速度传感器
OTS	TRANSMESSION FLUID TEMPERATURE SENSOR	自动变速器油温传感器
	SOLENOID VALVES	电磁阀
KICK DOWN SW	KICK DOWN THE SWITCH	强制降档开关
SLS	SHIFT LOCK SOLENOID	变速杆锁止电磁阀
BRAKE SW	BRAKE SWITCH	制动开关
P/N RELAY	PARK/NEUTRAL RELAY	驻车/空档继电器
W/L	WARNING LIGHT	警告灯
ICS	INSTRUMENT CLUSTER SYSTEM	仪表板系统
	DATA LINK	数据传输线
	START/CHARGE SYSTEM	起动/充电系统
EX LIGHT SYSTEM	EXTERIOR LIGHT SYSTEM	外部灯光系统

(3) 线束颜色

缩 写	全 称	中 文	缩 写	全 称	中 文
BLK	Black	黑色	BRN	Brown	棕色
YEL	Yellow	黄色	BLU	Blue	蓝色
WHT	White	白色	RED	Red	红色
GRY	Gray	灰色	GRN	Green	绿色
VIO	Violet	紫色	ORG	Orange	橙色

亚龙 YALONG	汽车自动变速器一体化实训教程					
	学习任务	诊断与检测自动变速器电控系统故障		建议学时	12	
	班级		学号		姓名		日期 ____年____月____日

(4) 电控端子及功能识别

1）ECU 端子。

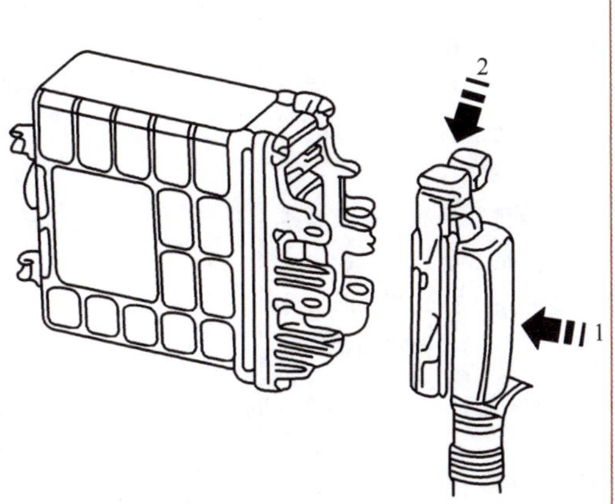

宝来：

01、03、06、09、10、11、12、15、18、20、21、22、23、24、25、29、40、43、44、45、47、54、55、56、57、58、62、63、65、66、67

捷达：

01、06、09、10、11、12、13、15、16、18、19、20、21、22、23、24、29、40、41、43、44、45、47、54、55、56、57、58、62、63、65、66、67

2）端子功能。

端子	颜　色	名　称	功　能	备　注
1	棕色	系统搭铁端	1）执行器和传感器的负极端支路均通过此线与蓄电池的负极相连，如发生中断，控制回路就会被切断，整个系统将处于瘫痪状态 2）若发生接触不良，搭铁支路的电位将被抬高，系统内部和执行器所需的电压将会大大打折，轻则时好时坏，重则系统进入自保，难以正常工作	
3/25	橙/棕 橙/黑	TCM 与 ABS 的数据通信端	1）信号类型为数字信号，传输方向是双向的 2）在车辆行驶过程中，通过此线 TCM 与 ABS 系统获取相关信息 3）处于安全方面的考虑，在车辆的行驶状态，ABS 拥有比 TCM 高的优先权。ABS 是主，TCM 是从，通过这两条线束 TCM 不但可以向 ABS 发出索要信息的请求，而且还可以从其获取必要的数据	

7

亚龙 YALONG	汽车自动变速器一体化实训教程						
	学习任务	诊断与检测自动变速器电控系统故障			建议学时	12	
	班级		学号		姓名		日期 ____年____月____日

（续）

端子	颜色	名称	功能	备注
3/25	橙/棕 橙/黑	TCM 与 ABS 的数据通信端	4）TCM 的 3/25 不但与来自 ABS 的线束相连，而且与 ECM 的 29/41 端对应相连，实现了一个资源两种利用的资源共享。ABS 动作时相关数据在传送给 TCM 的同时也传送给了 ECM，ECM 依据该信号对燃油喷射量与点火角进行调整，以适应外界负荷的变化 5）TCM 与 ECM 的数据通信也是通过这两条线束进行的，ECM 的发动机的转速、转矩、燃油消耗等方面的信息，通过这两条线束源源不断地传送给 TCM，基于此信号，TCM 对换档点和系统的油压进行调整，使两者匹配	
6	红白	油温传感器检测端子	1）01M/01N 的 OTS 电路是 12V 的电源先经 OTS，然后返回 ECU 经附加电阻搭铁，控制单元检测的是附加电阻与搭铁间电位 2）若输入信号值低，说明油温低；若输入信号值高，说明油温高	
9	红色	换档电磁阀 N90 驱动端	主要负责 K3 离合器的工作与释放，在不工作时，呈现 12V 的高电位；在工作时呈现几伏的低电位	
10	红色	换档电磁阀 N94 驱动端	主要负责 K1 离合器背压的调节，在不工作时，呈现 12V 的高电位；在工作时呈现几伏的低电位	
11	红/灰	启动状态信号输入端	在启动工况，P/N 继电器在动作的同时，将启动信号通过此线告知 TCM，以便 TCM 做好行车准备	
12	绿色	空调系统工作状态接受端子	1）当空调工作时，来自空调开关的驱动信号，经此线送入 TCM，TCM 依此判断发动机的负荷已经发生的变化，进而对系统的油压和换档的特性进行调节，以适应发动机负荷的瞬间变化 2）这一线束同时也与 ECM 的 8 端相连，当传输信号的状态发生变化时，发动机控制模块通过电子节气门对发动机的转速进行提速控制，以避免因负荷突然增加而引发发动机转速的波动	

7

（续）

端子	颜　色	名　称	功　能	备　注
15	红/黑	制动灯开关信号输入端	1）当制动开关释放时，此线上没有电压；当制动开关闭合时，此线上为12V的电压。 2）在车辆行驶过程中，当一个12V的电压在此线上形成时，TCM借助于N94电磁阀，立即解除对变矩器的锁止控制，将机械传动变为液压传动，以避免发动机因瞬时巨大的制动力矩而发生熄火	
16	灰/绿	强制降档信号输入端	当节气门的开度低于85%时，此端悬空；当节气门的开度大于85%时，此端搭铁，TCM通过此端的状态变化执行强制降档功能变速	
18	黄/蓝	档位开关倒档信号输入端	1）当变速杆放在R位时，此端经档位开关搭铁；当变速杆在其他位时，此端悬空，TCM通过对此端电位状态的识别，主要进行倒档的控制 2）这一线束同时与P/N继电器的相应端子相连，在倒车时，档位开关的搭铁信号使P/N继电器吸合，接通外部倒车灯电路，对过往行人以示提醒	
23	黑/绿	TCM的电源输入端子	此线同时与档位开关的7端相连，为档位开关提供电源，电源形成的条件是点火开关打开或起动车辆	
40	紫/黑	档位信号输入端	与多功能开关的2端相连，当变速杆往复移动时，该端的电位将发生高低变化，在实际检修时，如果怀疑其有问题，可借助诊断仪的数据流功能项，对其进行实时的监控	
62/63	灰/黑	多功能开关状态输入端	1）用于TCM对变速杆目前位置的识别 2）变速杆位置： P位：L1L2L3L4＝0111 R位：L1L2L3L4＝1111 N位：L1L2L3L4＝1011 D位：L1L2L3L4＝1010 3档：L1L2L3L4＝1000 2档：L1L2L3L4＝1100 1档：L1L2L3L4＝0100	

亚龙 YALONG	汽车自动变速器一体化实训教程						
	学习任务	诊断与检测自动变速器电控系统故障				建议学时	12
	班级		学号		姓名	日期	年 月 日

（续）

端子	颜色	名称	功能	备注
20/65	白/黄	自动变速器输出转速传感器输入端	1）该传感器为电磁感应式，具体安装在箱体顶部偏后的位置，检测变速器输出轴的转速，在车辆行驶过程中，依据法拉第电磁感应定律在触发轮与感应头之间产生交变感应电动势，TCM 对信号的上升沿与下降沿进行计数，从而计算出单位时间内的输出轴的转速 2）对于输出轴转速的计算，用于以下目的： ① 变矩器锁止工况滑差的计算 ② 传动比的计算 ③ 换档曲线和最佳换档时机的确定 ④ 系统油压的动态微调 ⑤ 箱体内部打滑识别，进而启用应急模式	
21/66	绿/黄	自动变速器输入转速传感器输入端	1）该传感器也为电磁感应式，具体安装在箱体顶部较前的位置，检测拉维娜行星轮机构大太阳轮的转速 2）在车辆行驶过程中，依据法拉第电磁感应定律在触发轮与感应头之间产生交变感应电动势，TCM 对信号的上升沿与下降沿进行计数，从而计算出单位时间内大太阳轮的转速	
22	黑/白	油压电磁阀 N93 电源输出端子	打开点火开关时此端为 12V 电压	
58	灰	调压电磁阀 N93 驱动端	1）打开点火开关时，TCM 的 22 端输出一个 12V 的电压，经箱体 12 针插接器的 2 端→N93→箱体 12 针插接器的 8 端→返回到 TCM 的 58 端 2）TCM 通过对 58 端的占空控制达到对系统油压的调节	
24	灰/白	数据传输诊断端子	1）与安装在车内驾驶人仪表盘左侧或变速杆旁边中央通道的 OBD-Ⅱ的 7 端相连，当打开点火开关，连接 VAG 或 VAS 系列诊断仪时，TCM 的相关信息通过此线传输到诊断仪，可借助不同的功能操作，完成对自动变速器的故障查询和数据分析 2）在维修过程中，绝不能像以往手动调码那样将此端搭铁，否则极易损坏 TCM	

（续）

端子	颜色	名称	功能	备注
29	棕/蓝	变速杆锁止搭铁控制端	1）当打开点火开关时，12V 电源经 5A 熔丝、换档锁止电磁阀后连接在 TCM 的 29 端，在一般情况下，电磁阀不通电，变速杆处于锁止状态，只有当变速杆处在 P/N 位且踩下制动踏板时，TCM 的 29 端搭铁，电磁阀被激励，变速杆处于解锁状态，可以来回往复的移动 2）在车辆行驶状态，出于驾驶的实际需要，锁止电磁阀处于释放状态，驾驶人只需按压变速杆顶部的按钮可以挂入所需的档位 3）当遇到锁止电磁阀控制回路线束故障时，维修人员可以借助电路图，在确保插接器已经断开的情况下，对电磁阀直接进行人为的激励，以解除变速杆的锁止状态	
43/44	黑	变速器输入输出屏蔽搭铁端	此线与传感器的外置屏蔽套相连，是为了防止车辆或外界电磁波的辐射干扰	
45	红/紫	TCM 的电源输入端子	当打开点火开关或起动车辆时，12V 电源经 5A 的熔丝施加在此端	
55	黄	换档电磁阀 N88 驱动端	1）主要负责 K1/B1 离合器和制动器工作 2）当打开点火开关时，TCM 的 67 端输出的 12V 电压施加在箱体 12 针插接器的 1 端→经 N88→12 针插接器的 3 端→返回到 TCM 的 55 端，TCM 通过对 55 端的开关控制，完成 K1/B1 离合器和制动器的工作或释放，实现行车过程中档位的转换	
56	绿/白	换档品质电磁阀 N92 驱动端	当打开点火开关时，TCM 的 67 端输出的 12V 电压施加在箱体 12 针插接器的 1 端→经 N92→12 针插接器的 7 端→返回到 TCM 的 56 端，在车辆行驶过程中，TCM 依据当前的档位和实际的工况，通过对 56 端的占空驱动，在 N92 电磁阀控制回路内形成大小不同的电流，借以实现同步换档	

（续）

端子	颜　色	名　称	功　能	备　注
57	红	车辆仪表系统信号输出端	在车辆行驶过程中，TCM 通过此线将目前的变速杆的位置和自动变速器的运行时间，以数字信号的形式传送到仪表控制单元，时间信息成为对自动变速器进行可靠性评估的一个附加参数，而档位信息会经仪表控制单元传送到显示界面，以告知驾驶人变速杆当前的准确位置	

7.2 任务实施

7.2.1 电控系统故障诊断

（1）故障诊断流程

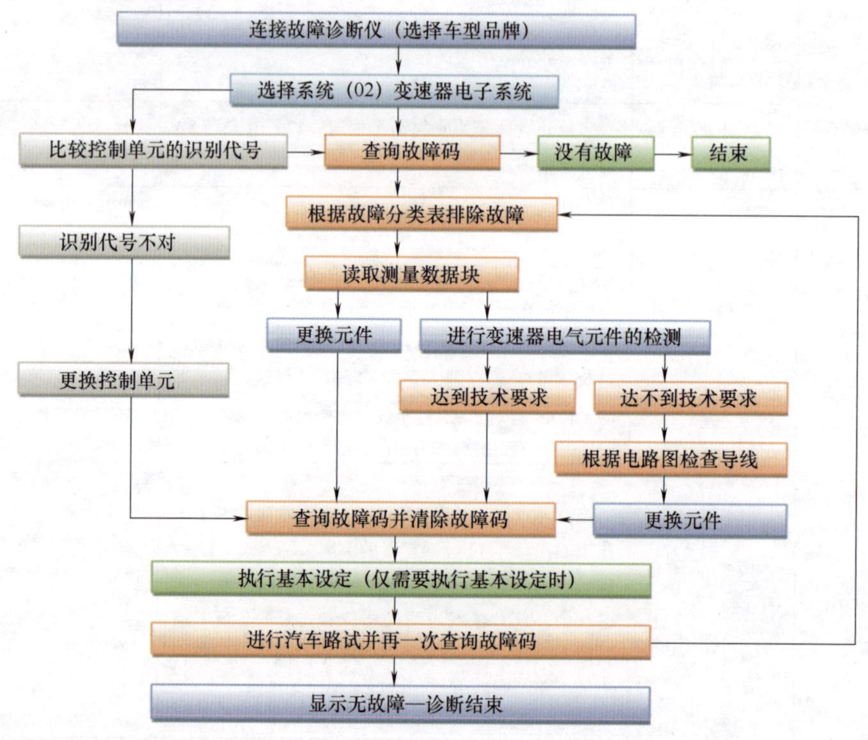

亚龙 YALONG	汽车自动变速器一体化实训教程						
	学习任务	诊断与检测自动变速器电控系统故障				建议学时	12
	班级		学号		姓名	日期	____年____月____日

（2）故障设置及清除

序　号	操　作　键	说　明	备注 *
1	解锁	键盘解锁，密码：	
2	数字键	设置故障，按“数字键”后按“确认”键	
3	查询	故障设置查询，可翻阅查询多个故障	
4	清除	清除故障，多个故障可由“查询”键配合使用	
5	复位	一次清除所有故障	
6	锁定	锁定键盘，按“解锁”键并输入密码可解锁	Lock

*：用于不同厂家的实验台

（3）故障诊断（根据检查结果完成下表并进行结果分析）

诊断仪型号：____________

故障序号	故障名称	故障端子	诊断仪故障显示及异常数据流	故障现象	备　注
1	变速器转速传感器 G38 信号线断路	21			
2	车速传感器 G68 信号线断路	20			
3	N88 电磁阀控制线断路	55/67			
4	N89 电磁阀控制线断路	54/67			
5	N90 电磁阀控制线断路	9/67			
6	N91 电磁阀控制线断路	47/67			
7	变速器油温传感器 G93 信号线断路	6/67			
8	数据传输诊断端子线断路（K 线）	24			
9	多功能开关 F125 控制线断路	62			
10	多功能开关 F125 控制线断路	18			
11	多功能开关 F125 控制线断路	40			
12	多功能开关 F125 控制线断路	63			
13	ECU 电源输入端子线断路	45			
14	多功能开关 F125 控制线断路	18			
15	多功能开关 F125 控制线断路	40			
16	多功能开关 F125 控制线断路	63			
17	ECU 电源输入端子线断路	45			
18	变速器转速传感器 G38 信号线断路	66			

亚龙 YALONG	汽车自动变速器一体化实训教程						
	学习任务	诊断与检测自动变速器电控系统故障				建议学时	12
	班级		学号		姓名	日期	年 月 日

（续）

故障序号	故障名称	故障端子	诊断仪故障显示及异常数据流	故障现象	备注
19	车速传感器 G68 信号线断路	65			
20	电磁阀供电线路断路	67			
21	N92 电磁阀控制线断路	56/67			
22	N94 电磁阀控制线断路	10/67			
23	N93 电磁阀控制线断路	22			
24	N93 电磁阀控制线断路	58			
25	ECU 接地端断路	1			
26	制动灯开关 F 信号线断路	15			
27	点火开关 15 号线断路	23			
28	变速杆锁止电磁阀 N110 控制线断路	29			
29	强制低速开关 F8 信号线断路	16			
其他故障					

7.2.2 电路检查

根据检查结果完成下表并进行结果分析。

检测项目	检测端子	检测条件	检测参数	检测值	检查结论
电源电路	45-1	任何时候，测量电压	蓄电池电压		
	23-1	IG：ON			
搭铁电路	1-bett-	电阻：IG：OFF	0Ω		
		电压：IG：ON	0V		
节气门电位计电阻	5-28	IG：OFF，节气门关闭	<0.7kΩ		
		IG：OFF，节气门全开	3.9kΩ		
	5-50	IG：OFF，节气门关闭	<0.7kΩ		
		IG：OFF；节气门全开	3.9kΩ		
	28-1	IG：OFF	0Ω		

亚龙 YALONG	汽车自动变速器一体化实训教程						
	学习任务	诊断与检测自动变速器电控系统故障			建议学时	12	
	班级		学号		姓名		日期 ____年____月____日

（续）

检测项目	检测端子	检测条件	检测参数	检测值	检查结论
多功能开关	63-1	变速杆在R、N、D、3、2档	电阻IG：OFF	∞	
			电压IG：ON		
		变速杆在P、1档	电阻IG：OFF	0.8～1Ω	
			电压IG：ON		
	40-1	变速杆在P、R、2、1档	电阻IG：OFF	∞	
			电压IG：ON		
		变速杆在N、D、3档	电阻IG：OFF	0.8～1Ω	
			电压IG：ON		
	62-1	变速杆在P、R、N、D位	电阻IG：OFF	∞	
			电压IG：ON		
		变速杆在3、2、1档	电阻IG：OFF	0.8～1Ω	
			电压IG：ON		
	18-1	变速杆在P、R、N位	电阻IG：OFF		
			电压IG：	蓄电池电压	
		变速杆在D、3、2、1档	电阻IG：OFF		
			电压IG：	0V	
变速杆锁止电磁阀	29-1	IG：ON，不踩制动踏板		蓄电池电压	
		IG：踩下制动踏板			
	29-23	IG：OFF，阻值		14～25Ω	
制动灯开关	15-1	IG：ON，不踩制动踏板		0V	
		IG：ON，踩下制动踏板		蓄电池电压	
变速杆锁止电磁阀	29-1	IG：ON，不踩制动踏板		蓄电池电压	
		IG：ON，踩下制动踏板			
电磁阀N88	55-67	IG：OFF 测量阻值		55～65Ω	
	55-1	↑		∞	
电磁阀N89	54-67	IG：OFF 测量阻值		55～65Ω	
	54-1	↑		∞	
电磁阀N90	9-67	IG：OFF 测量阻值		55～65Ω	
	9-1	↑		∞	

（续）

检测项目	检测端子	检测条件	检测参数	检测值	检查结论
电磁阀 N91	47-67	IG：OFF 测量阻值		55～65Ω	
	47-1	↑		∞	
电磁阀 N92	56-67	IG：OFF 测量阻值		55～65Ω	
	56-1	↑		∞	
电磁阀 N93	58-22	IG：OFF 测量阻值		55～65Ω	
	58-1	↑		∞	
	22-1	↑			
电磁阀 N94	10-67	IG：OFF 测量阻值		55～65Ω	
	10-1	↑		∞	
变速器油温	6-67	IG：OFF	ATF 20℃	240kΩ	
			ATF60℃	48.8 kΩ	
			ATF120℃	7.4 kΩ	
强制低档开关	16-1	IG：OFF，不踩加速踏板		∞	
		IG：OFF，踩下加速踏板接通开关		<1.5Ω	
车速传感器 G68	20-65	IG：OFF		0.8～0.9kΩ	
转速传感器 G38	21-66	IG：OFF		0.8～0.9kΩ	

7.2.3 多功能开关测试

根据检查结果完成下表并进行结果分析。

端子	检测参数	IG	P	R	N	D	3	2	1	备注
63-1	电阻/kΩ	OFF								
	电压/V	ON								
40-1	电阻/kΩ	OFF								
	电压/V	ON								
62-1	电阻/kΩ	OFF								
	电压/V	ON								
18-1	电阻/kΩ	OFF								
	电压/V									

亚龙 YALONG	汽车自动变速器一体化实训教程						
	学习任务	诊断与检测自动变速器电控系统故障			建议学时	12	
	班级		学号		姓名		日期 ____年____月____日

7.2.4 电磁阀工况（工作电压）测量

根据检查结果完成下表并进行结果分析。

电磁阀 档位		N88-K1/B1 断电作用	N89-B2 供电作用	N90-K3 断电作用	N91 锁止离合器	N92-SCV-B1	N94-SCV 供电作用	N93-PMV	油压/ MPa
		55-67	54-67	9-67	47-67	56-67	58-22	10-67	
P		+		+					
P-R									
R				+					
R-N									
N		+		+					
N-D									
D	1			+					
	1-2								
	2		+	+					
	2-3								
	3								
	3-4								
	4	+	+						
3	1			+					
	2		+	+					
	3								
2	1			+					
	2		+	+					
L				+					

注：○：执行元件结合；↑：执行元件供油；↓：执行元件泄油；+：开关型电磁阀通电；⊙：电磁阀先通电后断电；◇：调节型电磁阀通电；Lp*：液力变矩器 D 位 4 档（OD 档）闭锁。

亚龙 YALONG	汽车自动变速器一体化实训教程						
	学习任务	诊断与检测自动变速器电控系统故障				建议学时	12
	班级		学号		姓名	日期	____年____月____日

7.3 反馈评价

7.3.1 任务考核

提示：本任务技能考核要求学员在掌握自动变速器电控系统控制原理的基础上，能够使用合适的工量具和应用正确的程序诊断并排除自动变速器电控系统的故障

考核内容		考核评分			
项目	内容	配分	A1 *1	A2 *1	批注
工作准备（10%）	能够正确理解工作任务的内容、范围及工作指令	2			
	能够查阅和理解维修手册，确认技术标准及要求	2			
	使用个人防护用品或衣着适当，能够正确使用车辆检修防护用品	2			
	准备工作场地及器材，能够识别工作场所的安全隐患	2			
	确认设备及工量具，检查其是否安全及正常工作	2			
实施程序（80%）	确认自动变速器电控系统的故障现象	10			
	应用相关维修资讯，能够确认技术标准及检修流程	5			
	应用正确流程及诊断设备、仪器检测系统故障	15			
	能够正确分析故障现象、范围及原因	15			
	应用正确程序及器材排除系统故障	15			
	重新检测及确认系统故障排除	10			
	安全无事故并在规定时间内完成任务 *2	10			
完工清理（10%）	收集和储存可以再利用的原材料	2			
	遵循维护工作程序清洁垃圾，清洁和整理工作区域	2			
	对工具、设备及车辆进行清洁	3			
	按照工作程序，填写完成作业单	3			
考核成绩		考评员签字：____________ 日　期：　　年　　月　　日			

考评者注：▶ *1-A1 和 A2 分别为尝试 1 和尝试 2。在规定的考核时间内，学员允许有 2 次完成项目任务的机会；尝试 2 的评分可计入总成绩。

▶ *2-如果完成任务中出现安全事故，整个任务考核将以不合格计。

▶ 任务考核为百分制，60 分以下为不合格。

上表可用于学生对本任务实施情况的自我测试或团队测评，也可作为过程考核及技能鉴定考核表使用。

<table>
<tr><td rowspan="3">亚 龙 YALONG</td><td colspan="8">汽车自动变速器一体化实训教程</td></tr>
<tr><td>学习任务</td><td colspan="4">诊断与检测自动变速器电控系统故障</td><td>建议学时</td><td colspan="2">12</td></tr>
<tr><td>班级</td><td></td><td>学号</td><td></td><td>姓名</td><td></td><td>日期</td><td>____年____月____日</td></tr>
</table>

7.3.2　任务总结

根据任务实施及考评情况，对个人的工作进行自我评价，并提出改进意见。

____

____

____

____

____

____

____

7.3.3　教师评价

评价内容		评价成绩	备　注
工作准备	任务领会、资讯查询、器材准备	□A □B □C □D □E	
知识储备	系统认知、原理分析、技术参数	□A □B □C □D □E	
计划决策	任务分析、任务流程、实施方案	□A □B □C □D □E	
任务实施	专业能力、沟通能力、实施结果	□A □B □C □D □E	
职业道德	纪律素养、安全卫生、器材维护	□A □B □C □D □E	

其他评价：

____

教师签字：______________　　　　日期：____年____月____日

注：1. 在选项“□”里打“√”。

2. A：90～100，B：80～89，C：70～79，D：60～69，E：不合格。

亚龙 YALONG	汽车自动变速器一体化实训教程						
	学习任务	自动变速器综合故障诊断				建议学时	12
	班级		学号		姓名	日期	____年____月____日

单元任务 8　自动变速器综合故障诊断

任务描述	本任务要求学员在熟悉自动变速器的结构与工作原理的基础上，能够使用合适的工量具及诊断仪器并应用正确的程序对自动变速器常见的故障进行分析、诊断与排除。		
学习目标	1. 熟悉自动变速器常见的故障及相应的故障现象及原因。 2. 熟悉自动变速器故障诊断流程。 3. 掌握自动变速器基础检查的项目及流程。 4. 掌握自动变速器性能试验的项目及流程。		
器材准备	**仪器/设备** 亚龙 YL-602D 型手自一体自动变速器实训台	**工具/量具** 自动变速器检查工具	**材料** ATF 等

8.1　学习准备

8.1.1　自动变速器常见故障现象及原因

汽车自动变速器在使用中，随着技术状况的下降会出现一系列故障，常见的故障会通过一定的现象特征表现出来，不同车型由于结构上有所不同，其故障原因会有所差异，但故障产生的常见原因和诊断排除方法是基本相同的。

常见故障	故障现象	故障原因	备　注
汽车不能行驶	1）无论变速杆位于倒档、前进档或前进低档，汽车都不能行驶 2）冷车起动后汽车能行驶一小段路程，但热车状态下汽车不能行驶	1）自动变速器油底壳渗漏，液压油全部漏光 2）变速杆和手动阀摇臂之间的连杆或拉索松脱，手动阀保持在空档或停车档位置 3）液压泵进油滤网堵塞 4）主油路严重泄漏 5）液压泵损坏	

8

亚龙 YALONG	汽车自动变速器一体化实训教程						
	学习任务	自动变速器综合故障诊断				建议学时	12
	班级		学号		姓名	日期	____年____月____日

（续）

常见故障	故障现象	故障原因	备　注
自动变速器打滑	1）起步时踩下加速踏板，发动机转速很快升高但车速升高缓慢 2）行驶中踩下加速踏板，发动机转速升高但车速没有很快提高 3）平路行驶基本正常，但上坡无力，且发动机转速很高	1）液压油油面太低 2）液压油油面太高，运转中被行星排剧烈搅动后产生大量气泡 3）离合器或制动器摩擦片、制动带磨损过甚或烧焦 4）液压泵磨损过甚或主油路泄漏，造成油路油压过低 5）单向超越离合器打滑 6）离合器或制动器活塞密封圈损坏，导致漏油 7）蓄压器活塞密封圈损坏，导致漏油	
换档冲击过大	1）在起步时，由停车档或空档挂入倒档或前进档时，汽车振动较严重 2）行驶中，在自动变速器升档的瞬间汽车有较明显的闯动	导致自动变速器换档冲击大的故障原因很多，主要原因在于调整不当，机构元件性能下降或损坏，电子控制系统有故障，具体原因有： 1）发动机怠速过高 2）节气门位置传感器调整不当，使主油路油压过高 3）升档过迟 4）主油路调压阀有故障，使主油路油压过高 5）减振器活塞卡住，不能起减振作用 6）单向阀钢球漏装或阀座磨损失圆，换档执行元件（离合器或制动器）结合过快 7）换档执行元件打滑 8）油压电磁阀故障 9）ECU 故障	
升档过迟	1）在汽车行驶中，升档车速明显高于标准值，升档前发动机转速偏高 2）必须采用松加速踏板提前升档的操作方法，才能使自动变速器升入高档或超速档	1）节气门位置传感器调整不当 2）节气门位置传感器损坏 3）主油路油压或节气门油压太高 4）换档执行元件打滑 5）强制降档开关短路 6）ECU 或传感器有故障	

汽车自动变速器一体化实训教程							
学习任务	自动变速器综合故障诊断				建议学时	12	
班级		学号		姓名		日期	____年____月____日

（续）

常见故障	故障现象	故障原因	备　注
不能升档	1）汽车行驶中自动变速器始终保持在1档，不能升入2档和高速档 2）行驶中自动变速器可以升入2档，但不能升入3档和超速档	1）节气门位置传感器调整不当 2）车速传感器有故障 3）2档制动器或高档离合器有故障 4）换档阀卡滞 5）档位开关有故障	
无超速档	1）在汽车行驶中，车速已升高至超速档工作范围，但自动变速器不能从3档换入超速档 2）在车速已达到超速档工作范围后，采用提前升档（即松开加速踏板几秒后再踩下）的方法也不能使自动变速器升入超速档	1）超速档开关有故障 2）超速电磁阀故障 3）超速档执行元件故障 4）档位开关有故障 5）液压油温度传感器有故障 6）节气门位置传感器有故障 7）换档阀卡滞。	
无前进档	1）汽车倒档行驶正常，在前进档时不能行驶 2）变速杆在D位时不能起步，在S位、L位（或2档、1档）时可以起步	1）前进离合器严重打滑 2）前进单向超越离合器打滑或装反 3）前进离合器油路严重泄漏 4）变速杆调整不当	
无倒档	汽车在前进档能正常行驶，但在倒档时不能行驶	1）变速杆调整不当 2）倒档油路泄漏 3）倒档离合器或低档及倒档制动器打滑	
自动变速器跳档	汽车以前进档行驶时，即使加速踏板保持不动，自动变速器仍会经常出现突然降档现象；降档后发动机转速异常升高，并产生换档冲击	1）节气门位置传感器有故障 2）车速传感器有故障 3）控制系统电路搭铁不良 4）换档电磁阀接触不良 5）ECU 有故障	

8

汽车自动变速器一体化实训教程							
学习任务	自动变速器综合故障诊断			建议学时	12		
班级		学号		姓名		日期	____年____月____日

（续）

常见故障	故障现象	故障原因	备　注
挂档后发动机怠速易熄火	1）发动机怠速运转时将变速杆由P位或N位换入R位、D位、S位、L位（或2档、1档）时发动机熄火 2）在前进档或倒档行驶中，踩下制动踏板停车时发动机熄火	1）发动机怠速过低 2）阀板中的锁止控制阀卡滞 3）档位开关有故障 4）输入轴转速传感器有故障	
无发动机制动	1）在行驶中，当变速杆位于前进低档（S位、L位或2档、1档）位置时，松开加速踏板，发动机转速降至怠速，但汽车没有明显减速 2）下坡时，变速杆位于前进低档，但不能产生发动机制动作用	1）档位开关调整不当 2）变速杆调整不当 3）2档强制制动器打滑或低档及倒档制动器打滑 4）控制发动机制动的电磁阀有故障 5）阀板有故障 6）自动变速器打滑 7）ECU有故障。	
不能强制降档	当汽车以3档或超速档行驶时，突然将加速踏板踩到底，自动变速器不能立即降低一个档位，致使汽车加速无力	1）节气门位置传感器调整不当 2）强制降档开关损坏或安装不当 3）强制降档电磁阀损坏或线路短路、断路 4）阀板中的强制降档控制阀卡滞	
无锁止	1）在汽车行驶中，车速、档位已满足锁止离合器起作用的条件，但锁止离合器仍没有产生锁止作用 2）汽车油耗较大	1）液压油温度传感器有故障 2）节气门位置传感器有故障 3）锁止电磁阀有故障或线路短路、断路 4）锁止控制阀有故障 5）变矩器中的锁止离合器损坏	
液压油易变质	1）更换后的新液压油使用不久即变质 2）自动变速器温度太高，从加油口处向外冒烟	1）汽车使用不当，经常超载行驶，如经常用于拖车，或经常急速、超速行驶等 2）液压油散热器管路堵塞 3）通往液压油散热器的限压阀卡滞 4）离合器或制动器自由间隙太小 5）主油路油压太低，离合器或制动器在工作中打滑	

（续）

常见故障	故障现象	故障原因	备注
自动变速器异响	1）在汽车运转过程中，自动变速器内始终有一异常响声 2）汽车行驶中自动变速器有异响，停车挂空档后异响消失	1）液压泵因磨损过甚或液压油油面高度过低、过高而产生异响 2）变矩器因锁止离合器、导轮单向超越离合器等损坏而产生异响 3）行星轮机构异响 4）换档执行元件异响	

8.1.2 自动变速器故障诊断流程

(1) 自动变速器故障问诊

客户姓名：	车号及年代：	车辆标识：
AT型号：	发动机：	里程：
故障日期：	制造日期：	检查日期：
故障频率：	□连续 □间断（一天的次数）	
症状：	□车辆不能动（□任何档位 □特殊档位）	
	□不能升档（□1-2 □2-3 □3-4 □____________）	
	□不能降档（□4-3 □3-2 □2-1 □____________）	
	□锁止故障	
	□换档点太高 □换档点太低	
	□换档振动或滑动（□N-D □锁止 □任何传动部位）	
	□噪声或振动	
	□无降档	
	□无换档模式选择	
	□其他：	
AT故障指示灯：	□亮	□不亮

8

汽车自动变速器一体化实训教程

亚龙 YALONG	学习任务	自动变速器综合故障诊断			建议学时	12
	班级		学号		姓名		日期 ____年____月____日

(2) 自动变速器故障诊断与排除流程

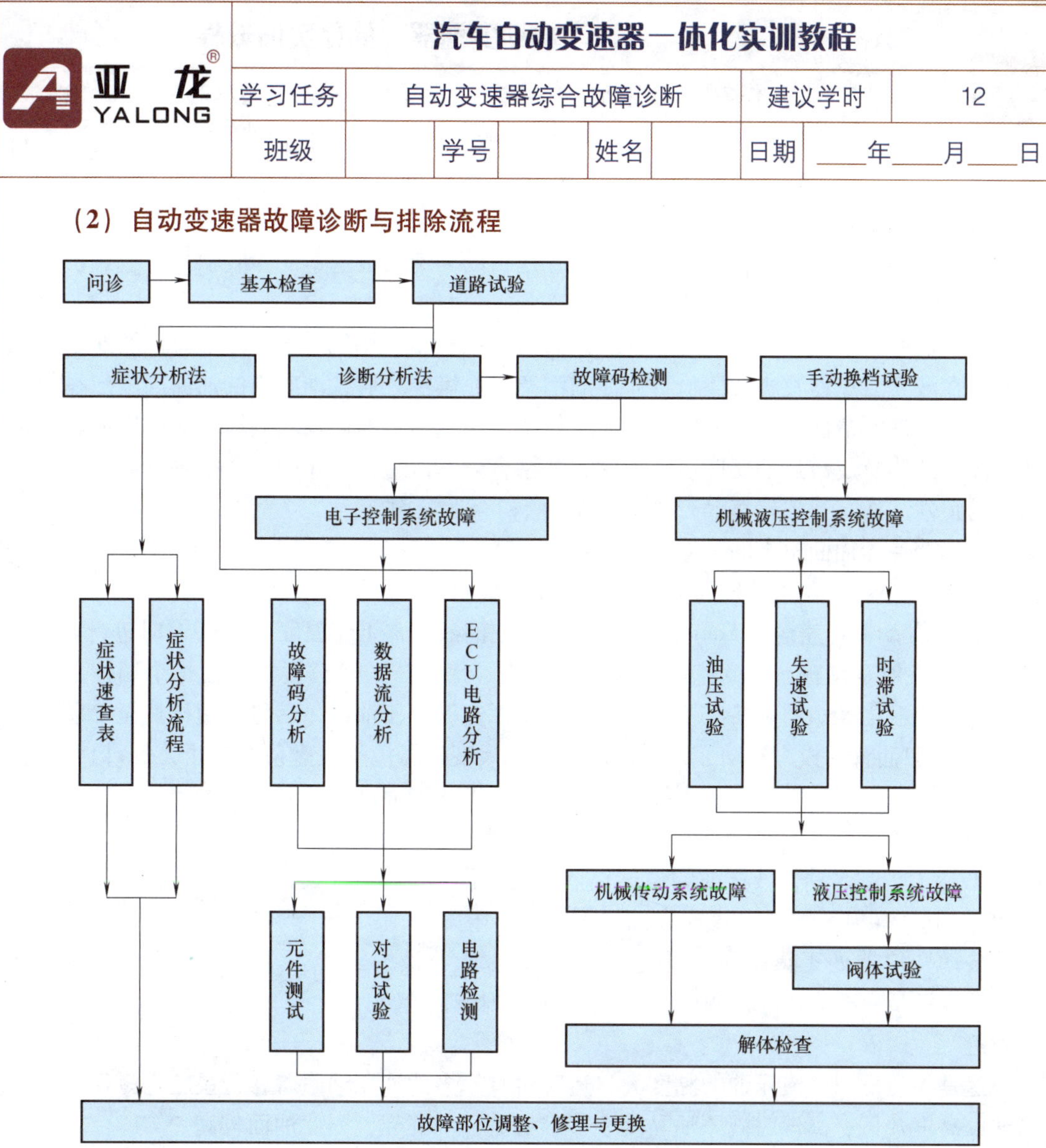

8.2　任务实施

8.2.1　自动变速器的基础检查

自动变速器的油位不当、油质不佳、联动机构调节不当以及发动机怠速不正常，是引起自动变速器产生故障的最常见原因。通常把对这些部件的检查与重新调整，称为自动变速器的基本检查。无论具体故障是什么，这种基本检查总是要进行的，而且也是首先进行的。基本检查和调整项目包括油面检查、油质检查、液压控制系统漏油检查、变速杆位置检查和调整、空档起动开关和怠速检查等。

8

亚龙 YALONG	汽车自动变速器一体化实训教程						
	学习任务	自动变速器综合故障诊断				建议学时	12
	班级		学号		姓名	日期	____年____月____日

（1）油面与油质的检查

自动变速器油面高度和油液品质的检查是自动变速器最基本的检查项目，也是决定自动变速器是否进行拆检的主要依据之一。

1）油面的检查。各种型号自动变速器的加油量都有明确的规定，原则上加油量的标准为：在液力变矩器及各换档执行元件的活塞都充满油之后，油底壳的油面高度应在行星排等旋转零件的最低位置之下，以免在运行中自动变速器油被剧烈的搅动而产生泡沫，但必须高于阀体总成与自动变速器壳体的安装结合面，以免在工作中渗入空气，影响各个控制阀的正常工作。一般在车辆行驶1万km后检查油液面。

自动变速器油面检查的具体方法是：

① 将汽车停放在水平地面上，并拉紧驻车制动。

② 让发动机怠速运转1min以上（检查应在油液正常工作温度50~90℃时进行）。

③ 踩住制动踏板，将变速杆拨至P、R、N、D、S、L等位置，并在每个档位上停留几秒钟，使液力变矩器和所有换档执行元件中都充满液压油，最后将变速杆拨至P位。

④ 从加油管内拔出自动变速器油尺（无油尺变速器液位检查请查阅相关资料），将擦干净的油尺全部插入加油管后再拔出，检查油尺上的油面高度。

液压油油面高度的标准是：如果自动变速器处于冷态（即冷车刚刚起动，液压油的温度较低，为室温或低于25℃时），液压油油面高度应在油尺刻线的下限附近；如果自动变速器处于热态（如低速行驶5min以上，液压油温度已达70~80℃），油面高度应在油尺刻线的上限附近。

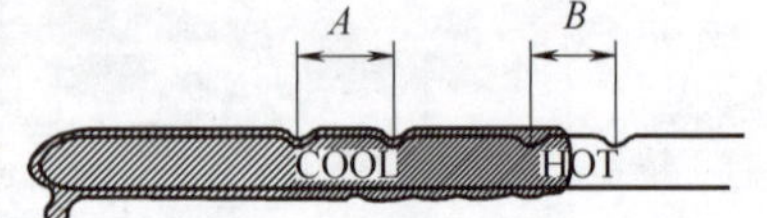

自动变速器油面高度的检查

这是因为低温时液压油的黏度大，运转时有较多的液压油附着在行星轮等零件上，所以油面高度较低；高温时液压油黏度小，容易流回油底壳，因此油面较高。

若油面高度过低，应从加油管处添加合适的液压油，直至油面高度符合标准为止。

继续运转发动机，检查自动变速器油底壳、油管接头等处有无漏油。如有漏油，应立即予以修复。

在自动变速器调整、加注液压油，并经试车之后，应重新检查自动变速器液压油的油面高度是否正常，油底壳、油管接头等处有无漏油。

2）油质的检查。一般进口轿车自动变速器每正常行驶10万~20万km（换油间隔里程各汽车公司有不同的规定）必须换一次油。若放置一年以上，也必须将自动变速器油全部更换。此外，自动变速器每行驶2万km或6个月以后应检查一次油面高度和自动变速器油品质。通过检查自动变速器油可以判断自动变速器的工作是否正常。

	汽车自动变速器一体化实训教程						
	学习任务	自动变速器综合故障诊断			建议学时	12	
	班级		学号		姓名		日期 ____年____月____日

影响油液和变速器使用寿命的最重要因素之一是油液的温度，而影响油液温度的主要因素是液力变矩器有故障，离合器、制动器滑转或分离不彻底，单向离合器滑转和油冷却器堵塞等，所以油液温度过高或急剧上升是十分重要和危险的信号，说明自动变速器内部有故障或油量不够。若发现温度过高，应当立即停车检查。延长自动变速器使用寿命的关键就在于经常检查油面，检查油液的温度和状态。

油液温度过高，将会使油液黏性下降、性能变坏（产生油膏沉淀和积炭）、堵塞细小量孔、卡滞控制阀门、降低润滑效果、破坏橡胶密封部件，从而导致变速器损坏。

检查变速器油液的气味和状态，也是十分重要的。油液的气味和状态可以表明自动变速器的工作状态。检查油液时，从油尺上嗅一嗅油液的气味，在手指上点少许油液，用手指互相摩擦看是否有渣粒，或将油尺上的液压油滴在干净的白纸上，检查液压油的颜色及气味。正常液压油的颜色一般为粉红色，且无气味。如液压油呈棕色或有焦味，说明已变质（变质原因详见下表分析），应立即换油。

油液状态	变质原因
油液变为深褐色或深红色	1）没有及时更换油液 2）长期重载荷运转，某些部件打滑或损坏引起变速器过热
油液中有金属屑	离合器盘、制动器盘或单向离合器严重磨损
油尺上黏附胶质油膏	变速器油温过高
油液有烧焦气味	1）油温过高、油面过低 2）油冷却器或管路堵塞
油液从加油管溢出	油面过高或通气孔堵塞

换油时应优先采用车辆随车手册上推荐使用的变速器油。注意切不可用齿轮油或机油代替液压油，否则会造成自动变速器的严重损坏。

（2）液压控制系统漏油检查与更换液压油

1）检查液压控制系统漏油。液压控制系统的各连接部位上都有油封和密封垫，这些部件是常发生漏油的地方。液压系统漏油会引起油路压力下降，油位下降是换档打滑和延迟的常见原因。对于自动变速器易发生的漏油部位，应逐一进行检查。

2）更换液压油。自动变速器换油可参照如下方法进行：

① 车辆运行至自动变速器达到正常工作温度（油温70～80℃）后停车熄火。

② 拆下自动变速器油底壳上的放油螺塞，如下图所示，将油底壳内的液压油放净。

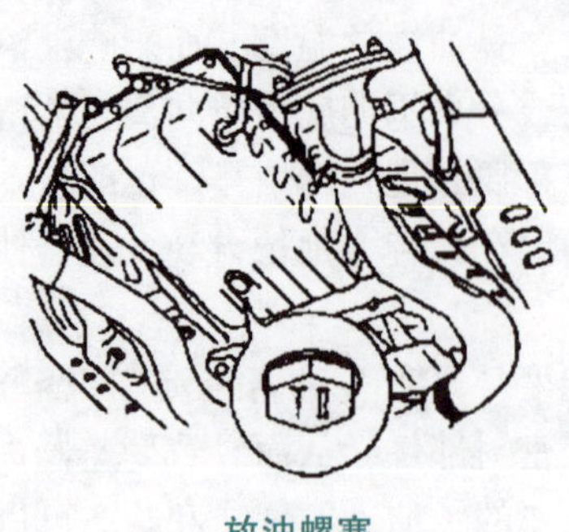

放油螺塞

加入新的油液

③ 有些车型的自动变速器油底壳上没有放油螺塞，应拆下整个油底壳，然后放油。拆油底壳时应先将后半部油底壳螺钉拆下，拧松前半部油底壳螺钉，再将后半部油底壳撬离变速器壳体，放出部分液压油，最后再将整个油底壳拆下。

④ 拆下油底壳，将油底壳清洗干净。

⑤ 有些自动变速器的油底壳上的放油螺塞为磁性螺塞，也有些自动变速器在油底壳内专门放置一块磁铁，以吸附铁屑。清洗时必须注意将螺塞或磁铁上的铁屑清洗干净。

⑥ 拆下自动变速器液压油散热器油管接头，用压缩空气将散热器的残余液压油吹出，再装好油管接头。

⑦ 装好油底壳和放油螺塞。

⑧ 从自动变速器加油管中加入规定牌号的液压油。一般自动变速器油底壳内的贮油量为4L左右。

⑨ 起动发动机，检查自动变速器油面高度。要注意由于新加入的油液温度较低，油面高度应在油尺刻线的下限附近。如油面高度太低，应继续加油至规定油面高度。

⑩ 让汽车行驶至发动机和自动变速器达到正常工作温度，再次检查油面高度是否在油尺刻线的上限附近。如过低，应继续加油，直至满足规定要求为止。

⑪ 如果不慎加入过多液压油，使油面高于规定的高度，应把油放掉一些，切不可凑合使用。有放油螺塞的自动变速器只要把螺塞打开即可放油；没有放油螺塞的自动变速器要进行少量放油时，可从加油管处往外吸。

一般自动变速器的总油量为10L左右，按上述方法换油时，变矩器内的液压油是无法放出的。若液压油严重变质，必须全部更换时，可先按上述方法换油，然后让汽车行驶约5min后再次换油，或使用自动变速器油更换机进行油液更换。

（3）怠速检查

发动机怠速不正常，特别是怠速过高，会使自动变速器工作不正常，出现换档冲击等故障。因此在对自动变速器做进一步的检查之前应先检查发动机的怠速是否正常。检查

汽车自动变速器一体化实训教程							
学习任务	自动变速器综合故障诊断				建议学时	12	
班级		学号		姓名		日期	____年____月____日

怠速时应将自动变速器变速杆置于停车档（P 位）或空档（N 位）位置。通常装有自动变速器的汽车发动机怠速为750r/min。若发动机怠速过低或过高，都应予以调整。

(4) 变速杆位置的检查和调整

变速杆调整不当，会使变速杆的位置与自动变速器阀板中手动阀的实际位置不符，造成挂不进停车档或前进低档，或变速杆的位置与仪表盘上档位指示灯的显示不符，甚至造成在空档或停车档时无法起动发动机。

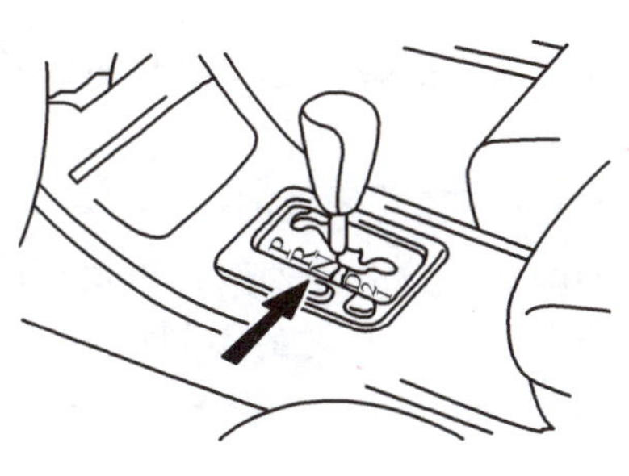

变速杆的调整

变速杆的调整方法如下：

1）拆下变速杆与自动变速器手动阀摇臂之间的连杆。

2）将变速杆拨至空档位置。

3）将手动阀摇臂向后拨至极限位置（停车档位置），然后再退回两格，使手动阀摇臂处于空档位置。

4）稍稍用力将变速杆靠向 R 位方向，然后连接并固定变速杆与手动阀摇臂之间的连杆。

(5) 档位开关的检查和调整

将变速杆拨至各个档位，检查档位指示灯与变速杆位置是否一致，P 位和 N 位时发动机能否起动，R 位时倒档灯是否亮起。发动机应只能在空档（N 位）和驻车档（P 位）起动，其他档位不能起动，若有异常，应调节空档起动开关螺栓和开关电路。

8.2.2　自动变速器的性能试验

(1) 手动换档试验与检查

对于电子控制自动变速器而言，为了确定故障存在的部位，区分故障是由机械系统、液压系统引起，还是由电子控制系统引起的，可进行手动换档试验。

所谓手动换档试验就是将电子控制自动变速器所有换档电磁阀的线束插头全部脱开，此时 ECU 不能通过换档电磁阀来控制换档，自动变速器的换档取决于变速杆的位置。不同车型的电子控制自动变速器在脱开换档电磁阀线束插头后的档位和变速杆的关系都不完全相同。

手动换档试验的步骤如下：

1）脱开电子控制自动变速器的所有换档电磁阀线束插头。

<table>
<tr><td rowspan="3"></td><td colspan="7">**汽车自动变速器一体化实训教程**</td></tr>
<tr><td>学习任务</td><td colspan="3">自动变速器综合故障诊断</td><td>建议学时</td><td colspan="2">12</td></tr>
<tr><td>班级</td><td></td><td>学号</td><td></td><td>姓名</td><td></td><td>日期 ____年____月____日</td></tr>
</table>

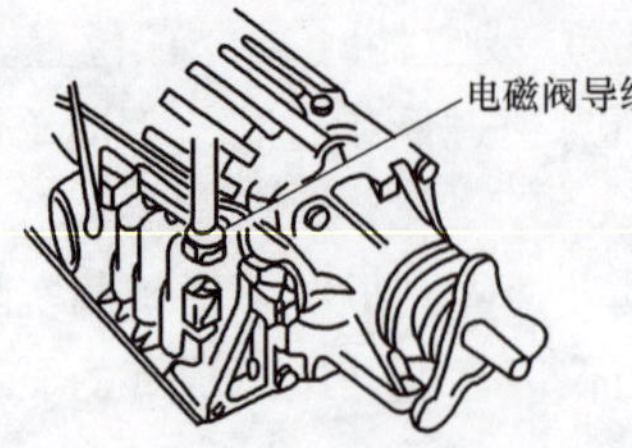

手动换档试验与检测

2）起动发动机，将变速杆拨至不同位置，然后做道路试验（也可以将驱动轮悬空，进行台架试验）。

3）观察发动机转速和车速的对应关系，以判断自动变速器所处的档位。不同档位时发动机转速与车速的关系可参考下表。由于变矩器的减速作用与传递的转矩及档位有关，因此表中车速只能作为参考，实际车速将随着行驶中节气门开度的不同而产生一定的变化。

自动变速器不同档位时发动机转速和车速的关系

档　　位	发动机转速/（r/min）	车速/（km/h）
1	2000	18 ~ 22
2	2000	34 ~ 38
3	2000	50 ~ 55
超速档	2000	70 ~ 75

4）若变速杆位于不同位置时，自动变速器所处的档位与上表相同，说明电子控制自动变速器的阀板及换档执行元件基本上工作正常。否则，说明自动变速器的阀板或换档执行元件有故障。

5）试验结束后，接上电磁阀线束插头。

6）清除 ECU 中的故障码，防止因脱开电磁阀线束插头而产生的故障码保存在 ECU 中，影响自动变速器的故障自诊断工作。

（2）失速试验

1）试验原理与概念。失速试验是检查发动机、液力变矩器及自动变速器中有关的换档执行元件的工作是否正常的一种常用方法。

失速转速：当变速杆置于某动力传动档位时，在节气门全开（加速踏板踩到底）及变速器输出轴制动情况下的发动机转速称为“失速转速”。

汽车自动变速器一体化实训教程							
学习任务	自动变速器综合故障诊断			建议学时	12		
班级		学号		姓名		日期	____年____月____日

2）失速试验的准备。

① 行驶汽车使发动机和自动变速器油均达到正常温度（50～80℃）。

② 检查汽车的行车制动和驻车制动，确认其性能良好。

③ 检查自动变速器的油面高度应正常。

3）失速试验的步骤。

① 将汽车停放在宽阔的水平地面上，前后车轮用三角木块塞住。

② 无发动机转速显示的，安装发动机转速表。

③ 拉紧驻车制动，左脚用力踩住制动踏板。

④ 起动发动机。

⑤ 将变速杆拨至 D 位。

⑥ 在左脚踩住制动踏板的同时，用右脚将加速踏板踩到底，迅速读取此时发动机的最高转速。

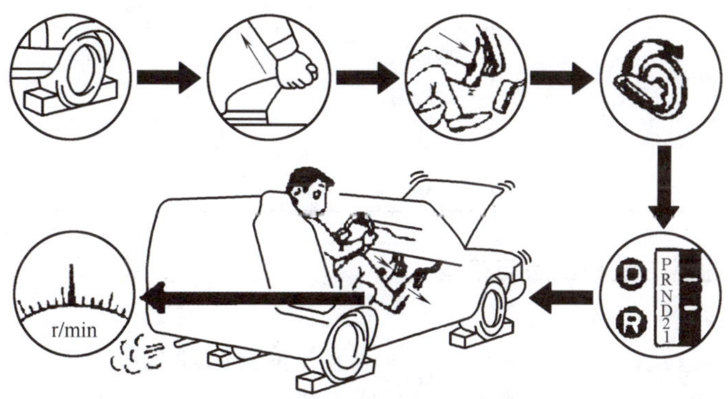

自动变速器失速试验的过程

⑦ 读取发动机转速后，立即松开加速踏板。

⑧ 将变速杆拨至 P 位或 N 位，使发动机怠速运转 3min 以上，以防止自动变速器油因温度过高而变质。

⑨ 将变速杆拨至 R 位，做同样的试验。

4）注意事项。

① 有些车型厂家不建议或不允许做该车型失速试验，做试验前应查阅相关修护手册。

② 做失速试验期间，如果发动机升速异常（过高），应停止试验，防止执行元件进一步损坏。

③ 在发动机转速达到失速转速之前（如车轮移动），应立即放松加速踏板停止试验，以免发生危险。

5）结果分析。

① 若失速转速与标准值相符，说明自动变速器的液压泵、主油路油压及各个换档执行元件的工作基本正常。

② 若失速转速高于标准值，说明主油路油压低或相关换档执行元件打滑。

③ 若失速转速低于标准值，则可能是发动机动力不足或液力变矩器有故障。

失速转速不正常的原因

变速杆位置	失速转速	故障原因
所有位置	过高	主油路油压过低 前进档和倒档的换档执行元件打滑 低档及倒档制动器打滑
	过低	发动机动力不足 变矩器导轮的单向超越离合器打滑
仅在D位	过高	前进档油路油压过低 前进离合器打滑
仅在R位	过高	倒档油路油压过低 倒档及高档离合器打滑

（3）自动变速器的道路试验与检查

道路试验是诊断、分析自动变速器故障的最有效的手段之一。此外，自动变速器在修复之后，也应进行道路试验，以检查其工作性能，检验修理质量。自动变速器的道路试验内容主要有：检查换档车速、换档质量以及检查换档执行元件有无打滑等。在道路试验之前，应先让汽车以中低速行驶5～10min，让发动机和自动变速器都达到正常工作温度。在试验中，如特殊需要，通常应将超速档开关置于ON位（即超速指示灯熄灭），并将模式开关置于普通模式或经济模式的位置。道路试验的方法如下：

1）升档检查。将变速杆拨至前进档D位，踩下加速踏板，使节气门保持在1/2开度左右，让汽车起步加速，检查自动变速器的升档情况。自动变速器在升档时发动机会有瞬时的转速下降，同时车身有轻微的闯动感。在正常情况下，汽车起步后随着车速的升高，试车者应能感觉到自动变速器能顺利地由1档升入2档，随后再由2档升入3档，最后升入超速档。若自动变速器不能升入高档（3档或超速档），说明控制系统或换档执行元件有故障。

2）升档车速的检查。将变速杆拨至前进档D位，踩下加速踏板，并使节气门保持在某一固定开度，让汽车起步并加速。当察觉到自动变速器升档时，记下升档车速。一般4档自动变速器在节气门开度保持在1/2时由1档升至2档的升档车速为25～35km/h，由2

档升至3档的升档车速为55～70km/h，由3档升至4档（超速档）的升档车速为90～120km/h。由于升档车速和节气门开度有很大的关系，即节气门开度不同时，升档车速也不同，而且不同车型的自动变速器各档位传动比的大小都不相同，其升档车速也不完全一样，因此，只要升档车速基本保持在上述范围内，而且汽车行驶中加速良好，无明显的换档冲击，都可认为其升档车速基本正常。若汽车行驶中加速无力，升档车速明显低于上述范围，说明升档车速过低（即过早升档）；若汽车行驶中有明显的换档冲击，升档车速明显高于上述范围，说明升档车速过高（即太迟升档）。

在部分《自动变速器维修手册》中都有该自动变速器升档（或降档）车速标准表，但表中通常只列出了节气门全开或全关时的升档（或降档）车速。然而，在道路试验中，让汽车以节气门全开状态行驶，往往因道路条件的限制而无法实施，而且以节气门处于全开位置行驶也容易加剧自动变速器内摩擦元件的磨损，一般不宜采用，因此表中的数据只能作为参考。有些《自动变速器维修手册》中做出了该自动变速器的换档图，从这种换档图中可以得出不同节气门开度下自动变速器的升档车速，这可作为判断换档车速是否正确的标准。

由于降档时刻在行驶中不易察觉，因此在道路试验中一般无法检查自动变速器降档车速，只能通过检查升档车速来判断自动变速器有无故障。如有必要，还可检查在其他模式下或变速杆位于前进低档位置时的换档车速，并与标准值进行比较以作为判断故障的参考依据。

升档车速太低一般是控制系统的故障所致；换档车速太高则可能是控制系统的故障所致，也可能是换档执行元件的故障所致。

3）升档时发动机转速的检查。有发动机转速表的汽车在做自动变速器道路试验时，应注意观察汽车行驶中发动机转速变化的情况，它是判断自动变速器工作是否正常的重要依据之一。在正常情况下，若自动变速器处于经济模式或普通模式，节气门保持在低于1/2开度范围内，则汽车在由起步加速直至升入高速档的整个行驶过程中，发动机转速都将低于300r/min。通常发动机在加速至即将要升档时的转速可达到2500～3000r/min，在刚刚升档后的短时间内发动机转速将下降至2000r/min，说明升档时间过早或发动机动力不足；如果在行驶过程中发动机转速始终偏高，升档前后的转速在2500～3500r/min范围内，且换档冲击明显，说明升档时间过迟；如果在行驶中发动机转速过高，常高于3000r/min，在加速时达到4000～5000r/min，甚至更高，则说明自动变速器的换档执行元件（离合器或制动器）打滑，应拆修自动变速器。

4）换档质量的检查。换档质量的检查内容主要是检查有无换档冲击。正常的自动变速器只能有不太明显的换档冲击，特别是电子控制自动变速器的换档冲击应十分微弱。若换档冲击太大，说明自动变速器的控制系统或换档执行元件有故障，其原因可能是油路油压高或换档执行元件打滑，应做进一步的检查。

5）锁止离合器工作状况的检查。自动变速器变矩器中的锁止离合器工作是否正常也可以采用道路试验的方法进行检查。试验中，让汽车加速至超速档，以高于 80km/h 的车速行驶，并让节气门开度保持在低于 1/2 的位置，使变矩器进入锁止状态。此时，快速将加速踏板踩下至 2/3 开度，同时检查发动机转速的变化情况。若发动机转速没有太大的变化，说明锁止离合器处于结合状态；反之，若发动机转速升高很多，则表明锁止离合器没有结合，其原因通常是锁止控制系统有故障。

6）发动机制动作用的检查。当检查自动变速器有无发动机制动作用时，应将变速杆拨至前进低档（S、L 或 2、1）位置，在汽车以 2 档或 1 档行驶时，突然松开加速踏板，检查是否有发动机制动作用。若松开加速踏板后车速立即随之下降，说明有发动机制动作用；否则说明控制系统或前进强制离合器有故障。

7）强制降档功能的检查。当检查自动变速器强制降档功能时，应将变速杆拨至前进档 D 位，保持节气门开度为 1/3 左右，在以 2 档、3 档或超速档行驶时突然将加速踏板踩到底，检查自动变速器是否被强制降低一个档位。在强制降档时，发动机转速会突然上升至 4000r/min 左右，并随着加速升档，转速逐渐下降。若踩下加速踏板后没有出现强制降档，说明强制降档功能失效。若在强制降档时发动机转速升高反常达 5000～6000r/min，并在升档时出现换档冲击，则说明换档执行元件打滑，应拆修自动变速器。

8）P 位制动效果的检查。将汽车停在坡度大于 9°的斜坡上，变速杆拨至 P 位，松开驻车制动，检查机械锁爪的锁止效果。在正常情况下，汽车不应该滑坡。

（4）油压试验与检查

1）试验原理与概念。

① 油压试验是在自动变速器工作时，测量控制系统各个油路中的油压，为分析自动变速器的故障提供依据，以便有针对性地进行检修。

② 自动变速器正常工作的先决条件是控制系统的油压正常。油压过高，会使自动变速器出现严重的换档冲击，甚至损坏控制系统；油压过低，会造成换档执行元件打滑，加剧其摩擦片的磨损，甚至使换档执行元件烧毁。

③ 对于因油压过低而造成换档执行元件烧毁的自动变速器，如果仅仅更换烧毁的摩擦片而没有找出故障的真正原因并加以修复，更换后的摩擦片经过一段时间的使用后往往会再次烧毁。因此，在分解修理自动变速器之前和自动变速器修复之后，都要对自动变速器做油压试验，以保证自动变速器的修理质量。

2）油压试验的准备。

① 行驶汽车，使发动机和自动变速器均达到正常工作温度。

② 将车辆停放在水平地面上，检查发动机怠速和自动变速器的油面高度。如不正常，应予以调整。

③ 检查加速踏板拉索的调整情况，必要时重新调整。

④ 准备一个量程为 2MPa 的压力表。

⑤ 找出自动变速器各油路测压孔的位置。

通常在自动变速器外壳上有几个用方头螺母堵住的用于测量不同油路油压的测压孔。《自动变速器维修手册》上标有该自动变速器油路测压孔的位置。如果没有《自动变速器维修手册》作为参考，可以用举升器将汽车升起，在发动机运转时分别将各个测压孔螺塞松开少许，观察各测压孔在变速杆位于不向档位时是否有压力油流出，以判断该测压孔是与哪一个油路相通，从而找出各油路测压孔的位置。具体判断方法如下：

a. 不论变速杆位于前进档或倒档时都有压力油流出，则为主油路测压孔。

b. 只有在变速杆位于前进档时才有压力油流出，则为前进档油路测压孔。

c. 只有在变速杆位于倒档时才有压力油流出，则为倒档油路测压孔。

d. 只有在变速杆位于前进档，并且在驱动轮转动后才有压力油流出，则为调速阀油路的测压孔。

3）油压试验的步骤。

① 拆下变速器壳体上的油路压力测试螺塞，装上油压表。

② 用三角木块塞住前后轮。

③ 将驻车制动器拉到底。

④ 起动发动机。

⑤ 在怠速情况下，推入 D 位，读出压力值。

⑥ 将制动踏板踩到底，然后同时将加速踏板也踩到底，即在失速情况读出压力值。

⑦ 将变速杆拨至 P 位或 N 位，使发动机怠速运转 3min 以上，以防止自动变速器油因温度过高而变质。

⑧ 推入 R 位，做同样的试验。

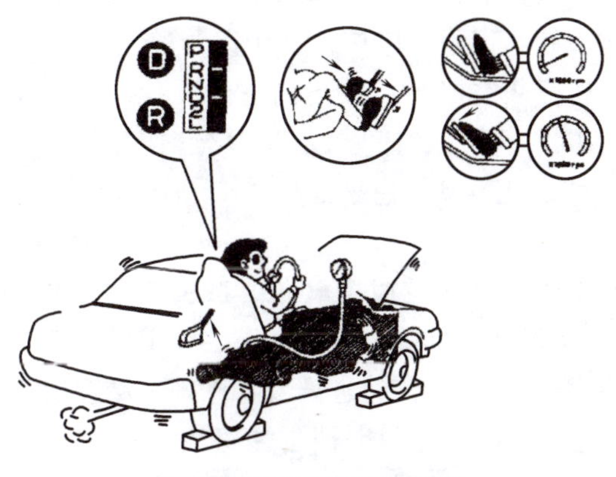

自动变速器油压试验过程

<table>
<tr><td rowspan="3">亚龙 YALONG</td><td colspan="8">汽车自动变速器一体化实训教程</td></tr>
<tr><td>学习任务</td><td colspan="4">自动变速器综合故障诊断</td><td>建议学时</td><td colspan="2">12</td></tr>
<tr><td>班级</td><td></td><td>学号</td><td></td><td>姓名</td><td></td><td>日期</td><td>____年____月____日</td></tr>
</table>

4）结果分析。将测得的主油路油压与标准值进行比较。不同车型自动变速器的主油路油压不完全相同。转速与标准值相符，说明自动变速器的液压泵、主油路油压及各个换档执行元件的工作基本正常；若失速转速高于标准值，说明主油路油压低或相关换档执行元件打滑。

工况	测试结果	故障原因
怠速	所有档位的主油路油压均太低	液压泵故障；主油路调压阀卡死；主油路泄漏；主油路调压阀弹簧太软；节气门阀卡滞；节气门位置传感器调整不当
	前进档和前进低档的主油路油压均太低	前进档离合器活塞漏油；前进档油路泄漏
	前进档的主油路油压正常；前进低档的主油路路油压太低	1档强制离合器或2档强制离合器活塞漏油；前进低档油路泄漏
	前进档的主油路油压正常；倒档的主油路油压太低	倒档及高档离合器活塞漏油；倒档油路泄漏
	所有档位的主油路油压均太高	节气门位置传感器调整不当；主油路调压阀卡死；主油路调压阀弹簧太硬；油压电磁阀损坏或线路故障
失速	稍低于标准油压	节气门位置传感器调整不当；油压电磁阀损坏或线路故障；主油路调压阀卡死或弹簧太软
	明显低于标准油压	液压泵故障；主油路泄漏

（5）延时试验与检查

在发动机怠速运转时将变速杆从空档拨至前进档或倒档后，需要有一段短暂时间的迟滞或延时才能使自动变速器完成档位的结合（此时汽车会产生一个轻微的振动），这一短暂的时间称为自动变速器换档的迟滞时间。延时试验就是测出自动变速器换档的迟滞时间，根据迟滞时间的长短来判断主油路油压及换档执行元件的工作是否正常。

延时试验的步骤如下：

1）让汽车行驶，使发动机和自动变速器达到正常工作温度。

2）将汽车停放在水平地面上，拉紧驻车制动。

3）检查发动机怠速。如不正常，应按标准予以调整。

4）将自动变速器变速杆从空档N位拨至前进档D位，用秒表测量从拨动变速杆开始到感觉汽车振动为止所需的时间，该时间称为N-D延时时间。

5）将变速杆拨至N位，让发动机怠速运转1min后，再做一次同样的试验。

6）做三次试验，并取平均值。

7）按上述方法，将变速杆由N位拨至R位，测量N-R延时时间。

大部分自动变速器N-D延时时间为1.0~1.2s，N-R延时时间为1.2~1.5s。若N-D延时时间过长，说明主油路油压过低，前进离合器摩擦片摩损过甚或前进单向超越离合器工作不良；若N-R延时时间过长，说明倒档主油路油压过低，倒档离合器或倒档制动器磨损过甚或工作不良。

亚龙 YALONG	汽车自动变速器一体化实训教程						
	学习任务	自动变速器综合故障诊断				建议学时	12
	班级		学号		姓名	日期	____年____月____日

8.3　反馈评价

8.3.1　任务考核

提示：本任务技能考核要求学员在掌握自动变速器的结构及工作原理的基础上，能够使用合适的工量具及诊断仪器并应用正确的程序对自动变速器常见的故障进行分析、诊断与排除

考核内容		考核评分			
项　目	内　容	配分	A1 *1	A2 *1	批注
工作准备（10%）	能够正确理解工作任务的内容、范围及工作指令	2			
	能够查阅和理解维修手册，确认技术标准及要求	2			
	使用个人防护用品或衣着适当，能够正确使用车辆检修防护用品	2			
	准备工作场地及器材，能够识别工作场所的安全隐患	2			
	确认设备及工量具，检查其是否安全及正常工作	2			
实施程序（80%）	确认自动变速器的常见故障、原因及诊断流程	10			
	应用正确流程对自动变速器进行油面及油质检查	10			
	应用正确流程进行系统漏油检查及油压更换作业	10			
	应用正确流程进行变速杆位置检查与调整	10			
	应用正确流程进行档位开关检查与调整	10			
	应用正确流程进行自动变速器 1～2 个指定的性能试验	20			
	安全无事故并在规定时间内完成任务 *2	10			
完工清理（10%）	收集和储存可以再利用的原材料	2			
	遵循维护工作程序清洁垃圾，清洁和整理工作区域	2			
	对工具、设备及车辆进行清洁	3			
	按照工作程序，填写完成作业单	3			
考核成绩		考评员签字：__________ 日　期：　年　月　日			

考评者注：► *1-A1 和 A2 分别为尝试 1 和尝试 2。在规定的考核时间内，学员允许有 2 次完成项目任务的机会；尝试 2 的评分可计入总成绩。

► *2-如果完成任务中出现安全事故，整个任务考核将以不合格计。

► 任务考核为百分制，60 分以下为不合格。

上表可用于学生对本任务实施情况的自我测试或团队测评，也可作为过程考核及技能鉴定考核表使用。

亚龙 YALONG	汽车自动变速器一体化实训教程							
	学习任务	自动变速器综合故障诊断				建议学时	12	
	班级		学号		姓名		日期	____年____月____日

8.3.2 任务总结

根据任务实施及考评情况，对个人的工作进行自我评价，并提出改进意见。

8.3.3 教师评价

评价内容		评价成绩	备注
工作准备	任务领会、资讯查询、器材准备	□A □B □C □D □E	
知识储备	系统认知、原理分析、技术参数	□A □B □C □D □E	
计划决策	任务分析、任务流程、实施方案	□A □B □C □D □E	
任务实施	专业能力、沟通能力、实施结果	□A □B □C □D □E	
职业道德	纪律素养、安全卫生、器材维护	□A □B □C □D □E	

其他评价：

教师签字：____________ 日期：____年____月____日

注：1. 在选项“□”里打“√”。

2. A：90~100，B：80~89，C：70~79，D：60~69，E：不合格。

8

参 考 文 献

王永生. 逆向分析在自动变速器行星轮系传动与控制中的应用与研究［D］. 天津：天津大学学位论文，2012.